天下大政

中国政治制度史话

（唐宋至明清卷）

张程◎著

中国出版集团
中国民主法制出版社
全国百佳图书出版单位

图书在版编目（CIP）数据

天下大政：中国政治制度史话．唐宋至明清卷／张程著．—北京：中国民主法制出版社，2022.12
ISBN 978-7-5162-2962-0

Ⅰ.①天… Ⅱ.①张… Ⅲ.①政治制度史—中国—唐宋时期—明清时代—通俗读物 Ⅳ.①D691.21-49

中国版本图书馆 CIP 数据核字（2022）第 190832 号

图书出品人： 刘海涛
出 版 统 筹： 石 松
责 任 编 辑： 张佳彬 鲁铁凡

书　　名／天下大政：中国政治制度史话（唐宋至明清卷）
作　　者／张 程 著

出版·发行／中国民主法制出版社
地址／北京市丰台区右安门外玉林里 7 号（100069）
电话／（010）63055259（总编室）　63058068　63057714（营销中心）
传真／（010）63055259
http://www.npcpub.com
E-mail:mzfz@npcpub.com
经销／新华书店
开本／16 开　710 毫米 ×1000 毫米
印张／16　　**字数**／219 千字
版本／2023 年 3 月第 1 版　2023 年 3 月第 1 次印刷
印刷／三河市宏图印务有限公司

书号／ISBN 978-7-5162-2962-0
定价／58.00 元

目　录

官分清浊：锻造理想仕途履历

中国传统政治制度下，官职名目繁多、种类庞杂，怎么区分不同官职的优劣好坏呢？这就和大家讲讲中国古代区分官职的一个重要标准——清浊。我们的讲述从隋末唐初著名文人王绩求官的故事讲起。

贞观初年，山西人王绩赴长安城选官。他听说太乐署有一位名叫焦革的府史，家传擅长酿酒，冠绝一时。王绩便请求出任太乐丞。太乐丞是太乐署的副长官，是从八品下的低级文官。但是朝廷的吏部不顾王绩的苦苦请求，坚决不同意授予他太乐丞。那么，是王绩的条件不够担任这个职位吗？其实不然。王绩出身山西士族，家族文名著于海内，他本人又屡有佳作，完全有资格担任太乐丞。甚至可以说，像王绩这样杰出的世家子弟，担任太乐丞不是“高就”而是“屈尊”了。吏部为何态度强硬地否决对王绩的任命呢？问题恰恰出在“屈尊”二字上，“选司以非士职，不授”。太乐署掌管宫廷礼乐、教习乐舞。吏部认为太乐丞“非士职”，士大夫不能出任。王绩再三解释：

> 此中有深意，且士庶清浊，天下所知。不闻庄周羞居漆园，老聃耻在柱下也。

官员的士庶身份和官职的清浊分类，有一套通行的惯例。但是王绩认为现行的不一定正确，庄子担任过宋国地方的漆园吏，老子担任过周朝的守藏室之史，两位圣人都担任过这类技术性的、低级的“非士职”，为什么他就不行呢？由于王绩的强烈坚持，吏部拗不过他，只好同意他担任太乐丞。数月以后，太乐署的府史焦革不幸去世了，焦革的妻子袁氏继续送酒给王绩喝。一年后，袁氏也死了，王绩感叹道：“这是上天不让我饱饮美酒啊!”最终挂冠而去。不过，由于王绩这个士族名人担任过太乐丞，太乐丞这个官职转变为了“士职”“清流”。王绩以一己之力改变了这个职位的任职惯例。(《王无功文集序》)几十年后的盛唐时期，同样来自山西的士族名人王维，担任的第一个职位也是太乐丞。唐中宗时，渤海的世家子弟封希颜也担任过太乐丞。

王绩抨击的“士庶清浊，天下所知”，隐藏着诸多有价值的制度信息。秦汉以来，中国始终有士庶之分，尤其是魏晋南北朝实行门阀制度后，士庶之分逐渐近乎天壤之别。士族霸占政治特权，人的身份与仕途紧密挂钩。魏晋南北朝政治制度对士族子弟有诸多优待，对寒门子弟普遍限制。士族子弟入仕年龄低，初任官职高，升迁渠道通畅；寒门子弟入仕年龄高，担任官职有别于士族子弟，而且任职天花板难以打破。士族子弟轻轻松松能达到的平均官职水平，往往是寒门子弟终其一生奋斗的目标。中国进入隋唐以后，士族政治逐步走向衰亡，但崇尚世家的风气尚存。同时，通过科举考试涌入上层的读书人，也逐渐被社会接纳为接近于士族子弟。家族渊长的士族子弟和新晋的科举新贵，组成了唐朝的“士人阶层”或称“士大夫”群体。与之相对的，普通人家出身又没有科举功名的读书人、通过战功获得官职的人、从小吏起步凭借劳绩得到提拔的人、因为某种机缘当上官的人，就组成了“非士人阶层”，或称为“杂途左道”官员群体。

魏晋南北朝时期的任职区别，不仅在唐朝得以延续，而且发展为一套成熟的分官任职制度。陈寅恪先生说：“盖唐代社会承南北朝之旧俗，通以二事评量人品之高下。此二事，一曰婚，二曰宦。凡婚而不娶名家女，与仕而不由清望官，俱为社会所不齿。”此处的“清望官”就是王绩所说的“清浊”中的“清”官。与之相对的，就是“为社会所不齿”的“浊”官了。那么，如何区分官职的清浊？两者的根本区别是什么呢？

唐朝对“清官”有制度性的规定。比如，《唐会要》卷七十五中记载唐朝前期就确认：

> 八寺丞，九寺主簿，诸监丞、簿，通事舍人，大理寺司直、评事，左右卫、千牛卫、金吾卫、左右率府、羽林卫长史，太子通事舍人，亲王掾属、判司、参军，京兆、河南、太原判司，赤县簿、尉，御史台主簿，校书，正字，詹事府主簿，协律郎，奉礼，太祝等，出身入仕既有殊途，望秩常班，须从甄异。其有从流外及视品官出身者，不得任前官。

上述二十多类官职，非士人阶层几乎不可能担任。“流外”出身，指的是从普通百姓、小吏等提拔起来的官员。他们虽然有官员身份，却在唐朝九品三十阶官员序列之外，没有最低的品阶，空有身份而已。流外之人即便再次升迁，也是明文规定“不得”担任这些官职。而这些官职又是通往更高级别的官职的基础。《唐会要》的规定等于断绝了非士人阶层跃居高位的希望。

非士人阶层只能出任“浊官”。浊官，指的是地位卑下、事务冗繁的官职，在唐朝以后的政治话语体系中包括以下四大类：

第一类是宦官，第二类是中下级军官。传统社会普遍认为宦官是“刑余之人”，是不正常的人；认为军官是赳赳武夫，鲁莽粗野，而且厕身行伍、行军打仗非常辛苦。好铁不打钉，好男不当兵。因此，这两类官职为社会所轻视，士人阶层自然不屑于担任。

第三类是“伎术官”，指的是依赖于一技之长的技术官职，比如医官、天文官、宗教性官职。太乐署、良酝署、造办处、惜薪司等官署，官员的品级不见得低，但日常与优伶舞女、贩夫商贾、百工巧匠打交道，处理的又是奇技淫巧事务，也划归了“浊官”。事实上，这三类官职的升转空间都很有限，往往终身只能在本系统、本衙门任职，部分“伎术官”甚至是终身的、世袭的。

第四类浊官数量最多，那就是非重要地区的州县官。《唐会要》明确记载了“京兆、河南、太原判司，赤县簿、尉”是“清官”，上述州县之外的地方官自然就是“浊官”了。从汉朝开始，朝廷就将天下郡县根据人口、赋税、地理等因素划分等级，官员对京畿与富庶地区趋之若鹜，偏远下等的郡县官职通常无人问津。

比较清官与浊官，有人认为“清官动脑，浊官动手”。清官对任职者的文化造诣、决策能力的要求更高。浊官则卖力气干活。中国人认为“劳心”优于“劳力”，士人阶层自然不愿意去劳力了。明朝文人袁宏道入仕之初担任吴县知县，任职不久便大倒苦水。他在致友人的信中诉苦：“弟作令备极丑态，不可名状。大约遇上官则奴，候过客则妓……一日之间，百暖百寒，乍阴乍阳。”如此高强度和“接地气”的工作，不是一般的读书人接受得了的。浊官劳力，直接面对复杂的政务和棘手的矛盾，辛苦劳累也就不说了，还动辄得罪受罚，对仕途发展产生非常负面的影响。随着朝廷规章制度网络越织越密，浊官受罚的概率越来越大。清朝有一句俗语：“州县官如琉璃屏，触手便碎。”说的是作为基层州县官，权力上移、压力下压，地方官无时无刻不处在部驳议处的阴影之中。清朝《吏部处分则例》从罚俸到革职，各有专条，州县官背负的考核条例太多，随时有被罢官的危险。顺治时，江南总督郎廷佐说江南有“三大困”，其中之一就是考成之法过严，州县官往往官位没有坐稳便被降调。袁宏道的吴县知县还不算真正意义上的“浊官”，我们就可以想象身处穷山恶水的地方官的处境了。

浊官的艰难，还体现在内心难以认同许多政务的处理方法。唐代诗人高适入仕之初担任封丘县尉，写了一首《封丘作》，表露出一个读书人对地方政务的排斥心理：

> 只言小邑无所为，公门百事皆有期。
> 拜迎长官心欲碎，鞭挞黎庶令人悲。

对拜迎官长和鞭挞黎庶的排斥，应该是绝大多数士人的共同心理。而流外之人处理这些“浊务”，就没有心理障碍。这或许是传统政治区分清浊的一个心理标准。但是，清浊更重大、更核心的区别应该在于劳心与劳力导致的政治前途的巨大差异。当浊官们埋头造桥铺路、钱粮赋税、司法刑狱的时候，清官们在接近皇权、容易出成绩却不容易出错的职位上，开阔眼界、积累资源，熟悉各方面的政务，引起皇帝和执政宰相的注意，实现快速的升迁。显而易见，清官升迁顺利，前途一片光明；浊官升转困难，政治前途黯淡。士人阶层最终跃居高位，几乎垄断高层职位，这个结局很大程度上在入仕之初“官分清浊”的时候就注定了。

“官分清浊”的制度与观念，配合士族与寒门身份的隔膜，造成了南北朝和隋唐时期士人阶层对官职清浊的敏感和固执。《通典》明言，“官有清浊以为升降，从浊得清则胜于迁”，清浊成为官员看待官职升降的一大标准，而非仅仅以品级论优劣。有些官员从浊官变成清官，即使品级、俸禄下降，也满怀喜悦。相反，如果从清变浊，官员则会如丧考妣或者暴跳如雷。南齐永明二年（484），东观祭酒丘灵鞠得知自己即将出任骁骑将军时，公开叫骂：

> 我应还东掘顾荣冢。江南地方数千里，士子风流，皆出此中。顾荣忽引诸伧渡，妨我辈涂辙，死有余罪。

丘灵鞠出自门阀士族，他举秀才出身，历任州主簿、中书郎、尚书左丞等清官职位，而且曾经领本郡中正、掌知国史，这两个职位都是门阀士人的专属。丘灵鞠当时担任东观祭酒，类似于后世的国子祭酒，是最高文教长官，文雅清贵，而骁骑将军虽然掌握兵权、待遇更高，却是莽夫武职。丘灵鞠宁死不愿调任，大骂西晋末年主动与北方世族合作，拥戴司马睿建立东晋的南方士人前辈顾荣。“伧”是对北方人的蔑称。丘灵鞠痛骂顾荣引入北方人，抢占了清官职位，妨碍了南方士人的仕途，死有余辜，扬言要掘了他的坟墓。鉴于丘灵鞠誓死不从，南齐朝廷最终改任他为正员常侍。

唐朝永贞革新失败后，参与改革的柳宗元、刘禹锡等八位官员贬官外任，开始是外放刺史，很快再贬司马，史称“八司马事件”。韩愈《永贞行》一诗，感叹柳宗元等八人的遭遇。其中一句：“郎官清要为世称，荒郡迫野嗟可矜。”仔细分析，柳宗元原任礼部员外郎，品阶为从六品上，后来先是外放邵州刺史，为正四品下，从级别上看是“升官”，即便很快贬为永州司马，品级依然是从六品上，算是“平调”。屯田员外郎刘禹锡的情况也一样。可在唐朝人看来，员外郎是清官，次要地区的刺史、司马品级虽高，终究是浊官。柳宗元、刘禹锡等人仕途由清变浊，无疑是大挫折，是很重的惩罚。郎官置身荒郡，值得同情。

而开头王绩主动出任太乐丞一事，却体现了当时“官以人清”的传统。官分清浊是因人而起，也可以因人而变，只要主动出任浊官的士人门第足够显赫、声望足够隆重、事情足够轰动，这个浊官职位就可能在朝野思想观念中由浊转清。这就是“官以人清”。唐初太乐丞、门下典仪都是安排流外官员升任的浊官，号称“流外之任”。王绩主动出任太乐丞；唐太宗朝士人李义府入仕最初就任门下典仪，后贵至宰相。吏部最终将这两个职位从流外之任改为清官。可见，如果士人不嫌弃官职清浊，有能力将浊官变为清官，反之则不适用于非士人变浊为清。理论上，清官日益扩张，侵蚀非士人的政治资源。

开元中，出身河东望族的新科进士薛据自恃才名，向吏部申请担任万年县录事。万年县就是长安城，属于京县，但录事却是处事冗杂、操劳受累的末曹小官，属于流外之任。吏部不敢答应薛据的请求，最终呈送执政宰辅裁决。考虑到“官以人清”的传统和薛据的坚持，宰相同意授予他万年县录事。结果，流外官员集体面见宰相，哭诉：“太乐丞等浊官，已经被士人夺走了，剩余的流外之职中就算万年县录事等少数几个是我们这些人的请要美职。如今又要被士人夺取，那么我们这些流外之人，将无所措手足矣。”最终，薛据未能如愿，改任了清官。（封演《封氏闻见记》卷三）

官分清浊，清浊官职泾渭分明，士人精英无不沿着清官序列，不及旁务，步步升迁到高位。从唐朝开始产生了升迁最顺遂的官职履历，或者说是仕途的“捷径”。唐朝《封氏闻见记》指出了唐朝的仕途捷径是：“宦途之士，而历清贵，有八俊者：一曰进士出身，制策不入；二曰校书，正字不入；三曰畿尉不入；四曰监察御史，殿中不入；五曰拾遗，补阙不入；六曰员外，郎中不入；七曰中书舍人，给事中不入；八曰中书侍郎，中书令不入。言此八者尤为俊捷，直登宰相，不要历余官也。”大体上，三十岁出头进士出身，从校书正字起步，四十岁前后达到御史郎官的中层，五十岁跃升中书舍人和侍郎等高层。

唐朝以后，门阀世族走进了历史，但士人阶层却因为科举的普及更加壮大了。“官分清浊”不仅存在，而且清浊之分日趋固化，日渐强大。明清两代清官的仕途捷径是：三十岁出头中进士入翰林，累官到御史郎官后于四十岁前后外放地方道府，五六十岁升迁至地方督抚后再竞争内阁军机高位，或者继续为京官至内阁学士京堂侍郎后直接外放地方督抚，最后谋求宰辅高位。如果有进士直接分发地方任知县，或沉溺部院冷曹，大概率终身怀才不遇、官位不显。同样，非士人阶层对上述清官履历是可望而不可即的，只有羡慕的份。

官分清浊之外，又有“清要”“清贵”等词形容更为贵重显赫的职位。何为“清要”？唐初，唐高祖李渊拟重用大臣李素立，令有关部门授予他七品“清要官”。有关部门先拟任雍州司户参军，雍州管理京畿地区，司户参军事繁权重，但李渊不满意，说：“此官要而不清。”又改任传统的清官——秘书郎。李渊又说：“此官清而不要。”有关部门又擢升李素立为侍御史。侍御史为从六品下的中层官职，负责监察政务纠察百官，常侍皇帝左右。李渊这才满意地说：“此官清而复要。”这个故事直观地比较了“清”与“要”的概念含义。

不消说，士人们追求的、引以为傲的便是“居官清要”“历掌清要”。清朝北方最显赫的名门望族济宁孙氏家族，自两江总督孙玉庭以后，涌现出了江苏巡抚、署理两江总督孙善宝，道光朝状元、山西及浙江按察使孙毓溎，咸丰朝榜眼、军机大臣孙毓汶等人。孙氏家族“四世簪缨，累世为官”，名震朝野，门第无二，朝野盛赞“四世历清要，孝廉以齐家”。这可能是对士人家族最高的赞誉了。

官分清浊是中国古代官僚制度的重要内容，具有鲜明的中国社会特点，对古代官员的政治生涯产生了重要影响。

唐太宗纵囚：中国古代法制的基石

唐朝法律不仅承上启下，而且奠定了之后中国法制的基础。我们先从“唐太宗纵囚”的故事谈起。

唐代前期，朝廷对死刑的判决是非常慎重的，官府在押的死囚犯很少。即便如此，皇帝依然非常重视死刑事件。贞观六年（632）十二月，唐太宗李世民还亲自去监狱里检查死囚情况。当时是寒冬腊月，正是城乡百姓迎接新年的时候，唐太宗看到被判处死刑的囚犯们关押在黑暗的监牢中，非常可怜他们，于是下令将死囚犯全都放回家，约定来年秋天开刀问斩的时候让他们自己到长安城来报到。唐太宗的这道命令把司法官员们吓坏了！大家暗地里叫苦不迭。因为司法官员根本不相信这些死囚犯能够如期回到长安来送死，即便大部分人回来了，有一两个死囚犯在逃，没有如期回来送死，还得要司法官员满天下地去通缉捉拿，那得给官员们增加多少的工作量啊？

看着囚犯们一哄而散，官员们大眼瞪小眼，阴沉着脸。唐太宗却对死囚犯们很有信心。果然到了贞观七年（633）九月，上一年被释放的死囚犯一共是 390 名，在没有人看守甚至没有人督促的情况下都如期回到了长安城，明知要朝堂受刑，却没有一个人逃亡。唐太宗纵囚取得了圆满成功，朝野都啧啧称奇。唐太宗非常感动，最后将 390 名死囚全都赦免了死罪。“唐太宗纵囚”是证明贞观盛世的一项重要证据、一段感人故事。

不过，有后人评价唐太宗纵囚是一个冒险的道德实验，用来自我标榜，给贞观盛世贴金；也有人考证说，那 390 名死囚犯大多是因为生活所迫，不得已而犯下死罪，并非穷凶极恶之人。总之，有很多后人怀疑唐太宗纵囚故事的真实性。我们不能否认，唐太宗此举确实存在道德实验的性质。唐太宗是唐代法制的主要奠基人，主张“以宽仁治天下”。他理解的法律和司法，就应该带有浓厚的道德色彩。道德和法律不能分割，法律不是冷冰冰的条文，需要注入道德的温度。唐太宗纵囚，不是简单地想试验一下这些死囚的道德水平，同时也想用正常的生活来唤醒这390个人心中的道德感，希望能够感化他们，把他们拉回到正常的社会秩序中来。而这个思路是符合中国传统政治的道德逻辑的，也是中国古代司法所推崇的。它隐含着对嫌疑人生命权、人格尊严的一种尊重与挽救。

唐太宗在中国政治制度发展史上有诸多的贡献。其中，唐太宗纵囚就体现了他在法律上的观念和贡献。唐太宗时期，朝廷在之前法律的基础上，增减完善，制定了《贞观律》。《贞观律》确定了唐朝法律的主要内容和司法原则，确定了五刑、十恶、八议及类推等制度。不仅之后唐朝历代皇帝在《贞观律》的基础上对法律进行调整，就连两宋和明清的法律，都是以《贞观律》为蓝本进行补充和完善的。可以说，《唐律》奠定了之后中国王朝的法律基础，而《贞观律》奠定了《唐律》的基础。唐高宗年间，朝廷对《唐律》进行注释、演绎，汇编成了《唐律疏议》。《唐律疏议》对唐朝之前的传统法制进行了总结和完善，又对后世传统法制的发展起到了推动作用，在中国传统法制的历史上承上启下、继往开来，堪称封建法典的代表作、中国传统法典的杰出代表，对后世及周边国家产生了极为深远的影响。①

《唐律》成为之后上千年历代王朝立法的标杆和基石，不仅在于它确定了许多法律的内容，更在于确定了两项重要的立法原则。第一项原则就是赋予了法律强烈的道德色彩。

中国古代政治是道德色彩浓烈的政治，这一点在司法上体现得尤为明显。中国人判断一件事情对错，常常讲“天理人情国法”，“天理”和“人情”排在“国法”前面。法律不仅不是评判一件事情对错的首要标准，

---

① 参见李聪：《〈唐律疏议〉与中国传统法制》，载于《法制博览》2019年第4期；王立民：《唐律为何堪称封建法典代表作》，载于《解放日报》2019年3月19日。

而且不是唯一的评判标准。同时，中国古代司法讲究德主刑辅、哀矜慎刑。法律并不是目的，刑罚更不是目的，推行道德政治才是司法的根本目的。古代官员所追求的是建设一个尊卑有序、安居乐业的理想社会，法律仅仅是他们达成这个目的的手段之一。朝野评判一个官员，并不是看他如何忠于律法，化解矛盾，而是看他是不是能够教化百姓，调和矛盾。因此，官员在司法过程中要哀矜慎刑，要有仁恤之心，要充分考虑社会背景和嫌疑人的实际，很多情况下疑罪从轻甚至从无，所谓“救人一命胜造七级浮屠”。

唐朝初建时，唐高祖李渊为人宽厚，会亲自检阅司法案卷，还亲自提审犯人。有一次，李渊审讯一个抢劫犯严甘罗，问他：“你为什么要当强盗?”严甘罗回答：“我饥寒交迫，没有办法才做了强盗。”李渊感叹：“我作为皇帝，却使百姓如此贫穷，这是我的罪过啊。”抢劫是重罪，原本要判重刑，李渊却将严甘罗赦免了。他还对宰相说：“天下尚乱，犯罪者多，如果按律定罪，死者更多。偷盗的人大多是因为生活所迫，逃亡的士兵大多是因为军官枉法，凡是此种犯罪，朕想全部赦免。”李渊的提议得到了大臣的支持。唐太宗修订《贞观律》的时候，又采纳了魏徵“专尚仁义，慎刑恤典”的建议，剔除了腰斩、车裂、五马分尸等酷刑，减少死刑种类和范围，增设加役流作为死罪的减刑，还扩大至处死和满门抄斩的范围。唐朝前期司法的宽松，对重刑判决的慎重，对人的尊重，都闪耀着道德的光芒。

古代司法官员要给犯罪嫌疑人打板子，甚至杀头，都是轻而易举的事。但是打了百姓的板子，可能会造成对方的终身残疾，还不一定能够唤起对方的忏悔、得到案件的真相。砍了犯人的脑袋，他所犯下的罪行不会因此得到逆转，或者弥补，相反又一个家庭会就此破碎，导致又有一个生命不可挽回。中国传统司法讲究的是能够不打板子、不砍脑袋而挽救一个人，弥补案件的损失。或者干脆就在案件发生之前把矛盾消除掉，在犯罪嫌疑人到案之初就感化嫌犯。这个就是古代司法所推崇的哀矜慎刑，是《唐律》奠定的古代司法的道德色彩。在实践中，我们也能看到古代的许多冤案，恰恰是司法官员忘记了德主刑辅，忘记了哀矜慎刑，一味地刑讯逼供、肆意妄求，不仅给涉案人造成了巨大的伤害，也损害了司法的权威和声誉。

唐玄宗年间，韦景骏担任贵乡令。有母子二人来县衙打官司。韦景骏并没有就事论事，而是感慨说："我自幼就是个孤儿，每当看到别人孝养双亲时，都恨自己没有这样的福分。如今你可以侍奉母亲，为何要闹到这种地步呢？在辖区内孝道没有奉行，都是我这个县令的过错！"说完，韦景骏竟然低头哭泣起来，又命人取来《孝经》送给打官司的儿子阅读。于是，母子感悟，都表示要回去悔改，日后成了县里母慈子孝的榜样。韦景骏对民间官司的处理方式，成了日后中国司法官员处理类似问题的典范，清官不断家务事，一心推行父慈子孝。如果有官员插手家务官司，朝野就会认为他的智商和情商都有问题。

同样是在唐玄宗年间，益州大都督府长史陆象先为官以宽仁著称，没有官威，也不好严刑峻法。他属下有一位司马颇不以为然，向陆象先建议道："请大人多行刑罚，树立威严，不然会使下属怠惰，不存畏惧之心。"陆象先却认为："为政者但求达到政理人化，又何必要严刑树威、损人益己呢？这并非仁恕之道。"后来，陆象先调任蒲州刺史，遇到一位小吏犯罪，他仅仅口头教训了一顿，并没有惩罚。属下的录事参军认为："按照先例，此人应该施以杖刑。"陆象先断然拒绝："人心都是相通的，难道他们不理解我的心意吗？如果你一定要实施杖刑，那就从你开始吧！"陆象先宦海几十年，担任过好多州郡的刺史和朝廷几个部的尚书，在司法实践中深怀仁恕悯恤之心，不尚严刑，得到了百姓的爱戴和朝野的高度评价。陆象先年逾古稀去世，哀荣备至。古代官员都把陆象先的执法行政奉为楷模，朝野官民也都认为陆象先的做派才是理想的地方官形象。

《唐律》第二项可贵的原则是天下共法的观念，赋予了法律相对的独立地位。

在封建专制体制下，朝廷的法律不可能完全独立于皇权。皇权始终是法律的来源和最高裁判者。古代能够追求的理想状态是寻求法律和皇权之间的一个平衡。影响这种平衡的最大敌人是绝对的皇权。法律要想相对公正、独立地施行，皇权必须自我束缚。而唐朝从统治阶层开始就树立了“法者，国家所以布大信于天下”的观念。

唐太宗贞观年间，朝廷百废待举，正是用人之际。当时，唐朝是脱胎于隋朝，朝廷承认旧官员在隋朝的任职履历，并且从旧官员当中择优录取。同时，朝廷对阵亡的或者受伤的开国将士的家人后代有恩荫制度，授予他们一定的官爵。由于当时战乱刚刚结束，各种档案保存不完整，于是就有人冒充开国伤亡将士的家人后代，也有人伪造自己在隋朝的任职履历来骗取官爵。

针对这股“诈伪资荫”的风潮，唐太宗专门下令，要求骗取官爵的人出来自首，自首者免罪，不自首的人处死刑。就在这个节骨眼上，徐州司户参军柳雄被人揭发出来伪造在隋朝的任官资历，骗取官职。大理寺少卿戴胄负责审理柳雄造假案，按照律法判处他流放，并奏报唐太宗。

唐太宗大怒：“朕已经下旨，骗官不自首者死。如今你戴胄将骗官之人判处流放，这不是让朕失信于天下吗？你这简直是在卖狱取巧！”戴胄回答说：“陛下如果直接下旨杀了柳雄，臣无话可说。但是，既然陛下将这个案子交付大理寺审理，臣就不敢违背律法。”唐太宗说：“你自己倒是守法了，却让朕失信于天下吗？”戴胄回答：“法者，国家所以布大信于天下。而皇上的话，只是根据一时喜怒发出的。陛下难道要根据一时的情绪，就对人生杀予夺吗？陛下正是知道不能凭喜怒杀人，所以才将柳雄交予法律来处理，这是‘忍小忿而存大信’也。如果现在又要判处他死刑，我私下为陛下感到可惜。”唐太宗沉默了一会儿，不得不承认：“朝廷司法有所失误，你能纠正，朕有什么可以担忧的呢！”唐太宗最后认可，根据法律条文的规定，判决伪造履历的柳雄罢官流放。

《旧唐书·戴胄传》还记载了一个类似的故事：当时，吏部尚书长孙无忌受召入宫，没有解下佩刀就直接进去了。大臣不得带刀入宫，否则就是犯罪。长孙无忌不仅是长孙皇后的哥哥、李世民的大舅子，而且是辅佐唐太宗夺位称帝的功臣，权势炙手可热。有关部门对此事的处理结果是，监门校尉没有察觉到外人带刀入宫，被判处死罪，而长孙无忌误带配刀入宫，罚铜二十斤。唐太宗批准了这个判决。戴胄公然反驳说："长孙无忌带刀入宫，和监门校尉没有察觉，都是失误。臣子对天子做错了事，不得称误，律法规定：'供御汤药、饮食、舟船，误不知者，皆死。'陛下如果考虑到长孙无忌的功劳，一定要宽宥他，那就不是司法部门所能够决定的；但是如果要依法办理，那么一个处死、一个罚铜肯定是不公正的。"

唐太宗对戴胄的反对沉思了良久，说了一句非常著名的话："法者，非朕一人之法，乃天下之法也。不能因为长孙无忌是朕的亲戚、是国舅，便曲解法律。"最后，唐太宗下令重新审理此案，监门校尉得以免死。

从对柳雄和长孙无忌这两件事的处理上可以看出，唐太宗李世民对皇权保持了难得的清醒认识和自我约束。唐朝皇权承认司法的独立和法律的权威。唐朝初期司法清明，也是贞观盛世出现的一个重要原因。之后历朝历代，朝廷律法执行得比较好，都离不开皇权的自我约束，而司法比较混乱、黑暗的时期都存在皇权恣意妄为的身影。这似乎成了中国古代的一条历史规律。

哀矜慎刑的道德色彩和天下共法的皇权约束，在唐太宗时代和谐共存。当时的皇室能自我约束，尊重制度。长孙皇后不仅约束皇子和外戚，不让皇亲国戚骄奢胡来，还不断地提醒着李世民要行仁政。李世民与长孙皇后感情很深，经常向长孙皇后谈论朝堂之事，长孙皇后以"牝鸡司晨，惟家之索"为由拒绝干涉朝政。如果李世民再三询问，长孙皇后就干脆不理睬丈夫，以沉默应对。唐太宗本身兼具原则性与灵活性，成功处理了不少难题。贞观十六年，广州都督党仁弘贪腐案，唐太宗的处理堪称道德与司法平衡的典范。党仁弘是唐朝的开国元勋，几十年如一日帮助李唐王朝开疆拓土，尤其是在开拓西南和岭南疆土上功勋卓著，同时案发时党仁弘已经年逾古稀，满头白发了。无论考虑功勋还是年纪，唐太宗都想从轻发落。但是党仁弘罪证确凿，罪大恶极。唐太宗的做法是在大殿之前集合朝廷五品以上的官员，公开宣布党仁弘贪赃本该处死，自己念他有功于朝廷，且年事已高，要把死刑改为罢官。作为自己违法的代价，唐太宗宣布从即日起在南郊坐草席自责，每日只素食菜饭一次，谢罪三天，自我惩罚。大臣们不仅谅解了唐太宗的从轻处理，还纷纷劝他收回自罚之举。君臣双方相互理解，党仁弘贬为庶人，流放钦州；唐太宗改在大殿自罚三天，并下诏罪己。党仁弘一案，体现了唐朝初期司法的典型特点，既有道德的温度，又尊重了法律，不暴不虐、不轻不纵。

唐朝初期是中国古代司法的一个高峰，《唐律》奠定了中国千年法制史的基础、树立了效仿的标杆。其中，“天下共法”和“德主刑辅”两大原则，更是影响深远。

改谥风波：如何给人盖棺定论？

谥号指的是中国古代有一定身份地位的人死后，根据他生前的言行作为、品德操守，用来对其一生进行褒贬的称号。有谥号的人，死后人们不再称他的名号，而尊称谥号，这等于是给他们改了名字，因此授予谥号又叫“易名”。这是古代中华文化圈特有的一项礼制和政治制度。谥号制度发源于先秦，确立于唐宋。唐朝是中国谥号制度的成熟时期。我们一起来看看唐高宗年间给宰相许敬宗商议谥号的场景。

曾经担任过宰相的许敬宗逝世，享年81岁。许敬宗是唐朝老资格的开国元勋，但是在历史上他最有名的事件是高调支持唐高宗李治立武则天为皇后。当年皇后废立之事在朝堂上久拖不决，最后是许敬宗“临门一脚”帮了武则天大忙，许敬宗说：“田舍翁多收十斛麦，就想换老婆，何况天子欲立后，这本来就与别人没有关系，何必要妄加议论呢?”这句话让唐高宗下决心废后立新，册立武则天为新皇后。此后，许敬宗在唐高宗时期平步青云，位极人臣。听闻噩耗，唐高宗武则天夫妇极为悲伤，为之举哀，废朝三日，并且下令文武百官都到许府奔丧，同时追赠许敬宗为开府仪同三司、扬州大都督。

唐朝对谥号授予有严格的标准和流程，规定内外文武官员担任三品以上职官或二品以上散官，才有资格向朝廷申请赐谥。许敬宗生前曾经担任过从二品的职官尚书右仆射，太子少师，如今又追赠了从一品的散官开府仪同三司，因此符合申请谥号的标准。

唐代官员谥号赠予的操作流程是，首先家属得要书写死者的行状，也就是死者生平介绍，申报给礼部考功司，正式申请皇上赐谥。“谥者，行之迹也。”官员谥号一定是根据他生前的言行举止授予。因此，考功司会认真核查死者历任的情况，核查准确后再递交给太常寺，由太常博士草拟谥号，反馈礼部。礼部再提交政事堂，由三省的中高级官员集中商议，称为“议谥”。

显庆三年（658），负责给许敬宗草拟谥号的太常博士是袁思古。袁思古认为，许敬宗位极人臣，辅政多年，留下许多道德文章，但是“弃长子于荒徼，嫁少女于夷落”。这里说的是许敬宗两件不光彩的家事。第一件事，许敬宗非常宠爱自己的一个婢女，将这名婢女改名换姓纳为了妾。没想到，自己的长子许昂长期和这个宠妾通奸。许敬宗晚年才发现这个秘密，勃然大怒，给长子罗织了罪名，奏请朝廷将长子流放到遥远蛮荒的岭南天涯海角去。第二件事，许敬宗将女儿嫁给了蛮夷部落的首领，向这个部落索要了巨额的彩礼。袁思古当众指出，这两件事可以表明许敬宗言行不一，是个道貌岸然的伪君子。“白圭斯玷，有累清尘，易名之典，须凭实行。”按照谥法“名与实爽”，也就是名实不符为“缪”，给许敬宗草拟的谥号为“缪”。

这里需要插叙一下，中国古代谥号的用字是有特殊的解释和严格的规定的，每一个字代表什么意思都有规章制度可循。这种对谥号的特定的评定标准就是“谥法”。许敬宗生前虽然位极人臣，一人之下，万人之上，但是他在唐高宗立武则天为皇后的时候和绝大多数的大臣背道而驰，特别高调、用力地赞成武则天上位，之后又和奸臣李义府合作诬陷长孙无忌、褚遂良等大臣，导致后者被贬死。许敬宗掌管国史期间，又以个人的好恶为标准，任意地书写历史。暗地里，许敬宗饱受朝野的嘲讽和非议。他和长子许昂因为绯闻而闹翻，又因为贪财把女儿嫁到蛮夷之邦，只是众多过错中最突出，也最狗血的两件小事。无奈，宠信许敬宗的武则天正权势熏天。许敬宗投靠后宫、诬陷忠良等事不能摆到台面上来说，能够落到纸面上的就是后面两件小事了。因此，袁思古公开出来，作为许敬宗表里不一的两个理由，给他草拟了一个“缪”的谥号，春秋笔法曲线救国，大体上是符合许敬宗的生平作为的。

当时，聚集在政事堂里的三省中高级官员，估计很多人在心底里是暗暗赞同的。可是，袁思古的话音刚落，角落里就跳出来一名愤怒的官员，大声咆哮起来。众人扭头一看，这个人是许敬宗的孙子、许昂的儿子、太子舍人许彦伯！

许彦伯当即反对谥号草案，同时大骂袁思古家族跟他们许家世代都有嫌隙，袁思古此举是公报私仇任意诬陷，要求换一个太常博士给他爷爷草拟谥号。

谥号是对一个人的盖棺定论，是对他道德品行的一个总结，不仅要出现在葬礼上，刻在死者的神道碑墓志铭上，还要写在国家典籍上流传后代，任何一家子孙都不希望长辈的谥号是一个坏字、恶字。谥号的一大作用是为了避讳。有谥号的人，后人都不称他的名讳而尊称谥号。如果谥号本身就是贬义词，甚至是很坏的形容词，避讳的作用非但没有达到，反而放大了祖先的恶名，使家族蒙羞。

具体到许敬宗的谥号上，袁思古的方案不仅将许家的家丑暴露在了朝野官民面前，而且将许敬宗永远钉在了表里不一的耻辱柱上，这也难怪许彦伯要拼死反对了。

许敬宗谥号的商讨会议，因为家属的强烈反对，无果而终。大家散去的时候，许彦伯在政事堂外面摩拳擦掌，拉开架势要痛殴袁思古。在场的同僚纷纷劝架，将两人拉开，才没有出现更为尴尬的场面。唐高宗和武则天得知许敬宗谥号风波后，撤换了袁思古，下令太常寺再议。

接手草拟谥号的是太常博士王福畤。王福畤也是一个耿直刚硬的官员，他审核了许敬宗的行状后，建议按照袁思古的方案，定许敬宗谥号为“缪”。户部尚书戴至德就劝王福畤说：“许敬宗曾经担任过同平章事，位列宰辅，他做事往往推美于君，高宗、武后都对其深加器重，你为什么定谥号为‘缪’呢？”王福畤回答：“晋朝司空何曾去世后，太常博士定谥号为‘缪丑’。何曾对朝廷忠诚、居家孝顺，仅仅是因为生活奢侈、日食万钱，所以贬为‘缪丑’。许敬宗忠孝都比不上何曾，在生活奢侈、男女关系方面更甚于何曾，定谥号为‘缪’，并没有委屈了他。”事情又处于僵持状态。

最后是唐高宗下诏，令尚书省五品以上官员都参与讨论。皇帝的倾向性很明确，就是一定要给许敬宗一个不错的谥号。礼部尚书袁思敬提出了一个折中方案："按谥法'既过能改曰恭'，请谥曰'恭'。"这个方案得到了各方的妥协，最终许敬宗谥号为"恭"。

从许敬宗的谥号风波中，我们可以看出，古代人的谥号并不是遣词造句的问题，背后涉及复杂的评价和政治斗争。这是因为，谥号是对一个人的评价，起到惩恶扬善、奖劝后世的作用。"古之圣王立谥法者，所以彰善恶，垂劝诫。"朝廷确定谥号，不仅意味着如何评价过去和现在的形势，还表明要向后代提倡什么、贬斥什么，其重要性很明显，远非简单的文字游戏。拥有闪亮谥号的人，是当时和后代的楷模，比如魏徵、张说，谥号"文贞"；颜真卿谥号是"文忠"；郭子仪的谥号是"忠武"。拥有丑恶谥号的人，是永远的失败者，是要受到千秋万代鞭挞的。因此，要争取一个好谥号，无异于进行一场政治斗争。

唐代发生过多起因"谥号"而僵持不下的情况。贞观年间，大臣萧瑀去世。太常博士草拟谥号"肃"。唐太宗不认同，说："谥号要名实相符。萧瑀生性猜疑，与肃字不符。"改谥号为"贞褊（biǎn）"。褊，气量狭小的意思。有的时候，皇帝识人存在偏差。比如，唐太宗对宇文士及的印象很好。一次，唐太宗指着宫中的一棵树说："这是嘉木！"宇文士及便大加赞美。唐太宗正色道："魏徵常劝我远离佞臣，我不知道他说的是谁，现在知道了。"宇文士及谢罪说："宰相们经常犯颜直谏，弄得陛下手足无措。我有幸伴君身边，不将就一点，陛下贵为天子，又有什么乐趣呢?"唐太宗感动了，觉得宇文士及是个贴心的忠臣，要定谥号为"恭"，意思是敬事供上。黄门侍郎刘洎（jì）反对："宇文士及生活奢侈，不应赐谥为恭。"君臣最后妥协，宇文士及谥号定为"纵"。

唐宋时期是中国谥号制度成熟和高度发达的时期，朝野都很关注。爆发了多起争谥、改谥的风波，死者生前的恩怨、政治资源、派系斗争都纠缠在一起，起决定作用的还是政治形势发展的需要。当时的谥号风波，更多的是政治风波，是政治斗争的表现。最典型的是唐朝前期两个皇太子谥号的争议。

唐太宗李世民在玄武门之变中杀兄灭弟，他登基后先是降封哥哥、遇害的原太子李建成为“息王”，接着面临给他定谥号的问题。如何评价李建成，不仅涉及玄武门之变的敏感话题，而且关系到李世民的统治合法性。朝臣讨论了很长时间，于贞观二年年初草拟谥号“戾”。戾，暴虐无礼、胡作非为的意思，评价很差、很低。给李建成加这个谥号，就等于告诉后人玄武门之变是李建成发动的，这显然与事实不符——政变是李世民发动的。而且过低评价李建成可能会刺激已经投靠李世民的原李建成势力，也不利于团结广大中间立场的官员，不利于大局稳定。于是，唐太宗否定了“戾”字。大臣又建议用“灵”。灵字比戾字好很多，但是有平庸无能的意思，与李建成的实际情况不符，也隐藏着健在的太上皇李渊不能知人善任、选错了太子的意思。李世民再一次否决了这个谥号。最后，唐太宗君臣给李建成定谥号“隐”。“隐”含有归隐遮蔽、既往不咎的意思。对于自己杀害的太子兄长，李世民没有胜利者的喜悦，只有充满矛盾的顾全大局。毕竟是身份地位变了，他要以江山社稷为重。

唐中宗的太子李重俊也是死于政变。不同的是，李重俊是政变的发动者。李重俊受到以武三思为首的武氏势力和韦皇后、安乐公主等后宫野心家的嫉恨，武三思之子武崇训和安乐公主常常称呼太子为奴，还策划废太子。李重俊就伪造圣旨，调拨官兵杀武三思、武崇训父子及其党羽，又率兵杀入皇宫，要杀韦皇后及安乐公主。最后因为唐中宗现身制止，叛军临阵倒戈，李重俊为左右所杀。事后，唐中宗认为李重俊是叛乱，废黜了他的太子名号，贬为庶人，并枭首示众，把他的脑袋拿来祭祀武三思父子。参与政变的左羽林大将军李多祚，右羽林将军李思冲，左金吾大将军、成王李千里都受到株连。

唐睿宗继位后，恢复了李重俊的太子身份，下令百官商议李重俊的谥号。唐睿宗是推翻韦氏势力上台的，他认为从武则天开始就不断地贬杀李唐皇室子弟，唐中宗时期武氏子弟与韦皇后更是凌辱李姓皇族。李重俊起兵属于正义之举。他和百官给李重俊草拟了谥号“节愍”。“节”，好廉自克；“愍”，在国逢难，寄托哀悼之情。“节愍”是褒奖溢美的上好谥号，既表彰李重俊为李唐皇室奋起抗争，又表达唐睿宗的“痛悼良深”。但是，太府少卿韦凑认为李重俊虽然值得同情，但擅自发兵、威逼中宗，毕竟属于反叛。“节愍”两个字过于溢美，建议更改一字。唐睿宗尽管承认韦凑言之有理，但以谥号已定不便更改为由，坚持追谥李重俊为“节愍太子”。唐睿宗借此来表达对之前历史问题的态度，下了定论。

明清时代，谥号制度朝着另一个方向发展。首先，定谥号的权力上移到了皇帝手中，皇帝直接掌握决策权，废除了大臣集会议谥。清朝规定王公贵族和一品以上的官员才能申请谥号，是否授予由皇帝决定。内阁呈送四个谥号，由皇帝裁定。谥号争议的情况几乎不再存在，死者涉及的政治斗争也不再在谥号问题上表现出来。而另一方面，皇帝常常给前人追加谥号，或者破例给不符合谥号资格的人授予谥号。谥号制度在明清变成了皇帝个人加强皇权和权力斗争的需要。其次，几乎不给恶谥，一味授予美谥。循规蹈矩的官僚，到了一品高位，死后不是文襄就是文肃。谥号渐渐失去了对死者有针对性的褒贬作用，一味收揽人心、表彰榜样，完全成了皇帝的统治工具。可以说，唐宋是谥号制度的成熟高峰，没落于明清时期。

明清谥号制度还有其他的特点。比如，帝王的谥号越来越长。从唐玄宗开始用 7 个字来追谥祖先开始，帝王谥号越来越长，到清朝皇帝的谥号普遍超过了 20 个字。谥号的用字越来越好，溢美之词成为常态。《谥法研究》一书中统计了从公元前 209 年至公元 1911 年间 324 位帝王的谥号，其中恶谥者仅 9 人，所占比例不到 3%。再如，唐宋时期谥号一两个字并存，清朝规定亲王谥号用一个字，郡王以下及文武大臣用两个字。百官谥号以“文”字为贵。清朝必须是翰林出身或官至大学士，才能用“文”字。其中，“文正”尤其尊贵，除非有特殊功勋，通常不授。清朝，内阁草拟的候选谥号，“文正”不能上奏，只能由皇帝特赐。明清两代，获得“文正”谥号的大臣屈指可数。

另外，谥号有官谥与私谥之分。朝廷给帝王将相和士大夫赐予的谥号，称为官谥。私谥，一般是社会贤达、隐逸高士死后，由亲友、门生或故交评定的。私谥比朝廷那些例行公事的官谥要公正、珍贵得多。千百年来，获得谥号的人数以千计，但陶渊明的私谥“靖节”、林逋的“和靖”很多人都记得。那么多帝王将相的官谥，记住的人则不多。

古人对谥号的珍视，是出于政治斗争和权力统治需要展开的争吵和斗争，底层逻辑都是谥号代表着政治标准、代表着善恶荣辱，为谥号而争的人起码心中还有羞耻感和底线。从这个角度来说，谥号制度确实起到了积极的作用。这是谥号制度最大的历史意义。

中国人非常在意谥号。春秋时期，楚国发生政变，太子联合大臣逼当时的楚王熊恽自缢。熊恽弥留之间突然睁开眼睛问叛乱大臣，你们准备给我上什么谥号？大臣们竟然当场商量后对熊恽说，准备给他上谥号“成”。熊恽听到是好谥，这才两脚一蹬，闭上眼睛死了。熊恽就是楚成王。南宋的秦桧，秦桧死后赐谥“忠献”，这是上等的好谥。但到了宋宁宗时，下诏夺谥，改谥秦桧“缪丑”。改谥的原因是随着抗金斗争的政治需要，秦桧从宋高宗时候的和平宰相变为了妥协投降的奸臣。此后，秦桧成了“奸臣”的标准形象，顺带着“忠献”这个谥号也转化为明褒实贬。南宋后期权臣史弥远掌权二十多年，党同伐异，贪污中饱，横征暴敛，去世后礼官们定谥号与秦桧相同的“忠献”。这是一个让史弥远家人无法反驳、哑口无言的谥号，又真实表达了礼官们认为史弥远与秦桧同属于奸臣的共识。中文的微妙，在谥号上体现得淋漓尽致。

致仕制度：中国古代官员退休制度

唐朝是中国古代退休制度的成熟时期，我们的讲述要从脍炙人口的唐诗《回乡偶书》开始。

少小离家老大回，乡音无改鬓毛衰。

儿童相见不相识，笑问客从何处来。

儿童笑问客从何处来，是有原因的。《回乡偶书》的作者贺知章是浙江越州人，36 岁那一年离开故乡考中了状元，等到退休后重返故乡时已经是 86 岁高龄了。贺知章宦海沉浮整整六十载，隔了两三代人的时间，可不得满眼物是人非嘛！那么问题就来了，贺知章为什么到 86 岁高龄才退休？唐朝允许这么高龄的官员继续工作吗？当时是否有和现代社会类似的退休制度呢？

古代官员退休通常称为“致仕”。《礼记·曲礼上》中有“大夫七十而致仕”的明确记载，郑玄解释“致仕”是“致其所掌之事于君而告老”，也就是官员将地位和权力都还给君王。常见的说法还有“乞骸骨”“告老”“谢事”“休致”等。致仕的年龄是很明确的，就是 70 岁，官员 70 岁辞官后家居，就不用官府公车了，因此古人也将 70 岁称为“悬车之年”，也有将致仕称为“悬车”的。

致仕制度早在先秦就有痕迹了，两汉史书也有官员致仕的记载。到了唐朝前期，官员致仕的记载却不多，像贺知章那样的高龄官员则很多。唐高祖的驸马窦诞晚年精神衰落，言行已不同于正常人了，甚至与唐太宗说话现场忘词、前言不搭后语，即便如此仍“尸禄而不退”；武则天时宰相苏良嗣已 85 岁高龄，一日朝见时谢恩拜伏，竟然不能起身，被人用轿子抬回家的，当日便死了；88岁的卢龙节度使张允伸重病在身，知道自己行将就木才上书申请辞职，结果朝廷还没回复就死在了任上。

最典型的恋栈不去的例子，可能是宰相唐休璟。唐休璟在神龙二年（706）已经年满80岁，办理了致仕手续。可他心不甘情不愿，通过让儿子娶尚宫贺娄氏的养女为妻，借助贺娄氏得以复起，再次担任宰相，于唐睿宗景云二年（711）又第二次退休，不久病逝，终年86岁。最高的退休年龄是唐太宗时期的萧德言创造的。他出生于557年，于贞观二十三年（649）退休，时年92周岁！《唐书》列传中的唐朝前期官员约有570人，五品以上、70岁以上还在位的有53人，约占9.3%。这些高龄官员中，位居宰相的就有24人之多，又有9人在两代皇帝连任宰职。[①] 可以说，唐朝前期存在高龄官员，尤其是高官群体年龄普遍偏高，是一个突出的现象。

官员恋栈不去，并不是因为唐朝缺乏致仕制度。相反，唐朝建立后，官员致仕制度稳固成型，进入成熟发展时期。《通典》记载：

> 大唐令，诸职事官，七十听致仕。五品以上上表，六品以下申省奏闻。诸文武选人，六品以下，有老病不堪公务、有劳考及勋绩情愿结阶授散官者，依。其五品以上，籍年虽少，形容衰老者，亦听致仕。

《唐会要》也有记载："旧制，年七十以上应致仕，若齿力未衰，亦听厘务。"

唐朝明确了70岁为官员的退休年龄，五品以上高官直接向皇帝申请，六品以上申报尚书省批准。但是又留有很大的灵活空间，比如身体情况良好的可以延迟退休；"有老病不堪公务"或者早衰的，也不用等到70岁，可以提前退休。这样就给那些不愿意退休的五品以上高官提供了留任的机会，他们可以借口身体情况良好而不主动申请致仕。

我们必须承认，高龄官员也是宝贵的财富。高龄官员人生阅历深厚、

---

① 虞法志：《唐前期的高龄职事官现象浅析》，载于《四川教育学院学报》2008年4月。

行政经验丰富，办公处事的效果未必不如年轻官员，有时可以更好地处理一些疑难问题。同时，德高望重的高龄官员，占据关键部门和核心岗位，起着举足轻重的作用，一定程度上保证了政治稳定、传承有序。唐太宗李世民临终前，就专门向太子李治交代了老臣李勣的使用问题。李世民说："李勣才智有余，然汝与之无恩，恐不能怀服。我今黜之，若其即行，俟我死，汝于后用为仆射，亲任之。"李治即位后，很快任命李勣为宰相，对新旧交替时期权力格局的传承起到积极作用。李治后期，武则天急于夺权。当时在位的一批古稀之年的高官集体抵制，一定程度上牵制了武则天篡权称帝的步伐，是对李唐皇室有利的。

高龄官员难免存在因循守旧的一面，不像年轻人那样具有革新精神，而且长期占据职位会阻碍官员队伍的新陈代谢，对政治运行的长远影响是消极负面的。唐朝前期官员队伍老化，到武则天时期就暴露出问题了。天官（吏部）侍郎魏元同指出："仅诸色入流，岁有千计，群司列位，无复新加。官有常员，人无定限。"可见当时官员队伍壮大，许多人因职位不够而无事可干。这就迫切要求建立官员退出机制，推动高龄官员致仕让位。

官吏队伍的新陈代谢，直接关系到国家政权的正常运转。职位的调整，是权力的再分配，可以化解政治矛盾、增强官府活力。这个道理，高龄官员们自然都懂，同时退休可以让高龄官员安享晚年，是符合客观自然规律的。那很多高龄官员为什么还恋栈不去呢？

唐睿宗时期的宰相李日知，一天下班回家就招呼左右收拾行李，准备搬到别业去住。妻子奇怪地询问原因，李日知说自己年纪大了，事先没和妻子商量就申请了致仕。妻子一听就火了，说："家产屡空，子弟名宦未立，何为遽辞职也？"这句话道出了高龄官员不愿退休的客观原因：一是经济利益受损，退休了就没有俸禄和其他在职待遇了；二是权力丧失后就不能庇护家庭，给子孙后代谋取好的前程。背后的根源就是退休后和在职时相比存在巨大的落差，高龄官员们很难接受。

唐玄宗时期，朝廷凭借日益强盛的国力，推出了一系列致仕辅助政策，尽量抚平官员退休前后的落差，完善并推广了致仕制度。

首先，在经济待遇方面，朝廷优待致仕官员。

开元二十五年（737）规定："诸职事官年七十，五品以上致仕者，及解官充侍者，各给半禄。"五品以上官员年老致仕后可享受半禄优待，有些人经皇帝特批还可以拿到全禄和其他赏赐物品。唐朝中期一度发给五品以上致仕官员全俸、六品以下致仕官员半俸，维持了几十年时间，后来因为朝廷财政窘迫而降回开元二十五年的规定。生活有困难的退休官员，可以申请补助生活必需品。唐玄宗开元五年（717）下令专设一名官员负责退休官员的生活补助品发放，直送家里。

唐文宗大和三年（829），四品的右庶子滕珦致仕，由于老家婺州（今浙江金华）距离长安路途遥远，滕珦家贫以致返程困难，于是上奏请求使用沿途驿站解决返乡交通和食宿问题。朝廷批准了他的请求，并且把它明确为一项制度。从此，官员告老还乡均可乘坐公车，免费使用驿站。部分声望隆重的官员致仕，朝廷还会组织百官列队送出宫城外。贺知章告老还乡时，唐玄宗亲自饯行，赋诗惜别，还下令六卿百官供帐长安城东门相送。

官员返乡后，不定期地还能得到朝廷的关怀慰问。皇帝举办即位、郊祀等大典时，致仕官和在职官一样能获得赏赐。唐玄宗东幸洛阳时，退休宰相宋璟于道旁迎接。皇帝派荣王专门慰劳宋璟，嘘寒问暖，又遣使赏赐药饵。宰相杜佑退休后，唐宪宗赐绢五百匹、钱五百贯，派遣宦官直接送到杜家。

其次，通过升转官阶和致仕荫补等措施保障致仕官员的政治利益。

"升转官阶"指唐代官员一般以比现任职务的官品高出一阶或几阶退休，朝廷以此作为对年老官员多年辛劳的奖励，简单说就是升官致仕。唐代前期提升的是官员的散官品阶，中期以提升职事官的品阶为主。这就使得致仕在政治上极有吸引力，尤其是对那些升迁无望的官员。一些官员不到70岁，身体很好，却主动申请致仕，实际上是追求更高的官品。退休后的三品以上高官和少数重要官员，致仕后还有参政的机会。每月初一日和十五日，致仕高官可以参加朝觐，而且行立的序位高于现任同品阶官员；致仕官员也可以上书言事，继续指点江山或者臧否人物。后来发展为地方官员有义务拜访辖区内致仕官员，慰问咨询。

“致仕荫补”指的是五品以上官员退休后，子孙依其品级获得相应官职，这是唐朝官员入仕的重要途径。早在唐高宗时就规定，第一等功臣，其亲属在朝无五品以上官者，后代可选一人接五品官；第二等功臣，无五品以上官者，后代可选一人为从六品。荫补制度确保了官宦子弟的前途，从权力传承上解决了致仕官员的后顾之忧。

最后，退休官员去世时，朝廷在丧葬方面还有一定的优待。

丧葬优待主要有“赙”（fù），即举办葬礼补助费用；此外，还有追封、陪葬、致哀、建庙、立碑等。举一个直观的例子。唐高宗永徽四年（653）九月：尚书右仆射张行成病逝，“高宗哭之甚哀，辍朝三日，令九品已上就第哭”，三次派遣宦官到张府赐内衣服，又派宫中女官到张府督理丧事。朝廷赠张行成开府仪同三司、并州都督；所司备礼册命，祭以少牢；赐给张府赙绢布八百段，米粟八百石，还赐东园祕器；最后赐张行成谥号“定”。致仕官员在葬礼的规格等级方面同现任官员是完全相同的。朝廷保障致仕官员的哀荣，送他们最后一程。

致仕不是一件独立、简单的事情，而是涉及人生的方方面面，唐朝完善了退休官员的各方面待遇保障，虽然优待政策主要是针对五品以上官员，但很大程度上弥补了退休带来的有形的或者无形的落差，解决了年迈官员的后顾之忧，极大地推动了致仕制度的落实与推广。官员到龄致仕逐渐成为一项共识。大部分官员认为致仕合理，对国家和个人都有利，到了70岁都会主动申请致仕。相当一部分朝野人士以主动致仕为荣，而少数迟迟不肯致仕的官员则会受到舆论的冷嘲热讽。

在致仕观念的形成方面，盛唐时期的名相宋璟做出了表率，堪称楷模。开元二十年（732），刚满70岁的宋璟以年老体衰、耳目昏聩为由，主动申请致仕。他明确提出随着年龄的增长，自己的身体大不如前，“安可以苟徇大名，仍尸重禄”。事实上，宋璟德高望重、政绩卓著，而且人缘特别好，朝野赞誉宋璟为“有脚阳春”。意思是，宋璟给人感觉如沐春风，执政成绩非常突出，走到哪里仿佛就将春天带到了哪里。当时没有人要求他致仕，相反，如果宋璟继续执政，想必也不会有人反对。唐玄宗李隆基接到申请后，断然拒绝，慰留宋璟继续为国效力。宋璟再三申请致仕，说自己如果赖着相位不退休，就是带头破坏制度，礼法何存？最后，唐玄宗勉强同意，恩准宋璟致仕后仍食全禄，并赐绢五百匹。宋璟致仕后，退居东都洛阳私宅，杜绝宾客，不问政务，安心颐养天年。

唐宣宗大中十二年（858）正月宫廷大朝会：80岁的太子少师柳公权因为年高资深，代表文武百官向唐宣宗恭贺新年。典礼在硕大的大明宫含元殿举行，柳公权步行到宫殿台阶下，体力就已严重透支。典礼开始后，他向唐宣宗高声上尊号“圣敬文思和武光孝皇帝与天同休”，由于体力不济把尊号给念错了，将“和武光孝”念成了“光武和孝”。言官们就讽刺、批判柳公权贪图富贵、恋栈不去。结果，柳公权遭到扣罚一个季度俸料钱的处分（《东观奏记》）。柳公权历仕七朝，担任高官三十年，一直到80多岁才以太子太保之职致仕。唐德宗、唐宪宗年间官员致仕制度随着局势变化而陷入混乱，官员致仕状况每况愈下。大诗人白居易专门写了一首《不致仕》，痛斥那些年迈恋栈的高龄官员“可怜八九十，齿坠双眸昏。金章腰不胜，伛偻入君门”，批评他们：“七十而致仕，礼法有明文；何乃贪荣者，斯言如不闻？”但是，健全的致仕制度的执行，是建立在朝廷有足够的财政实力和对官僚队伍的有效控制的基础之上的。唐朝末期，内有宦官专横跋扈，外有方镇使府泛滥，朝廷内忧外患，自顾不暇，根本没有办法落实推行健全的致仕制度。

虽然唐朝的致仕制度没有善始善终，但“这一制度在唐代日益完善是人类文明向前发展的一种标志”①。官僚体制畅通的进入和退出制度，能够保证政治清明、权力更迭有序，有利于提高国家治理的质量。贪图荣华富

① 张剑光、邹国慰：《论唐代官员致仕思想的成熟》，载于《陕西师范大学学报（哲学社会科学版）》2010年1月。

贵更接近人的本性，而主动让出权力，却是违背人的本性的。唐朝能够确立成熟的古代致仕制度，是极具历史意义的。除了极少数有畸形权力欲望的官员以外，退出政坛是官员颐养天年、安享天伦的前提条件。致仕制度，公私两便。所以，唐朝的致仕制度为之后的朝代所继承。

发展到清朝，官员致仕制度已经相当成熟。清朝在唐朝致仕制度上不断完善，规定不同品级的官员，致仕程序不同。“京官告病告休，三品以上者由本衙门具奏，奉旨后知照吏部。四五品以下者具呈本衙门咨明吏部。”将唐朝的五品改为了三品，但是清朝官员品级不如唐朝那般贵重，所以大体是相同的。清朝三品以上官员致仕通常可得全俸，低于三品的致仕官员可领取半俸；三品以上的官员致仕后，朝廷往往会给予加官晋衔的优待。清朝致仕制度的最大价值是朝廷将官员的致仕待遇与执政政绩联系在一起，政绩不同的官员致仕后待遇不同。比如，曾经出兵打仗，杀贼捉生受伤的官员，致仕后待遇明显好于其他官员。清朝致仕奖罚分明，有利于激励官员建功立业。中国古代致仕制度的许多原则和遗产，还能在当今社会的退休制度上看到身影。

商人与仕途：边缘人群的入仕之路

中国古代社会不是一个等级社会，而是一个身份社会。士农工商，四民分业，身份严明，不同身份的人群拥有各自的责任与义务。商人是身份地位最低的群体，重农抑商是从秦朝以来历朝历代的基本国策。商人能否入仕，入仕的时候会遇到什么样的困难？商人与官场保持着一种什么关系呢？我们这就来看看古代商人当官的问题。

唐朝武则天时期，雍州醴泉人侯思止“贫穷不能理生业”，平时做些小本生意，同时也在游击将军高元礼家当乐工，赚取外快，终日为生计而奔波。唐朝前期的商人，势力单薄，身份卑微，形同乞丐贱民。舆论普遍认为商贩们道德水平低人一等。不过，侯思止确实无赖诡谲，自卑又自负残暴。当时，武则天正在谋划夺权篡位，大开告密之门，启用罗织罪名的酷吏。

恒州刺史裴贞杖责了一名判司。判司怀恨在心，教唆侯思止向高元礼告发裴贞和舒王李元名等人谋反，请高元礼代为奏报。最终，李元名、裴贞等人在酷吏严刑拷打之下“坐实”罪名，身死族灭。侯思止因“功”荣升游击将军。一个小贩，成了朝廷的将领。

原来的雇主高元礼看到侯思止与自己平起平坐，刻意结交，引与同坐，不称侯思止名字而呼为“侯大”。侯思止虽然官居将军，却目不识丁，非常不利于即将开展的政务工作。高元礼就建议他：“如果有人说侯大不识字，你就向武后奏报：‘獬豸兽亦不识字，而能触邪。’”獬豸是中国的祥瑞，古代人相信獬豸公正无私，具有辨别忠奸的独特才能。司法官员将獬豸作为守护神，司法机关的墙壁上通常绘有这种瑞兽。獬豸不识字，却不妨碍它辨别忠奸。不久，武则天果然问起侯思止大字不识一个的问题，侯思止就自比獬豸。武则天大悦，后来还升迁他为朝散大夫、左台侍御史。侍御史是士大夫仕途的良选，万众瞩目。侯思止发达后，负责制狱，对嫌犯苛责残暴，残害了许多人。

此时的侯思止已经是大唐帝国最耀眼的政治明星之一。他似乎完全忘记了自己卑贱的出身，借口仿照酷吏来俊臣抛弃发妻，逼娶著名士族太原王氏女子的旧例，奏请娶另一个顶级豪门赵郡李氏的女儿。武则天下令宰相们会商。凤阁侍郎李昭德对侯思止嗤之以鼻，抚掌大笑，对同僚们说："这太可笑了！"宰相们问为什么，李昭德说："之前来俊臣劫掠豪门士族女子，已经侮辱了国格。今日，侯思止这个奴才又'癞蛤蟆想吃天鹅肉'，竟然妄想赵郡李氏的女儿，怎么能再让他辱国呢！"后来，宰相们找到侯思止贪腐的把柄，将他下狱。李昭德将其乱棒打死。

侯思止这颗政治明星，最终只是大唐帝国的一颗流星。他因为机缘巧合，取得了连士大夫都羡慕的仕途成就，可是依然不能获得士大夫阶层的认同，根源还是他商贩的出身。现代人习以为常的身份，在古代却是有志于政治的人避犹不及、刻意隐藏的心腹大患。商人入仕困难重重。

从贵族世袭制到秦汉魏晋南北朝的察举、征辟、九品中正等入仕制度，都不是针对商人阶层的，相反都不利于商人入仕。遇到汉武帝等雄才大略、好大喜功的皇帝，商人还是朝廷榨取财富的对象。商人要想当官，困难重重，缺乏法定渠道。隋唐在法律上明确禁止商人入仕，唐高祖时期规定"工商杂类，不得预于士伍"。《唐六典》记载："凡官人身及同居大功已上亲，自执工商，家专其业，皆不得入仕。"所谓"大功"是五服之一，大功在斩衰、齐衰之下，是第三层亲密的亲属关系，在家族内部代表子与父、承重孙与祖父、男子与伯叔等范围内的血统亲属关系。可见，在唐朝不仅商人不可以入仕，三代之内的主要亲属有人经商也不能做官。隋唐的社会舆论也坚持"工商之子不当仕"的观念。

财富与政治权力，是人世间两大不同的权力。财富在中国古代不能直接转化为政治权力，中间还存在转化的过程。早在西汉时期，名臣桑弘羊就是洛阳商人之子，既非儒生，也不是亲贵子弟，但是在十三岁的时候因为"捐粟"成为宫廷宿卫，正式踏入官场。循吏黄霸、法官张释之和大文学家司马相如，也都有商人身份的痕迹，都因为捐纳钱财进入官场。不过，他们始终是个例，甚至没有成为一个官员群体。下面，我们以唐朝商人官员群体入仕情况为例，归纳总结商人入仕的规律。

第一，商人入仕的第一种情况是机缘巧合，尤其是掌握实权的高官的提携帮助。

唐朝初期的太原文水人许文宝与同乡武士彟（yuē）都是木材商人，因为经营得当而积累了大量财富。当时，武士彟自称厚材，许文宝自称枯木，两人私下都断定对方日后会大富大贵。唐高祖李渊起兵太原，武士彟是最早的追随者之一。唐朝建立后，武士彟果真大富大贵，许文宝前去投靠，在武士彟的提携帮助下官至绛郡通守、贝州刺史、太仆卿。唐朝前期的名臣张仁亶（dǎn），年幼时贫苦无依，寓居在东都洛阳的北市。在唐朝的坊市制度下，居民只能住在坊里，张仁亶寓居市场，可见贫困到一定程度了。商人之子阎庚，羡慕张仁亶的气质品德，常常偷窃家里的财产资助张仁亶衣食，长年累月如此。阎庚父亲痛打儿子，骂他："你是一个商贩的儿子，张仁亶是才学之士，和你有什么关系，值得你破产资助？"阎庚不听父亲的话，甚至不惜跟随张仁亶离家而去。张仁亶非常感动，日后成为一代名将、唐朝宰相后，不遗余力地提携阎庚。阎庚最后升迁为一州刺史。（《广异记》）

这第一种入仕的途径，适用于任何一个群体。任何人都可能因为机缘巧合，得到贵人相助而进入官场。因此，它不能算是一条制度化的、持续稳定的入仕途径。

第二，商人群体直接用钱开道，参与卖官鬻爵。

杨国忠掌权的时候，胡商康谦重金贿赂杨国忠，谋得了安南都护、领山南东路驿事的官职。唐朝大规模的、成系统的贿赂得官发生在唐中宗时期。史载当时安乐公主、长宁公主仰仗父亲的喜爱，请谒受贿，即便是屠夫商贩甚至盗匪窃贼，只要掏三十万钱，就可以谋得一个官职。因为不能通过朝廷正常的人事流程授官，宰相不可能在任命圣旨上盖章附署，唐中宗就用另外的墨敕圣旨任命官职，斜封后交付中书省，舆论称为“斜封官”。斜封得官的人大多是富裕商人，致使“妃主之门，有同商贾；举选之署，实均阛阓（huán huì）”。随着公主势力的覆灭，唐玄宗李隆基即位初年彻底停废，先后持续了4年左右，由此得官的人数保守估计约2000人，其中大多数应该是商人。

唐朝有一个公廨本钱制度，“捉钱令史”经营官府子本，交满十二个月的息钱之后便可被授予官职。京城的捉钱令史绝大多数由富裕商人充任。他们即便没有获得高额利息，也可以凭借雄厚的家庭资产，自掏腰包，就可以获得官职。这算是唐朝制度性的、开放给商人阶层的仕途大门。公廨本钱制度的起源，是由于朝廷财政的匮乏，不得已汲取商人阶层的财富作为补充。随着王朝进入后期，政权越来越陷入严重的财政危机，卖官鬻爵成为朝廷公开的筹款方式。各种名目的卖官交易相继出台。唐僖宗时就因为东都军储不足，向商旅富人“借贷”钱谷以供军需，作为回报，赐予空名殿中侍御史告身五通、监察御史告身十通。“出家财助国”越多的，回报的官职越高。所谓的借贷，是公开卖官的遮羞布而已。

中国古代每个朝代到了后期，都逃脱不了财政困境，或主动或无奈地选择卖官鬻爵。这是当时的富裕商人进入官场最主要、最便捷的途径。

第三，商人转变为军人，依靠军功晋升为官员。这是普通商人乱世入仕的主要途径。

唐朝宋州下邑人朱瑄，是盐贩的儿子，父亲因为贩卖私盐而被捕伏法，朱瑄受到父罪株连判处笞刑。受刑之后，朱瑄投军当兵，从小校起步，最后官拜天平军节度使，累加官至检校太尉、同平章事。同时代的江西人钟传，“以负贩自业”，是那个时代千万贩夫走卒中的普通一员，也在唐末乱世从军打仗，最后割据江西数十年，成为一代枭雄。依靠军功入仕这种途径，危险性太高，回报不确定，不适合大多数人，因此不能算是一条常规的、稳固的入仕途径。

第四，科举制度在唐朝兴起后，前期是禁止商贩子弟参考应试的，后期逐渐放松了限制。商人阶层在唐朝后期逐渐可以通过科举这条“正途”，光明正大地进入官场发展。

唐朝中期科举考试规定“不得有刑家之子、工贾殊类及假名承伪、隐冒升降之徒”参加，这就把商贾和犯人后代同等对待。直至唐宪宗元和年间（806—820），礼部官员仍坚持“工商之子不当仕”。然而，在实际操作中商人子弟应试的情况时有发生。大诗人白居易应吏部书判拔萃科考试时，题目就是：“得州府贡士，或市井之子孙，为省司所诘。”白居易回答：“群萃之秀出者乎，不合限以常科。惟贤是求，何贱之有？”他主张打破身份限制，门第和出身不应成为束缚，而应该量才录用。唐德宗时，朝廷彻底取消了“工商杂类，不得预于士伍”的禁令，商人可以光明正大地入学并参加考试，自然可以入仕做官。唐朝前期的身份限制已经彻底被消除了。

之后唐朝商人通过科举考试在官场获得成功的典型是盐商出身的毕诚。毕诚父亲是盐商，他没有贩盐，而是从小读书，于大和年间（827—835）举进士、中书判拔萃，曾任宣武节度使，咸通年间（860—873）召为尚书、同中书门下平章事，可谓是“商人宰相”。毕诚的成功，彻底推翻了唐朝立国之初禁止商人参加科举考试的制度。此后的历朝历代，商人都可以参加科举考试。科举也就成了商人入仕最常见、最稳定、正当性最强的途径。

发展到明清时期，富商巨贾发达以后，想到的不是扩大再生产，而是聘请名师给子弟教学，让子弟走科举入仕的道路。考虑到漫长的科举考试需要雄厚的物质条件作为基础，一般人家的子弟完全不能独立走完整个应试道路。“士人经商，由商入仕”成为读书人的现实选择。读书人在准备应试的同时，经商来补贴考试消耗，部分科举失利而商场得意的读书人，后来干脆就彻底转为商人了。在实践中，明清时期的许多人是书生兼商人，很难截然分清了。他们或许更喜欢别人称呼自己为“儒商”。

纵观商人入仕的途径，对商人的制度性限制是不公平的。商人的产生与壮大，是社会发展的客观结果。他们最大的特点，或者说力量来源是掌握的财富。随着唐朝经济的繁荣、社会的发展，商人手中的财富越来越多，既是朝廷提防他们的原因，也是他们博取政治利益的筹码。大和年间，有司上奏：商人乘马，前代所禁，近日得以恣其乘骑，雕鞍银镫，装饰焕烂，从以童骑，骋以康庄，此最为僭越。就既表现出了商人势力的发展壮大，也将官府对待富裕后的商人的两难态度表露得清清楚楚。

元稹曾经写过《估客乐》，堪称是一部中唐商人的发家史。估客，行商、商贩的意思。当时，很多人弃农经商，最开始是简单的原材料贸易和手工业生产，“所费百钱本，已得十倍赢”；赚取第一桶金后开始扩大经营，贩卖全国各地的物产来获取更高的利润；拥有雄厚资本和活跃信息的商人，开始去结交权贵，“先问十常侍，次求百公卿。侯家与主第，点缀无不精”。商人主动与权贵交结，争取平起平坐的资格，一方面是借助政治权力来保障既得利益的安全，确保家庭的富贵；另一方面是为子孙后代进入官场，追逐权力，尽可能地提供帮助。《估客乐》里描写的成功商人的儿子，选择继续经营商业，保障家庭现有的利益和财富。“小儿贩盐卤，不入州县征”，儿子依靠父辈积累的财富和官府人脉，不用再受州县基层官府的刁难。这个商人家庭秉承“父兄相教示，求利莫求名。求名有所避，求利无不营”的传统，证明了财富是通向自由的利器。这个家庭是不愿意进军官场的，如果他们愿意，估计能量远在一般书生士大夫之上。

商人与仕途官场联系，除了交接权贵外，另一个表现是套用权力的光芒，给自己贴金。唐朝后期，富贵者请名人题碑，揄扬先祖，花钱买名衔和名气，蔚然成风。文官士大夫也不能免俗。面对商人的真金白银，士大夫们估计略做抵抗就投降了。唐朝大书法家兼官员李邕是最受商人群体欢迎的结交者之一，李邕每年代写碑文颂词所获得的报酬，远远超过了官俸。大文豪韩愈写了一篇《平淮西碑》，得五百匹绢报酬，他的《王用碑》的报酬是一匹带鞍的宝马和一条白玉带，价值不菲。刘禹锡《祭韩愈文》评价韩愈说：“公鼎侯碑，志隧表阡，一字之价，辇（niǎn）金如山。”辇金，车马费。刘禹锡应该是从正面评价韩愈撰碑写辞获取稿酬的行为。当然，一些官员士大夫也对商人这种捧着金银宝物求点赞的行为采取了有节制的反对。比如，白居易认为卖文要有个度，要有选择，不能过誉，以免贻笑大方。韩愈自己也意识到“时时应事作俗下文字，下笔令人惭”，但丰厚的润笔，让他一直停不下来。结果是“长安中争为碑志，若市贾然，大官薨卒，造其门如市，至有喧竞构致，不由丧家”（李肇《唐国史补》）。文官士大夫通过稿酬这个小众渠道，搭建了与富裕商人的紧密联系。诗圣杜甫曾有《闻斛斯六官未归》：

故人南郡去，去索作碑钱。
本卖文为活，翻令室倒悬。

杜甫的好朋友替人撰写碑文，对方竟然欠钱不给。而这笔报酬的拖欠，竟然又影响到了朋友的家计。商人就是通过这种雄厚的经济实力，建立了与文官士大夫的紧密联系。权力的影响，就流淌在这种联系之中。

每一个社会群体，拥有了一定的实力，注定要追求本群体利益的最大化。商人与仕途，代表着社会的经济与政治两大力量。政治力量在中国古代占据优势地位，而商人群体受到轻视和压制。可是他们二者都是社会不可或缺的组成部分，谁都不能消灭对方。那么，寻找一种双方都能接受的相处关系，就成了双方的现实选择。

公廨本钱：唐代国有资本和官营经济

唐德宗时期，宰相张延赏有意对积弊深重的官僚体制进行改革。其中一项改革措施就是强调官员的工作纪律。唐朝中央官员每天只上半天班，中午在衙门食堂聚餐完毕就各自回家。发展到唐德宗时期，中央官员隔天才来上半天班，大部分时间都不在衙门里。张延赏认为工作如此松散，严重影响了朝廷的运行效率，会贻误重要政务的处置，于是要求将“间日上班”恢复为每天上班。那么，问题很快也就来了。

有官员向张延赏反映，朝廷台省监寺的“公廨本钱”收入不够，不能负担各衙门每日的食堂开支。官员们每天都来上班，到了中午往往饿肚子，纷纷怨声载道。面对吃饭问题，张延赏左思右想，竟然束手无策。最后，随着张延赏改革吏治的失败，唐朝的中央官员又恢复了“间日上班”的做法。

那么，到底什么是“公廨本钱”，它是做什么用的呢？张延赏贵为朝廷宰相，怎么就不能解决官员在食堂吃饭的小问题呢？这一切要深入到唐朝的制度里面去寻找答案。

“廨”是古代官署的称呼，“公廨本钱”指的是朝廷出借的资金，作为经营的本钱。朝廷之所以要挪出资金来搞经营，是为了用盈利填补财政支出的不足，也就是解决官府运转的资金缺口。中国古代的国家财政，并不像现代财政这样严密细致，而是抓大放小、宜粗不宜细。各个官府衙门的行政开支，就属于“小”和“细”的领域，被朝廷有意无意地忽视了。衙门很多，开支琐碎，又有千差万别的具体情况。客观来说，古代王朝也不具备梳理清楚这方面开支的能力。朝廷在筹划财政时，就没有列出这块开支。可是官府衙门确实需要资金运转，怎么办呢？朝廷就允许官员设立公廨本钱进行经营，赚取利润来填补行政费用的不足，发放官吏等衙门中人的待遇，形成了“公廨本钱”制度。公廨本钱因为是以钱生钱，又称“捉钱”；又因为利润用来发放官吏的月薪，也称“月料钱”。

公廨本钱的历史比较悠久，北魏官府就常常动用公款投入商业或高利贷市场谋取利润。到了隋朝，隋文帝杨坚一方面设置“公廨田”，允许官员出租牟利；另一方面又“京官及诸州并给公廨钱，迴易生利，以给公用”，给各级官府发放公廨钱，放贷获取利息，将利息用于行政开支。

伴随着公廨本钱制度的发展，始终有反对的声音。隋文帝开皇十四年(594)，工部尚书苏孝慈就批评官府放贷有唯利是求、欺压百姓、败损风俗的问题。但是他并没有要求废除公廨本钱制度，而是主张将公廨本钱的用途限制在经营农业方面，禁止用来发放高利贷。隋朝朝廷采纳了苏孝慈的意见，不允许使用公廨本钱放贷收息，只允许用来经营农业和市场交易。唐朝建立后，大规模使用公廨本钱制度，使得这一制度进入鼎盛时期。

武德元年（618）唐朝建立之时，朝廷就设置公廨本钱，最初的设计是公廨本钱作为“俸钱之制，京司诸官，初置公廨，令行署及番官兴易以充俸”。也就是说，唐朝朝廷没有能力发放官员俸禄，就设置公廨本钱来经营付薪。其中的行署及番官都是流外之官，他们负责具体的经营活动。到了贞观前期，唐太宗下诏，容许长安70多所衙门，每所可选“身能估贩、家足资财”的商人9名，号称“捉钱令史”，每人贷予公廨本钱开展经营活动。每个“捉钱令史”要从朝廷借取50000钱，每年向朝廷缴纳利息48000钱，年利率为96%。这个利率是非常高的，完全可以说是高利贷了。一般商人根本承担不起如此高昂的“回报”。这六七百个“捉钱令史”应该都是长安城里的富豪，虽然拿了一些本钱，但每年要负担一笔数目不菲的“特别税”。若非经营有方，他们肯定会坐吃山空。为了鼓励“捉钱令史”的经营积极性，唐太宗将他们纳入吏部候选，缴满一年利息就可以获得实职官位。这等于是花钱买官，在一定程度上激励了捉钱令史们的积极性。

不过，文官集团反对唐太宗在公廨本钱制度上的“大踏步创新”。谏议大夫褚遂良的《请废在官诸司捉钱表》，明确反对设置“捉钱令史”。褚遂良指出：“大唐制令，宪章古昔，商估（贾）之人，亦不居官位，陛下许诸司令史捉公廨本钱，诸司取此色人，号为捉钱令史。不简性识，宁论书艺？但令身能估贩，家足赀财，录牒吏部，便即依补。”如果任用“捉钱令史”为官，那么执政的都会是逐利之徒。褚遂良是从人事角度反对当时公廨本钱的做法。主流的儒家思想观念重义轻利，以是否“经营有道”作为实授官职的标准，公廨本钱的做法是违背儒家教诲的，更是直接冲击了确立不久的科举制度。所以，褚遂良坚决反对设置“捉钱令史”。

如今看来，褚遂良的反对意见并没有切中唐朝公廨本钱制度的要害。公廨本钱是一种官营的高利贷，是官府直接参与市场经营的行为。它的要害有两点。

第一点，官府进入市场经营后，既当裁判员又当运动员，各个市场主体居于不平等的地位，直接破坏了公平公正的市场环境。设想，公廨本钱要参与木材买卖，即便官府没有任何强迫的表示，其他木材商人在议价或者交易的时候，会不会依然心存忌惮、畏手畏脚？为了让自己的木材早日抵达目标市场交易，捉钱令史可能会说服官府调用人力物力参与运输，这样就扰乱了正常的市场秩序，对其他木材商人是不公平的。这就好比普通人和拿着金箍棒的孙悟空比武一样，普通商人没有丝毫胜算。

第二点，比第一点更为要命，公廨本钱与官员的收入待遇直接挂钩，而且官府规定了固定收益率，最后只会导致赤裸裸地抢钱。因为公廨本钱的收益关系到官府正常运转和官员的日常生活，所以它不能亏损。然而，市场行为有盈利就有亏损，哪里有永远不亏的道理？公廨本钱不仅不能亏损，还规定了高利贷一样的超高收益率。捉钱令史们只能用发放高利贷来经营本钱，因为有官府的直接支持，慢慢就变为了向百姓强制摊派的高利贷。显然，几乎没有几个百姓有这样的“资金需求”。捉钱令史们要么自掏腰包支付利息，要么就赤裸裸地去百姓家里“抢”钱。

事实也证明，公廨本钱制度的这两点要害产生了非常恶劣的后果。唐高宗年间，州县典史负责本衙门的公廨本钱经营，结果是“公廨出举，典史有彻垣墉、鬻田宅以免责者。又以杂职供薪炭，纳直倍于正丁”。公廨本钱的利息要求比朝廷正常税收要高出好几倍，而且一线的负责人要变卖家产才能完成任务，可见这项制度的问题很大。到了武则天时期，公廨本钱“收利十之七”，官府要求的年利率下降到了 70%，但还是造成了“贫者破产甚众”的后果。因为 70% 依然是远远高于正常市场行为的利率。虽然当时朝廷对收取公廨本钱的百姓给予了免除徭役等优待，希望他们能专心上交利息，可是除了极少数家资殷实、经营有方的富户能够勉强支撑外，绝大多数百姓卖儿鬻女、家破人亡。

尽管有部分士大夫明确反对，唐朝并没有放弃这项制度，只是不断地进行调整。以唐太宗李世民等为代表的最高统治者，坚持公廨本钱经营获利，一方面确实是财政不足以负担庞杂琐碎的行政运转和官员俸禄，这项制度能够减轻朝廷的财政开支压力；另一方面或许隐含着让富人出钱养官、让地方出钱自治，进而削弱富豪力量的“帝王之术”。不论是朝廷的捉钱令史，还是州县的典史，主要成分应该都是富豪。通过捉钱，确实能削弱富豪的势力，但是打击面扩大到了普通老百姓。这或许是唐朝前期帝王们的隐秘心思。

唐太宗一度下令京师官府停止设置公廨本钱，改为以诸州上户七千人为胥士，让他们纳课来解决朝廷官员的月薪。唐高宗后期，将公廊本钱制度自京师推广到各地诸府州县，开元年间（713—741）普及全国。这项制度正式成为大唐帝国的全局制度。利息的用途，也不局限在行政费用和官员待遇，进一步扩大到祠祭、皇帝出巡、藩属赐宴、资助公厨等事务。唐朝从上到下越来越依赖公廨本钱这种简单粗暴的方式来弥补行政资金的不足。

安史之乱后，公廨本钱进一步发展，几乎泛滥成灾。本钱的来源更加多样、利息用途更加广泛、制度设计更加灵活、资产规模不断扩大。之前，刑部的比部司是管理公廨本钱的中央行政机构；安史之乱后，京师诸司和地方藩镇都插手公廨本钱，各行其是。

据《唐天宝初年地志残卷》记载，当时的陇右道、关内道、河东道、淮南道、岭南道各州公廨本钱合计为132309贯，所属各县公廨本钱共210893贯，州县总计即达343202贯。这些占当时唐王朝不到1/2的州县，公廨本钱就已达30余万贯，这个官方数字非常惊人。《通典·食货典》所载的天宝计账是“钱则二百余万贯”，相比而言公廨本钱的比例相当高了。而这还是有明文可查的，老百姓实际负担的公廨本钱很可能不止此数。[①] 唐肃宗乾元元年（758），由于长安城所在的长安、万年两县经常主办祠祭及蕃夷赐宴，经费短缺没有着落，朝廷准许长安、万年两县设置“祠祭本钱”和“蕃夷宴设本钱”这两个专项的公廨本钱。规模多大呢？“长安、万年两县，各借钱一万贯”，每月收利，用来雇用技工、民匠从事劳役。这又一下子增加了两万贯的公廨本钱。贞元元年（785）礼部提出本部门公廨本钱太少，不能支撑礼部食堂的厨食，“请准秘书省大理寺例”从户部争取到两千贯钱作为“公厨本钱”。可见，当时的官府已经把设置公廨本钱作为应对不断变化的开支的法宝了。

唐顺宗即位后，鉴于公廨本钱多年积弊深重，要求中书门下会同京师诸司开展专项清理工作。公廨本钱的经营和寻常市场交易一样，都有担保人。如果捉钱的民户无力支付本钱，保人就要代纳。这与民间借贷的惯常做法是相通的。不同的是，民间借贷在借款方无力偿还时一般将债务人的家产抵偿。但是民户无力偿还公廨本钱时，官府则强制他的近亲、近邻偿还。亲属近邻就被迫成了公廨本钱的“保人”。当时许多民户无力偿还本钱，唐顺宗还专门恩准豁免近亲、近邻及多年前逃亡民户的拖欠。结果，专项清理工作一共清理出25943贯699文的本钱亏损，怎么办呢？中书门下建议动用国库来填补亏损，以便维持行政运转。唐顺宗没有更好的办法，只好批准。唐宣宗时期，河东、振武、易定、京西北等道因官俸太少，很多官员不愿意就职。唐宣宗就令户部扩充这些地区的公廨本钱规

① 薛英群：《略谈敦煌地志文书中的公廨本钱》，载于《敦煌学辑刊》1986年。

模，以提高官俸水平。唐朝已经陷入公廨本钱制度的泥潭无法自拔了。

唐代有一个商人张阶，拖欠了五坊使的利息钱。唐代设雕、鹘（hú）、鹞、鹰、狗五坊，专供皇帝狩猎时用，以宦官为五坊使管理此项事务。唐朝后期，宦官势力恶性膨胀。张阶得罪不起，就逃之夭夭了。五坊使杨朝汶下令取张阶的私家账簿，凡是上面有姓名的，不管业务是否结清，都逮捕入狱，逼迫代偿利息。其间遇到不服从的人，就当庭摆出各种严刑重罚的刑具。平民百姓恐惧之下都承认拖欠张阶利钱，而且互相株连，最后有近百人被逮捕入狱。中书门下、御史台还协助追捕。其中，张阶的账簿上留有“卢载初”资金往来的亲笔记载，追捕之人就认为是已故的东川节度使卢坦的笔迹，逮捕了卢坦的家仆，逼迫卢家按期缴纳。卢坦的儿子不敢申辩，竟然如数交出了“欠款”。后来辨认手迹，是郑滑节度使卢群写的。卢群，字载初。卢坦的儿子知道了，上门索讨所交款项，杨朝汶蛮横地说：“此钱已上进，不可得矣！”官宦子弟尚且有如此遭遇，平民百姓面对公廨本钱重压的遭遇就更加悲惨了。

因为朝廷对捉钱民户有一定的保障与优待，唐朝后期少数富豪大户也主动成为中书门下的捉钱户，领取驱使官文碟，实际上他们只是按年交纳利息，然后往往依仗官府横行霸道，甚至私贩茶盐；或者与官府相互勾结，依托官本，牟取私利。这些富豪大户的惯常手段是把自家私钱放在公廨本钱之中，一起以公廨本钱的名义放贷，仗着官府之势榨取利息，并且优先中饱私囊。对确实难于回收本息的，他们就说是公廨本钱，等到恩赦、德音之类的减免诏书而不了了之。这些土豪劣绅抓住制度漏洞，横行乡里，放大了公廨本钱的危害。

细究起来，公廨本钱的设置，根本原因不是财政收入匮乏，而是唐朝僵化的财政制度，不能适应复杂多变的开支实际。破解的根本之道，在于改革财政制度。唐朝不乏有识之士提出了不少真知灼见。唐代大历十四年（779），左拾遗、史馆修撰沈既济上《论增待制官疏》，指出“且夫置钱息利，是有司权宜，非陛下经理之法”，公廨本钱制度只能是权宜之计，不能成为正式的国家制度，“当今关辅大病，皆为百司息钱，伤人破产，积于府县，实思改革，以正本源”。至于正本清源的改革之法，不断有官员提议统计天下官员的薪酬开支数量，然后加征编户百姓的户税，用正税来支付官员的待遇。随着经济发展，其他赋税有结余，也可以划出专款专用的行政开支，不再征收额外的户税。这种方法不失为从制度层面思考，在根本上解决行政费用和官员待遇问题的措施。可惜的是，不知道是唐朝皇帝固执于“帝王之术”，还是客观上没法对冗杂变化的衙门和人员开支进行统计，不能进行有针对性的对应支付，这些很好的尝试没有付诸实施。相反，公廨本钱伴随了唐朝历史的始终。从宋朝直至清朝，历朝历代也不能建立准确灵活的财政制度。王朝的财政，陷入了日益混乱和修修补补的奇怪循环之中。

天涯宦游人：官员回避与任期制度

元和四年（809）正月，洛阳城还沉浸在新年的喜庆之中。有一家人却在紧张地搬离洛阳的旌善坊。36 岁的男主人李翱，两个月前接到了岭南节度使的聘书，邀请他出任幕府掌书记。这是一个基层实职。李翱接受了这份聘书，准备携带妻子、儿子一同前往几千里之外的岭南海滨任职。李翱的妻子韩氏当时正怀有身孕，挺着大肚子收拾行李，随丈夫南下。

李翱一家人在洛阳上船，沿漕运的河道往东南方向而去。在洛阳的韩愈、石洪等亲友送李翱踏上了吉凶未卜的前程，希望他仕途高升，也担心他水土不服。果然分别后不久，李翱就得了病寒，船上条件有限，只能饮葱酒简单处理。抱病经过巩县、河阴、汴州后，病情加重，李翱只能找医生诊治。寻医就诊还是很有必要的，李翱遵医嘱服药后途经陈留、雍丘、宋州，身体就慢慢痊愈了。在物质和医疗条件落后的唐朝，疾病是长途跋涉的旅客的大敌，但李翱幸运地战胜了疾病。

之后，李翱一家经过永城、埇口、泗州。在泗州，李翱还麻烦当地刺史，借了一条船继续前行。从泗州到扬州这一段，起初是一帆风顺，过盱眙后“风逆，天黑色，波水激”。顺一程逆一程，李翱一家继续经过楚州、扬州，进入长江，再途经润州、常州、苏州。在苏州，李翱兴致勃勃地游览了虎丘之山，在千人石驻足，在剑池畔窥探，还宿望海楼，观走砌石。游览完继续上路，李翱就遇到了麻烦。途经松江前后，官船隙小、水溺舟败，李翱一家人胆战心惊，老天保佑终于安全抵达了杭州。在杭州，李翱又开启了兴致勃勃的旅游。他游览了灵隐天竺寺，临曲波，观轮，登石桥，宿高亭，海晨望子湖、孤山、江涛，穷竹道，上新堂，周眺群峰，听松风台，“灵山永吟叫猿，山童学反舌声”。当时的杭州还处于发展时期，并没有成为区域中心城市，但已经给李翱留下了深刻的印象。看来杭州日后崛起为与苏州并列的“上有天堂下有苏杭”，是有自身过硬条件的。

李翱游山玩水时，夫人韩氏应该是颇有微词的，因为她的预产期近了。这个孩子注定要生在舟旅颠簸之中了。一家人逆钱塘江而上到达富春，又经过七里滩至睦州，再上溯到衢州。夫人韩氏实在走不动了，李翱便借宿开元寺临江亭。几天后，一个可爱的闺女诞生在了佛寺之中。韩氏是一个为了丈夫无私付出的坚强女子，产后仅仅休息了几天，就抱着襁褓中的女儿继续上路。衢州是官船航行钱塘江的终点，李翱一行人从常山县开始踏上了山岭，行走在浙赣丘陵之间的山路，先到了玉山县，继续走到信州。来自中原沃土的李翱对东南地貌叹为观止，觉得沿途怪峰直耸，好似华山。从运河南下、经过苏杭、逆钱塘江而上，翻越丘陵到达江西，然后前往岭南或福建，不仅唐朝官员跋涉在这条线路上，清朝官员从北京赴任闽粤依然沿用这条路线。这条路线可谓是千年宦游古道。

李翱携家带口继续前行到洪州（南昌），遇到了来此地公干的岭南官员。同僚的到来，意味着李翱的旅程即将完结。李翱免不了交际一番，和岭南同僚一起游楼亭、看荷花。五月，他南下吉州、虔州，翻越大庾岭，正式进入隶属于岭南的韶州（韶关）。在韶州的始兴，李翱游览了东荫山，第一次见到了像婴儿一般大的竹笋。之后过侦阳峡、宿清远峡山，终于到达广州，出任岭南节度使掌书记。“洛阳亲友如相问”，李翱安全抵达广州，而且还多了一个小宝宝。

李翱花费将近六个月时间，从洛阳跨越黄河流域、长江流域，跋山涉水六千多里路。其中，自淮阴至扬州邵伯，顺流三百五十里；自邵伯至长江，逆流九十里；自润州至杭州，八百里运河；自杭州至衢州常山县，六百九十五里逆流，这一段多惊滩，以竹索引船才能行驶；自常山至饶州玉山县，八十里陆道，唐人称之为“玉山岭”；自玉山至鄱阳湖，七百一十里顺流，唐人称之为“高溪”；自鄱阳湖至洪州，一百一十八里逆流；自洪州至大庾岭，一千八百里逆流；自大庾岭至浈昌，一百一十里陆道，唐人说的“大庾岭路”指的就是这一段路；自浈昌至广州，九百四十里顺流。这一切，李翱都记了流水账，留下了一部《来南录》，保留了一千多年前的人文地理信息。《来南录》是世界上现存最早的日记体散文之一。

六个月寒暑、六千里长路，对唐朝人来说是巨大的挑战。36 岁的李翱战胜了一路波折坎坷，幸运抵达任职地，估计是再也不想有这样的长途颠簸了。遗憾的是，前面还有无数的离别和跋涉等着他。李翱于贞元十四年（798）考中进士，会昌元年（841）病逝在节度使的岗位上，43 年的仕宦生涯中担任过庐州、郑州、桂州、潭州、襄州等处的刺史，回京担任过侍郎，又充任过湖南观察使、山南东道节度使，70 岁逝于任上。从他的履历，我们就能看出李翱的一生长期跋涉在“上任—离任”的循环往复之中。接到新任命，他就要启程前往下一处任所。忠君报国永远“在路上”。

“在路上”不单是李翱的职业常态，也是同时代官员的常态。陈子昂、王勃、骆宾王、王昌龄、韩愈、杜牧等人莫不如此。其中，岑参的旅途最远，一直走到北庭，也就是今天新疆乌鲁木齐以北几百里的任所。如此远程，或许是岑参成为边塞诗人的重要因素。还有一些人很不幸，由于途中发生意外、水土不服等原因，永远倒在了宦游的路上。古文献中还有多位官员在赴任途中死于强盗刀下的记载，人们耳熟能详的《西游记》中唐僧的父亲，就是在赴任江州刺史的途中遇害的，小说虽然不是历史，却也反映了这样的情节是有现实依据的。大诗人白居易晚年的时候写了一首《寄题余杭郡楼，兼呈裴使君》，总结了自己的一生仕途：

官历二十政，宦游三十秋。
江山与风月，最忆是杭州。

“宦游”特指古代官员在仕宦生涯中因为任职需要四处奔波的状态。白居易就历任 20 个职位，随之宦游了 30 年。白居易祖籍山西，生于河南，但后世常将他与杭州联系在一起。白居易毕生最爱杭州，长期担任杭州地方官，在杭州留下了诸多有形或无形的财富。这便是宦游的财富。而与他并称“元白”的元稹，青年入仕，53 岁去世，30 多年的仕途从河中府开始、终于武昌军节度使，一生辗转奔波在 7 个不同的任所之间，宦游了大半辈子。元稹和白居易同科中式，年少相识，结下了生死不渝的友谊。他死后，白居易撰写了墓志。因为两人都在宦游，好友之间聚少离多，20 多年主要通过鸿雁传书来增进友谊。唐朝的高级官员，一般任职20 个官职左右，数字的背后意味着频繁地迁徙。

唐朝是诗歌王朝，官员们往往又是诗人，“宦游诗”便成了唐诗的重要门类。最著名的或许是王勃送别一位前往四川出任县尉的杜姓朋友，创作的《送杜少府之任蜀州》：

城阙辅三秦，风烟望五津。
与君离别意，同是宦游人。
海内存知己，天涯若比邻。
无为在歧路，儿女共沾巾。

王勃和杜县尉，一个留在三秦大地，一个前往天府之国，而且都是暂时的，正可谓“同是宦游人”。官员们自比“宦游人”，往往在宦游题材上寄托回忆、伤感，以此为基调衍生出其他内涵。李颀的《送刘主簿归金坛》：“与子十年旧，其如离别何。宦游邻故国，归梦是沧波。”表达的是宦游背井离乡，如今回归故乡又无限伤感的情绪。刘长卿的《送郑司直归上都》：“岁岁逢离别，蹉跎江海滨。宦游成楚老，乡思逐秦人。”表达的是长期宦游在楚地，思念家乡故人的强烈情绪。首都长安是宦游的重要节点，京官与地方官的转换、公差往来、科举求官都离不开长安城。长安郊外的灞桥是士人们迎来送往的据点，人们折灞河河畔的柳枝赠别。“灞桥折柳”便成了送别宦游的代名词。可见，宦游融入了中国古代文化，增添了新内容。

宦游是隋唐开始的官员职业常态。在隋朝之前，官员多有在本地任职的情况。尤其是在九品中正制背景下，地方官府里几乎都是本地才俊。除了少数高级官员，其他官员都是本地人。豪门大族为当地官府源源不断贡献官吏，导致了盘根错节、跨州连郡的地方势力。这是门阀世族赖以存在的重要制度保障。隋朝科举取士，在全国范围挑选人才，也在全国范围配置官员，从制度上打破了官员本地任职的状况。唐朝明确规定“本籍回避”，任职者必须回避籍贯地，到他乡任官。官员不像原来一样流连在本乡本土，而像水一般流淌到天下衙门。新制下的官员称为“流官”，区别于本地任职的“土官”和家族世袭任职的“世官”。

唐朝官员由朝廷统一调配到各地任职，任期届满后必须回京城等待新的指派，迎接新的职位、新的任所。官员不会被分配到籍贯地，后期限制被扩展到籍贯地附近、妻子的籍贯地，以及在任职地不能联姻、不能置产等。士人一旦踏入仕途，就意味着要做好准备过随时的、经常的奔波生活。既然规定宦游，朝廷似乎就有义务解决官员在任职地的住宿问题。唐朝以后的地方官衙都有后院，供官员家庭食宿生活之用。官员往往携带妻儿乃至父母上任。一座衙署，就是官员几年之内的家。如果衙署因故不能容纳官员生活，唐朝官员往往借宿佛寺、道观。同时，遍布各地的驿站系统给官员宦游提供方便。李翱赴任广州，沿途的驿站、官船和地方官府就提供了极大的便利。没有这些配套保障，李翱等官员的宦游生活是不现实的。

宦游的本质是回避，目的是加强集权。执行流官制度之前，豪门大族垄断本地官府，变相霸占地方政权，形成世族势力，严重威胁皇权。这是魏晋南北朝乱世的一大根源。隋朝终结了魏晋南北朝乱世，用制度来巩固统一。科举是其中一项创举，任职回避也是一项创举。州县官衙里的官员，东南西北人都有，就是没有本地人。唐朝地方官任期一般是四年。四年内，地方官不可能在辖区培植势力，更不可能谋划割据独立。另一方面，官员回避本籍，就不能利用现成的家族势力。门阀政治下家族积淀，对后世就失去了作用。官员们能干事、想干事的那几十年都在奔波流离中，在人生可能有作为的时光里，抽离了他们的根基。地方门阀遭到了釜底抽薪。“隋氏罢中正，举选不本乡曲，故里闾无豪族，井邑无衣冠。”（杜佑《通典》）源自东汉的门阀势力，再次惨遭打击。门阀势力在隋朝进一步衰落，这些制度设计起到了推波助澜的作用。最后，宦游的官员致仕后回归乡里，保证了乡土传统和资源的传承。回避制度并没有打击到州县社会的根本。科举制度塑造的士大夫群体最终还是回归故乡，反哺乡土，形成了新的乡绅阶层，维持着传统中国社会的超稳定结构。

宦游现象的一大作用是对文学创作的促进。科举制和任职回避的结合，使得宦游的官员们几乎都是文人雅客。常年宦游开阔了官员们的眼界，为他们的文学创作和学术研究提供了更加丰沃的土壤。隋唐以后，文人官员留下了诸多精彩诗文和学术著作。地方官们还在任职地留下了诸多的地方典籍，提升了当地的历史文化。这其中不能埋没宦游的功劳。举个例子，诗人岑参现存诗 403 首，其中宦游送别诗就有 125 首，占了 31%；诗人贾岛现存诗 401 首，其中与宦游有关的诗就达到 107 首。① 再如，白居易、苏东坡对于杭州，杜牧对于扬州，韩愈对于潮州，柳宗元对于永州，已经成为地方文化的一分子，尽管他们都是宦游的官员而非本地人。

宦游背后的任职回避仅仅是回避制度的一个方面。籍贯回避一直为后代王朝所继承，日渐繁密。明朝此项回避执行最为严格，规定“南人官北，北人官南”，官员往往要穿越半个中国去上班。清朝的回避较为缓和，将官员任职回避范围扩展到籍贯地 500 里以内，还规定福建、广东沿海籍贯不能去台湾任职等特殊规定。比籍贯回避更广泛的是血缘和亲缘回避。血缘回避指的是近亲属不能在同一个衙门任职，更不能有上下级关系，还不能参与同一个专项工作或者发生直接的业务对接。在执行政务中无意遭遇亲属，官员要事先、主动申请回避。回避的原则是晚辈回避长辈，平辈官员根据任职早晚和职务高低来定。血缘回避范围后来扩大到了姻亲。亲缘关系是从科举关系衍生出来的。乡试、会试产生的师生关系，也就是主考官和被录取的读书人之间产生师生关系；同年关系，同一科录取的乡试举人和会试进士就是同年，也是需要回避的，不能有上下级关系，在处理同一件政务时也需要事先声明。主要做法是学生避让老师，遇到复杂情况时再参考任职早晚和职务高低。

回避的本质是皇权的提防，防止朋党勾结，形成政治势力，次级目的

---

① 徐日辉、林文飞：《论唐代士人之“因宦而游”》，载于《经济研究导刊》2011 年第 8 期。

是防止营私舞弊、朋比为奸。回避制度覆盖面越来越广。一些特殊岗位的回避制度更加严格。比如，科道官员是引领舆论、监察政务的清要之职，从唐朝开始就禁止王公贵戚子弟任职科道。唐朝宰相杜佑的儿子杜从郁拟任谏官左拾遗，就遭到群臣反对，不得不改任他职。清朝明确三品以上京官及地方总督、巡抚等子弟不得考取科道官。又如，户部负责天下财赋、管理工商业，清朝禁止盐商子弟乃至族人担任户部司官。盐运使衙门更是盐商族人任职的禁区。覆盖广泛、执行严格的回避制度，最大限度地扼杀了贪赃枉法、营私舞弊的潜在风险。

避讳制度：不仅仅是一项政治制度

元和五年（810）初冬，河南读书人李贺在河南府试中旗开得胜，年底奔赴首都长安参加进士考试。

李贺正在拥抱自己的光辉前程。他出身唐朝宗室血脉，刚过弱冠之年就成了名家，多篇诗歌扬名中原，日后更是与李白、李商隐等大诗人齐名，史称“诗鬼”。李贺科举高中的概率很大。就在李贺踌躇满志准备考试的时候，突然有人向礼部举报，说李贺不能参加进士考试。理由是李贺的父亲名叫李晋肃，“晋”与“进”同音，如果李贺中了进士，就触犯了父亲名讳，实属不孝。

这种现代人听起来匪夷所思的借口，在唐朝则是实实在在的理由。唐朝官民不能称呼祖父尊长的名字，否则就是犯罪，这是写入法律的。《唐律》规定，诸上书若奏事，误犯宗庙讳者，杖八十；口误及余文书误犯者，笞五十。即为名字误犯者，徒三年。若嫌名及二名偏犯者，不坐。这一条是中国现存最早的关于避讳的明确法条，规定文字、语言触犯皇室或尊长就要受到相应的刑罚。尽管这一条的最后一句规定触犯嫌名或偏讳不算犯罪，但是实际生活中嫌名也是不能冒犯的。李贺之父名为“晋肃”，“进士”虽然只触犯了其中一个字，李贺还是因此在进士考试中受阻，可见唐朝避讳法律在实践中执行得非常严格。

大文豪韩愈得知李贺的遭遇后，专门写了一篇《讳辩》，引经据典为李贺辩护。韩愈认为避讳过严有害无利，他反问：“父亲名晋肃，儿子就不得参加进士考试，那么如果父亲的名字里有个‘仁’字，儿子难道就不能做人了吗?”遗憾的是，礼部最终判定，李贺不能参加进士考试。这无疑断送了年轻的李贺的政治前途。李贺仕途无望，抑郁加深，在 27 岁就英年早逝了。避讳事件对他的打击是巨大的。

那么，什么是避讳呢？避讳源于周礼，《周礼·春官》记载："先王死日为忌，名为讳。"简而言之，避讳就是避开他人的名讳，逐渐发展成中国特有的制度，与中国的宗法制度和等级制度紧密相连。秦始皇创建君主专制体制后，避讳趋于繁苛，最终成为法律。违反避讳，会受到相应的刑罚，甚至失去性命。具体来说，避讳可以根据名讳对象的不同而分为五种。

一、国讳，或称"公讳"。臣子不言君父之名，传统中国严禁称呼帝王名讳。这是最严厉的避讳种类。

举个例子，人们用庙号称呼唐朝皇帝，比如唐高祖、唐太宗、唐宣宗等，但唐玄宗李隆基后世却称为"唐明皇"，和祖先及子孙的叫法都不一样。这是唐朝皇帝称呼的孤例。为什么呢？因为宋朝皇室的始祖为赵玄朗、清朝康熙皇帝名字叫玄烨，所以"玄"字在两宋和清朝都是禁用字。人们只好打破皇帝称呼的惯例，从李隆基的谥号"至道大圣大明孝皇帝"中取"明"字，称呼他为"唐明皇"。

此外，西汉为了避汉武帝刘彻名讳，"彻"字改用"通"字；东汉为了避光武帝刘秀名讳，"秀才"改称"茂才"，都是国讳的例子。除了帝王名讳的原字，发音相同甚至相近的字，即"嫌名"也要避讳。比如，隋文帝杨坚的父亲名为杨忠，隋朝"中书省"便改名"内史省"。宋太祖赵匡胤的嫌名讳字有 18 个，宋英宗赵曙的嫌名讳字有 26 个，宋钦宗赵桓的嫌名讳字达到了 49 个，而宋高宗赵构的嫌名讳字更是有 55 个，发展到宋光宗时宋朝臣民需要避的国讳字数达到了 298 个。好在宋朝国讳绝大部分是生僻字，使用频率不高，对宋朝官民的生活影响并不大。

考虑到国讳影响广泛，部分帝王会为了降低影响而更改名字。汉宣帝刘病已的名讳是常用字，登基后改名"刘询"，还特地下诏说："闻古天子之名，难知而易讳也。今百姓多上书触讳以犯罪者，朕甚怜之。其更讳询，诸触讳在令前者，赦之。"相同的情况发生在后梁。后梁太祖朱温，曾获唐朝赐名朱全忠，其祖父名叫朱信，父亲名叫朱诚，名讳都是常用褒义词。朱温称帝后，改名朱晃，下令旧名不用回避，不然的话，"终梁之世，图书金石，无诚无信复无忠也”。古代帝王取名常常采用冷僻字，后人感觉阅读很不方便，但在当时却是方便百姓的惠民之举。

国讳的另一个表现是避讳“国姓”，也就是皇室姓氏。大唐王朝国姓为李，鲤鱼因此受惠，传说唐朝人不能捕杀鲤鱼。宦官是阉人，作为“刑余之人”在明朝不能姓朱，原本姓朱的人净身入宫后都要改姓为“诸”。明成祖朱棣的亲信太监马三保在靖难之役中立有战功，又七下西洋宣扬国威，功劳赫赫，可还是没资格拥有“国姓”，最后赐姓为郑，更名郑和。

二、家讳，也叫“私讳”，晚辈要避讳尊亲长辈的名讳。家讳或许是历史最悠久的避讳种类。

孝亲是中国的优良传统。两晋南北朝特别重视家讳。士人遇到他人言谈中涉及祖、父名讳，要悲伤哭泣，表达对祖、父的孝心；人们在对外交往、公文书信中也都遵从他人的家讳，否则便是失礼和冒犯。《世说新语》记载，东晋时期，桓温之子桓玄出任太子洗马，宴请嘉宾以示庆贺。席间，有位宾客嫌酒太凉，招呼佣人将酒“温一温”。桓玄听到“温”字，马上痛哭流涕，一直哭到不能出声，可以想象当时场面多么尴尬！南北朝发展出了一门“谱学”，其中的重要内容就是牢记门阀世家族谱上的先人名讳，以免触怒他人。士大夫以善避家讳为荣，刘宋太保王弘精通谱学，能面对千人不犯一人之讳，传为美谈。

唐玄宗提升大臣贾曾为中书舍人。贾曾坚辞不受，原因是其父名叫贾言忠，中书舍人官职犯了他的家讳。北宋刘温叟因为父亲名叫“刘乐”，终生不听音乐。他官至御史中丞，每次参加朝廷宴会听到音乐，回到家后都要痛哭一场，说“若非君命则不至于此”。徐积因父名“徐石”，终身不用石器，出行遇到石头，都小心翼翼地避免踩踏。《红楼梦》中林黛玉母亲名叫“贾敏”，所以她读到“敏”字时一律改读“密”。开头李贺事件需要避的就是家讳。

三、宪讳，对长官和上级的避讳。因上司又称“上宪”“宪台”，所以得名宪讳。

最著名的宪讳例子或许是“只许州官放火，不准百姓点灯”的笑话。

一个名叫田登的州官，严令下属及百姓避他的名讳。当地正月十五照例要放灯三天，书写布告的小吏不敢写灯字，改为“本州依例放火三日”。宪讳本应发自下属和百姓的真心，如果变成强制禁令，就失去了尊敬的本意。

四、圣贤讳，主要是对孔夫子，也包括孟子、朱子等先贤的避讳。

孔子名丘，对“丘”字的避讳早已有之，但时断时续。清朝则强制规定：天下“丘”姓都要加耳字旁，改姓“邱”字，并且不许发音为“邱”，要读成“七”字。于是，不仅姓“丘”的人都改姓“邱”，而且故去数百年的丘姓名人也要改姓。名将丘行恭改为邱行恭、靖难功臣丘福改成邱福。

五、恶讳，对大奸、大恶、大凶之人的避讳，表达人们的深恶痛绝，寄托避祸、驱凶的期望。

最著名的或许是朱元璋，他对“僧”“贼”“秃”等暴露自己卑贱出身和糟糕历史的字都很忌讳。又如，前秦皇帝符生，瞎了一只眼，所以忌讳“残”“缺”“伤”“毁”之类的字。安史之乱后，唐肃宗憎恶安禄山，凡郡县名有“安”字者，一概更换。唐肃宗一口气改了三十多个地名，如，宝安改名东莞、安定改名保定、安海改为宁海等。

避讳数量繁多，而且随着时间增长而增加。古代中国人的一门“必修课”就是避讳，不仅要牢记避讳的内容，避免在日常言语中表达出来，而且在书写上发展出了诸多的避讳方法。如果不了解古人文字避讳的方法，它们就是我们阅读古代文献的拦路虎。前面已经提到了不少古人避讳的方法，大致可以总结为以下三种：

一、换字。名讳不能书写，古人就用同义字、异体字来代替，称为“换字”，也叫作“改字”。

秦始皇名“政”，秦朝人就不得用“政”，甚至同音字也不能用。“正月”在秦朝就改称“端月”，“正”音改读为“征”。汉高祖姓名是刘邦，西汉凡遇邦字不能称邦而称“国”，连带战国时的官名“相邦”改叫“相国”；《论语·微子》中的“何必去父母之邦”在汉石经残碑中写作“何必去父母之国”。汉文帝姓名是刘恒，西汉遇到恒字不能称恒而称“常”，顺带着战国时“田恒”在西汉更名为“田常”；月中仙女本叫姮娥，到了西汉也被更名为“嫦娥”。西晋为了避晋景帝司马师、晋文帝司马昭兄弟的名讳，姓“师”的官民改姓氏为“帅”；昭阳县改为“邵阳”县。后唐庄宗祖父名为李国昌，后唐将孝昌县改名“孝感”。

柳宗元的名篇《捕蛇者说》末句诗“以俟夫观人风者得焉”，这里的“人风”原本应该是“民风”。改写是避李世民的名讳。这和六部中的“民部”改称“户部”是同样的手法。现在常见的蔬菜山药，原名“薯蓣”，在唐朝为了避唐代宗李预的名讳而改称“薯药”，到了宋朝为了避宋英宗赵曙的名讳，“薯”字改为“山”字，最终一改再改，薯蓣便成了“山药”。宋仁宗姓名是赵祯，面食蒸饼就改名“炊饼”，电视连续剧《水浒传》里武大郎沿街叫卖的就是炊饼，是符合当时的社会背景的。

清朝百姓辞旧迎新，不写“五福临门”，为的是避顺治皇帝福临的名讳。乾隆皇帝曾专门下诏，不许门联书写“五福临门”四字。

二、缺文。对于讳字，书写时用空格、方框或“某”“讳”字代替。

古典文献中的部分空字、白框就是避讳造成的。南北朝时的梁武帝萧衍的父亲是“萧顺之”，梁朝人萧子显撰写的《南齐书》遇到“顺之”二字，都以空格处理。隋末唐初的王世充，在唐朝成了“王充”，就和东汉的无神论者王充同名同姓了，不清楚避讳制度的人可能误以为是同一个人。稍晚些的李世勣，在书写中就成了“李勣”。

三、缺笔。少写名讳的笔画，通常是一笔，旁人能看出避讳的具体文字，却又不是同一个字。缺笔法或许是兼顾制度和阅读的最好方法。

北宋始祖为赵玄朗，宋太祖名叫赵匡胤。玄、朗、匡、胤四个字都要避讳。“玄”通常改为“元”，“胤”改为“允”。而“朗”字则右边月字旁少写中间两横，“匡”字缺写最下面一笔。如果我们在文献中连续看到一个字多次出现缺笔，就可证明此处用的是缺笔法。古人书写用繁体字，笔画远多于现行的简体字，缺笔就成了一种很实用的避讳方法。乾隆皇帝名叫弘历，道光皇帝名叫旻宁，“历”字和“宁”字的繁体字在清代都是少写一笔作为国讳。

乾隆年间著名大臣纪晓岚体态肥胖，一到夏天就汗流浃背、衣衫尽湿。他夏天去南书房值班的时候，一到值庐就脱衣纳凉，赤裸上身办公。乾隆皇帝听到后想戏弄一下纪晓岚，一天不告而来，突袭南书房。纪晓岚正好与几名同僚赤身谈笑，乾隆皇帝远远走来。同僚们仓皇披衣，纪晓岚偏偏又是个近视眼，等到皇帝快走进办公室了才看到。他来不及穿衣服，急中生智趴到了座椅底下，身体不敢动、大气不敢出。乾隆皇帝看破不说破，就在座椅上坐了两个小时，也不说话。纪晓岚趴在地上，酷热难耐，熬不住了伸头外窥，问道："老头子走了吗?"乾隆皇帝大笑，满堂也大笑。乾隆呵斥道："纪昀无礼，何得出此轻薄之语，有说则可，无说则杀。"纪晓岚干脆出来穿上衣服，匍匐在地上。乾隆厉声继问"老头子"三字作何解。纪晓岚从容顿首，解释道："万寿无疆之为老，顶天立地之为头，父天母地之为子，因此皇上便是'老头子'。"乾隆皇帝对这个解释很满意，君臣尽欢而散。（徐珂《清稗类钞》）"老头子"的故事也是一个避讳的问题，纪晓岚触犯的类似于皇帝的"恶讳"，没有使用敬语称呼乾隆。乾隆的处理相当宽松，塑造了一段文字佳话。在历史上，乾隆时期避讳制度执行得非常严格，多起文字狱都是因触犯忌讳而起。江西举人王锡侯编撰工具书《字贯》，凡例写入康熙帝、雍正帝、乾隆帝之名讳，没有缺笔避讳。乾隆认定王锡侯"大逆不道"，开刀问斩，子孙七人都被判斩，其他人充发黑龙江与披甲人为奴。原江西巡抚海成对王锡侯刑罚太轻，罢官、流放新疆；江西布政使周克开、按察使冯廷丞之前看过《字贯》一书，未指出悖逆之处，遭革职处分。可见，清朝对避讳制度执行严格、处罚严苛。

避讳制度在中国执行了两千多年。辛亥革命后，伴随着帝制和宗法制度的消亡，避讳制度作为两者的伴生物而逐渐消逝。但是，避讳行为并没有彻底消失。避讳体现了对尊长的尊重，蕴含着中华民族礼让、孝亲等优良传统，依然保留在现代生活中。《礼记》云，"入境而问禁，入国而问俗，入门而问讳"，现代人依然遵从。中国人在吉日佳节，或者去别人家，还比较严格地遵守"恶讳""家讳"。但是国讳、圣贤讳已经完全废除了。

翰林学士：储才之所的精英文人

创建于唐朝的翰林制度，对之后的王朝和士大夫具有重大的影响。

唐宣宗李忱的继位过程颇具戏剧性。他是唐宪宗的第十三子，父皇驾崩时只有10岁。之后先是三哥唐穆宗继位，接着三个侄子唐敬宗、唐文宗、唐武宗相继登基，困于藩镇割据、宦官专权，国势江河日下。而唐宣宗韬光养晦，表现得木讷迟钝，不仅躲过了血雨腥风，反而在侄子唐武宗驾崩后，于37岁大龄被宦官拥立为新皇帝。

唐宣宗登基之初，颇思振作，苦于没有可以信赖的有用之才。一日，唐宣宗问宰相白敏中："父皇宪宗皇帝安葬景陵的时候，遭遇风雨侵袭，随行的六宫、百官都四处躲避，只有一个山陵使，身材修长、胡须满面，扶着父皇的灵驾不动。这个人是谁？"

自唐代至宋代，皇帝驾崩后，朝廷临时设置山陵使掌皇帝丧葬之事。山陵使由驾崩皇帝的亲信大臣，大多是先朝宰相担任。亲信心腹送先皇最后一程，皇帝们也放心地把自己在人世间的最后一件大事托付给亲信大臣。丧事完成后，担任山陵使的宰相必须辞职离任，等候新的任命，以此最后表达自己的忠贞不贰。山陵使身兼前朝宰相和葬礼主持，是公认的先皇遗忠。唐宣宗想寻找他父亲的遗忠。白敏中告诉他这个人是令狐楚，不幸的是，令狐楚已经逝世了。

唐宣宗再问："他有儿子吗？"白敏中回奏，令狐楚的长子令狐绪，现任随州刺史。唐宣宗问："令狐绪可任宰相否？"白敏中说："令狐绪患有小儿麻痹，不能大用。令狐楚次子令狐绹，现任湖州刺史，有台辅之器。"唐宣宗第二天就授令狐绹为吏部考功郎中、知制诰，将他召回京城。虽然有现任宰相的推荐和家庭先辈的加持，唐宣宗对令狐绹毕竟不了解，就又

给他一个“翰林学士”头衔。（《东观奏记》）

翰林，取“文翰之林”的意思，翰林学士名义上是文学侍从。唐宣宗嗜书，专门辟出一座宫殿藏书，退朝后总是独坐其中阅读，有时候甚至秉烛夜读，宫中私下称皇帝为“老儒生”。入翰林不久的一天，令狐绹夜里值班，突然有宦官宣召他。唐宣宗正秉烛等候，宦官引令狐绹到御榻前，皇帝赐座，然后问：“卿从江外来，不知道当地情况如何？地方官员是否廉洁勤政？朕常思四海之大，九州之广，即便是明君也不能自理，需要贤良辅佐，可惜朕近来在朝廷上没看到大臣们的忠诚。”令狐绹降阶伏地谢罪：“圣意如此，微臣有罪。”唐宣宗说：“卿刚当上翰林学士，任职出自朕的诰命，刚才的话与你无关。”说完，唐宣宗以玉杯酌酒赐给令狐绹。

唐宣宗榻前有张小案，上面有两卷书。他指着书对令狐绹说：“朕听政之暇，未尝不观书。现在读的一卷是先朝所述的《金镜》，一卷则是《尚书·大禹谟》。”他又问：“卿曾读《金镜》否？”《金镜》又称《金镜书》，唐太宗所著，令狐绹这几天也在看此书，就回答说：“太宗文皇帝所著之书，有理国理身之要，臣披阅诵讽，不离于口。”唐宣宗高兴地说：“卿试举其要。”令狐绹就在御前背诵起来，背到“乱未尝不任不肖，治未尝不任忠贤。任忠贤，则享天下之福；用不肖，则受天下之祸”时，唐宣宗叫停说：“朕每读至此，未尝不反复诵读。《尚书》有云，任贤勿贰，去邪勿疑。因此想治国升平，首先要遵守这句话。”令狐绹赞同说：“先臣生前经常说《金镜》可为万古格言，自非聪明之姿，无以探其壶奥。”先臣，是令狐绹对父亲令狐楚的称呼。唐宣宗听到“先臣”二字，不禁追述起当年令狐楚担任宰相，辅佐自己父亲唐宪宗开创“元和中兴”的往事。君臣畅谈良久，唐宣宗感叹：“之前我只知道爱卿奉职勤政，今天才知道爱卿才学同样出众。”夜深了，他下令宦官持烛送令狐绹回翰林院，之后对令狐绹恩礼有加。一年以后，令狐绹升为宰相，君臣二人紧密合作十年，开创了唐朝最后一个治世——“大中之治”。

唐宣宗重用令狐绹的故事，是翰林制度的绝佳分析样本。因为有白敏中的推荐，唐宣宗对令狐绹有了初步的好感。但是，唐宣宗先安排他在翰林院任职。翰林学士的职位，既是皇帝对令狐绹的重用，也是进一步的考察。翰林学士享有较高的地位，原因有两点，一方面是他们与皇帝良好、紧密的私人关系，比如唐宣宗“厚待词学之臣，于翰林学士恩礼特异”。另一方面，这种私交建立在皇帝随时的顾问咨询之上。有些事情，是不能公开讨论的。皇帝需要信得过又能干的两三个近臣来一起谋划秘密和重大事项。

比令狐绹晚的翰林学士韦澳，同样得到唐宣宗的知遇。唐宣宗经常召见韦澳，咨询政务。韦澳也秉公建言，刚直不阿。唐朝中后期，皇帝经常绕开负责决策的法定部门中书省，直接向翰林院降下旨意，命令翰林学士草拟圣旨。韦澳接到唐宣宗传达的邦国大事，如果心里不认同的，就对传旨的宦官说：“此一事，须降御札，方敢施行。”他也会直陈意见。多数时候，唐宣宗都会采纳韦澳的意见。

一次，唐宣宗召见他，嘱托道：“朕与卿论事，一会儿出去，你只说我们君臣论诗。”说着，唐宣宗拿出一篇诗作放在案头，刚好有一个小宦官来收拾茶床。唐宣宗屏退宦官，问韦澳：“朕对待宦官如何？”韦澳回答：“威制前朝无比。”唐宣宗虽然是由宦官势力拥立的，但登基后压制宦官、强化皇权，是唐朝最后一任有所作为的皇帝。听韦澳这么说，唐宣宗闭目摇手说：“朕心底总有担心，爱卿有何建议？”唐朝后期，宦官权势恶性膨胀，几乎能决定皇帝的废立。唐文宗大和九年（835），唐宣宗的侄子唐文宗在翰林学士李训等人的支持下，计划一举诱杀宦官，不料事泄，酿成“甘露之变”。唐文宗遭到幽禁，大批朝臣惨遭屠戮。机事不密，反而酿成大祸。韦澳没想到唐宣宗会咨询如此大事，直率地回答：“如果与外庭朝臣谋划此事，恐怕又有大和之事，不如从宦官中拣拔有才能的人，委以计事。”唐宣宗失望地说：“此乃末策。朕如果行之，一开始擢升小宦官，他们都会感恩戴德；如果重用到宦官首领，他们就成了新的权阉。这是引虎趋狼。”韦澳惭愧得很，流汗而退。或许因为唐宣宗发现韦澳并非理想人选，欠稳重缜密，日后并未大用。韦澳最终没能位列宰辅，仕途止于户部侍郎。

与皇帝的亲密关系，能很自然地转化为权力。上述两例表明，翰林学士已经掌握了参与最高决策的实权。尽管当时中书省才是法定的决策机关，但是，西汉的尚书、魏晋的中书都是沿着这条路径，实现新旧交替，成为新的法定决策机构的。皇权主导了这种政治制度的变迁。同时，皇帝始终没有放弃使用更紧密的、更容易控制的、新的顾问近臣。早在汉朝，皇帝可以不受限制地召见有一技之长的人，称之为“待诏”。唐朝初年，宫禁延续了这种待诏传统，召见的人既有朝廷命官，也有布衣百姓，但都有词学、经术、合炼、僧道、卜祝、术艺、书弈等方面的一技之长。[①] 君臣闲聊，天南地北，当然可能涉及时事，皇帝自觉不自觉地就接受了其中的有益成分。

从唐高宗乾封年间（666—668）开始，唐高宗、武则天夫妇开始较多地依靠这些待诏之人，且人选比较固定。刘懿之、刘祎之、周思茂、元万顷、范履冰等人经常应召出入宫禁。（李肇《翰林志》）朝廷官员送绰号为“北门学士”。“北门”并非特指皇宫的北门。当时，皇宫大内位于长安最北部，文武百官的衙门位于南部，称为“南衙”。待诏的人进出皇宫，不经南衙，专门侍奉帝后，所以得名“北门学士”。这个绰号带有一点歧视色彩。武则天的男宠薛怀义（小名阿师）在南衙朝堂遇见宰相苏良嗣，傲慢不行礼。苏良嗣大怒，命令左右把他拽住，扇了数十个巴掌。薛怀义跑去向武则天告状，武则天安慰他：“阿师当于北门出入，南牙宰相所往来，勿犯也。”南衙在语言上带有天然的优越感，北门仿佛就有走后门、旁门左道的味道。“北门学士”自然也就为朝臣所轻。

朝臣的轻视并没有阻碍“北门学士”的崛起。唐玄宗即位后，正式建立翰林院，容纳待诏之人，号称“翰林待诏”“翰林供奉”。同时越来越多地谈论政治得失、咨询时事政务，还委派部分翰林待诏草拟诏令。翰林院开始成为正式的政府机构。

---

① 王定勇、李昌集：《唐翰林制沿革考》，载于《扬州大学学报（人文社会科学版）》2001年9月。

翰林院成立后，对翰林待诏的能力要求水涨船高，除了要有才学或者一技之长以外，还要有相当高的政治能力。进入翰林院的第一批人，不少成了日后的名儒大臣，比如，张说、陆坚、张九龄、徐安贞等。而其中最有名的就是天宝初年担任翰林供奉的“诗仙”李白。遗憾的是，李白才华有余，政治上极不成熟，成了翰林院的一颗流星，没能在政治上长期发展。最初的翰林院里，既有张说那样成熟的政治家，也有李白这样浪漫潇洒的谪仙人。对于颇具雄才大略的唐玄宗李隆基来说，政治重于文艺。皇帝更需要出谋划策的政治家，而不是浪漫多情的诗人。开元二十六年（738）唐玄宗在翰林院内另设学士院。凡入学士院者称“翰林学士”，翰林学士专掌机务枢密，职能单一化、政治化了。留在翰林院的还叫翰林待诏、翰林供奉，继续以文学、方术等专长侍从皇帝，剥离政治职能，成为纯粹的文艺侍从机构。新旧分层，翰林学士政治地位日益崇显，参与将相任免、号令征伐，号称“天子私人”。

皇帝与翰林学士关系日趋紧密，一定程度上仰仗后者协助治国理政。翰林学士的选拔也日渐严格，最初无品秩，依旧是差遣，一般由他官充任。翰林学士从一开始就独立于三省六部为核心的朝臣系统，没有编制没有员额，没有选拔的标准，上至尚书下至县尉都可能入选。圣心自古难测，除了强调政治素养和个人能力外，更在于对皇帝的忠诚度、默契度。从唐肃宗开始，翰林学士的礼遇日益优厚、身份日益尊贵。因为翰林学士并无官阶品级，朝会时要以本职归班，但在宫廷宴会中翰林学士位在宰相之下、一品官之上。在实践中，入选翰林学士的都是中下级的年轻官员，与宰相尚书等人品秩悬殊，而在宫宴时比肩而坐，令人称羡。旁人目为“内相”“储相”。

第一个被称为内相的翰林学士是唐德宗时的陆贽。陆贽入翰林时年少新进，皇帝尤其看重他的才华，不叫他名字而常以辈行称呼。陆贽朝夕进见、小心谨慎，从未有过失，皇帝更加亲信倚重他，甚至解衣批在他身上，同侪都不敢奢望。当时的决策格局是，外面由宰相主持大议，宫内由陆贽参谋可否，“无日不在君侧，无事不参大议”。

唐朝后期的草诏权力非常复杂，法定的草诏决策权掌握在中书省的中书舍人手中，满员是六人；接着又有“知制诰”的使职差遣，直接向皇帝负责，逐渐掌握重要诏令的草诏权。唐玄宗之后，翰林学士成为草诏权的第三个群体。唐宪宗时正式设置翰林学士，员额六人，明确俸禄，从中选择年深德重的人为承旨；又委派两名高品阶的官员知院事，每日传达诏命，上通下达，并做好后勤服务。翰林学士至此正式成为明确的制度。那么，最高决策权会不会出现紊乱呢？三个群体是什么样的关系呢？大致情况是，中书舍人主要负责外朝的例行公事，知制诰和翰林学士专掌机密，接触核心政务。三者相互兼职，中书舍人兼知制诰或翰林学士，晚唐翰林学士更是基本加衔知制诰。翰林学士虽蒙帝王亲重，甚至协助个别皇帝执政，但并未执掌全部草诏权。

进入宋朝，翰林院继续作为咨询顾问机构保留，但没能保留唐朝时期的实权。但是，朝野依然尊崇翰林学士，士大夫以入翰林为荣。朝野尊称有翰林院任职经历者为“翰林”。翰林官居清要，仕途前景广阔。翰林学士开始与科举制接轨，后期“非进士不入翰林”。明朝以后，翰林院实权进一步削弱，新创建的内阁取代了晚唐翰林院的地位，但士大夫对翰林的尊崇之情丝毫未减。翰林院成为养才储望之所，翰林学士们负责修书撰史、起草诏书、侍读侍讲、主持科举等，抓紧熟悉政治，修炼精进自己。帝王将相也高度关注翰林院，物色、栽培、选拔日后的执政者。翰林们地位清贵，前途更加广阔，成为朝廷高官和封疆大吏的镀金所，后期“非翰林不入内阁”。翰林实权的削弱和地位的提升趋势，成为奇怪的共存现象。

翰林制度为中国传统社会的士大夫政治添砖加瓦。两宋以后，翰林学士长期占据士大夫群体的尖端，地位优越，是毫无争议的“精英中的精英”。翰林群体中涌现了一大批国家的中流砥柱，比如，唐朝的张九龄、白居易，宋朝的苏轼、欧阳修、王安石、司马光，明朝的方孝孺、于谦、张居正，晚清的曾国藩、李鸿章，等等。

翰林院是唐朝的一个政治创举。作为体制之内、编制之外的新机构，翰林院给现行的政治运作带来了重要变化。之前尚书省、中书省等都是从皇帝身边的文辞侍从起身，逐步取代原有的决策机构，成为新的权力中枢。但是，翰林院打破了原有的政治惯性，没有扩张为新的权力中枢。从宋朝开始，翰林院的实际地位和影响力反而有所降低，至明清两代成为朝廷的“储才”之所，是日后达官重臣的蓄水池和考察所。其中的原因很复杂，可能是唐朝翰林院的崛起是建立在皇帝和翰林学士的紧密私人关系之上，而唐朝后期藩镇割据、宦官专权，皇权并非政治体制的主要因素，起不到政治发展的决定性作用；也可能是唐朝前期刚刚确定三省六部的中枢体制，中后期朝着向中书门下和三司使掌权的趋势发展。唐朝政治难以适应新的核心权力变迁。

金鱼袋与长翅帽：古代官员服饰制度

从唐宋时期的官员服饰制度中，可以看出古代政治制度的设计理念和执行情况。金鱼袋和长翅帽是唐宋官员服饰的代表物品。我们的故事就重点讲讲这两件物品。

唐宣宗时期，大臣牛丛任拾遗、补阙等谏官五年，对朝政得失多有建言。唐宣宗都暗暗记录下来。一天，牛丛外放为睦州刺史，赴任前入朝谢恩。睦州地处今天的浙江省建德、淳安一带，风光秀丽，景致宜人，但相比中州大郡来说，当时的睦州是个远僻小郡，地窄人稀，生存条件恶劣。同年代担任过睦州刺史的杜牧描述当地为“万山环合，才千余家，夜有哭鸟，昼有毒雾”。

唐宣宗接见牛丛时就问：“卿顷任谏官，颇能举职，今忽为远郡，得非宰臣以前事为惩否?”牛丛从繁华的长安城外放到千里之外的小地方去，不会是因为之前积极建言得罪了宰相，遭到变相的惩罚吧？牛丛解释说：“新制规定，没有担任过刺史县令的官员，不能担任近侍官。宰相们这是在奖擢我，让我出去丰富履历，并非嫌忌我。”唐宣宗听后很高兴，下令：“赐紫。”牛丛喜出望外，谢恩后上前问皇帝：“臣所穿的绯衣是刺史借服，没想到陛下这就赐臣紫衣。这是皇上对臣有进一步的安排吗?”唐宣宗醒悟过来，马上收回了成命，下令：“且赐绯。”（王谠《唐语林》）

“赐紫”和“赐绯”分别是什么意思？牛丛为什么听说“赐紫”喜出望外，唐宣宗又为什么收回了成命？这就要从当时的章服制度中寻找答案。

服装在古代中国不是单纯的生活用品，而是明尊卑、别等级、定礼数的主要器物。服装的材质、花纹、装饰等都蕴含着尊卑、礼法的内涵。颜色是其中最直观、最主要的区别要素。唐朝官员依据散官品级的不同，穿着对应颜色的官服。三品及以上衣紫，五品及以上衣绯，六七品衣绿，八九品衣青。唐宋时期，人们看一位官员的服色，就能断定他在官僚体制中的层级。人们认为五品以上可算是高级官员，唐朝以后便用朱、紫两种色彩来代称高官显贵。“满朝朱紫贵，尽是读书人”盛赞的就是读书的好处，“朱衣紫绶”“满门朱紫”形容豪门贵戚。这是中国古代文化中一个特有的词汇。至于老百姓服色，往往以灰褐色为主。因此，一个人获得当官资格、踏入官场又称为“释褐”，意思是他可以脱下灰褐色的衣服，穿上相应颜色的官服了。未入仕的读书人很多衣白，便有了“白衣秀才”的代称。

唐朝是官员服色逐渐明确的时期，但服色分等制度起源于隋朝，肇始于军事需要。军队系统需要迅速明确上下阶级，便利临幸禁止，所以至今为止军队官兵的服饰有明显的区分度。隋炀帝时期，连续发动对周边少数民族和朝鲜半岛的战争，车驾多行幸，文武百官频繁随军，穿戴戎装便利工作。至大业六年后，隋朝正式下诏“从驾涉远者，文武官等皆戎衣”。官员服色开始分等，至唐朝发展为完整的制度。

唐宣宗“赐紫”就是允许牛丛可以穿三品以上的紫色官服。为什么要用“赐”字，又为什么马上收回成命了呢？

如果官员严格按照散官品级来穿戴，本来不存在“赐”的问题。在实际操作中，有较低品级的官员出任较高职事的官职，或者从事重要的差遣，也有皇帝出于对官员的酬劳酬勋，或者干脆出于个人喜爱，就出现了官员服色与实际不符的情况。这一现象在使职制度出现后出现得更多。皇帝提拔一些低品级的官员出现宰相使职，他们可能连正五品都不到。于是便发展出了“赐服”制度，皇帝恩赐官员可以穿戴更高级的服色。要害部门、关键岗位官员一旦获得了赐服，除非遭到剥夺，否则可以终身穿戴，可以列为日常官衔，可以作为人生成就写入墓志铭、神道碑。睦州刺史是从四品左右的官位，远远不到衣紫的标准，所以唐宣宗要给牛丛“赐紫”。牛丛难免要喜出望外并且想入非非，问皇帝对自己是不是还有进一步的安排。

牛丛说自己现在所穿的绯衣是“刺史借服”，又是什么意思呢？“借服”是制度性的“赐服”，借服在满足条件消失之时要退回。虽然“赐服”现象在唐朝中后期日益泛滥，但它在理论上依然是一个制度外的“权宜之计”，是皇帝和大臣之间一对一的亲密行为。当对从事特定职事的固定人群“赐服”，成为一项普遍性的行为之后，皇帝干脆规定这类人群可以全部获得“借服”。如此一来，省去了皇帝和每个符合条件的大臣之间“赐服”的麻烦。“借服”人群主要有两类：一是地方刺史，不拘品级一律“赐绯”；二是出使的使节，不拘品级一律“赐绯”。前者是为了加重地方长官的权威，后者是为了彰显国事的庄严、郑重。刺史卸任、使节归朝，便要恢复原来的服色。开场故事中，唐宣宗虽然没有向牛丛赐紫而是赐绯，还是比牛丛“借绯”要强得多。牛丛可以卸任不还，终身衣绯。

唐朝的四色服制在后期变为了三色。唐文宗时期规定婢女服青碧色，而官员“服青碧者许通服绿”，青色便从官员服色中消失，五品以下文武官员都衣绿。不过，唐代宦官相对独立于服色制度之外。宦官服色不依散官品级，即使带品级，如果没有“赐服”也只能穿黄衣。只有获得“赐绿”“赐绯”“赐紫”才能穿着相应服色。

唐宣宗有一次狩猎，遇到几名樵者，交谈起来得知他们是泾阳的百姓。唐宣宗就问：“邑宰为谁？”百姓回答：“李行言。”唐宣宗又问李行言的为政如何。百姓回答李行言为人刚直，曾经有五六名劫贼跑到军人家中藏匿。军户拒绝将劫贼交给地方官府。李行言就将军户和劫贼全部杖杀。唐宣宗回宫后在殿柱的帖子上记下这件事。两年后，李行言出任海州刺史，谢恩陛见。唐宣宗问：“你曾主政过泾阳？”李行言回答：“臣在泾阳两年。”唐宣宗下令：“赐金紫。”这是当年牛丛想得而不可得的恩赐。李行言也是大喜过望，再三谢恩。唐宣宗问他：“卿知着紫来由否？”李行言回答不知。唐宣宗就让左右取殿柱帖子来宣示。

“赐紫”已如上述，那么“赐金紫”又是什么制度，代表什么内涵？

金指的是金鱼袋。唐朝的高级官员随身携带鱼袋，佩戴在右腰处。这是官员的重要配饰，起源于夏、商、周三代时期官员随身佩玉制度。当时的玉器是贵族身份的标志，不同的玉器代表不同的层级。隋朝改随身佩玉为随身佩鱼。佩鱼原本是两片对称的鱼符，上面刻着官员的名讳、品级、职位，官员和朝廷各留一片，合符以为凭证。据说，鱼符侧面有“合同”两个字，只有合二为一才能显现。地方官的任免以鱼符为凭证，鱼符的左符留朝廷存档，右符颁给州郡，新官上任持朝廷颁给左符到地方与右符勘合，以证身份。

唐朝鱼袋也有高低之分，与服色基本对应，三品以上紫袍、佩金鱼袋；五品以上绯袍、佩银鱼袋；绿袍官员无鱼袋。武则天时期一度改鱼符为龟符。有资格佩戴金龟者，都是三品以上的高官显贵，后世用“金龟婿”来形容女婿身份高贵或者前途无量。李商隐的诗“无端嫁得金龟婿，辜负香衾事早朝”表达的就是女子对忙于仕途的丈夫的埋怨。

服色和鱼袋相结合，彰显唐朝官员的仕途尊卑。唐宣宗向李行言“赐金紫”，就是同时赐给李行言最高的服色和配饰，是很大的恩宠。一般情况下，皇帝只向出任宰相使职或者重要的地方藩镇，才“赐金紫”。出土的唐碑中，人物官衔中常常带有“赐紫金鱼袋”“赐紫金”“赐绯服”等字样，无不是主人对此深感荣耀。唐朝以散官为本阶，其他官员没有获得“赐服”或者“借服”，即便担任高于散官的职事官，还是必须按照原品级服色。

追求服色和鱼袋，不仅是唐朝官员谋求更高政治待遇，更是获得政治肯定乃至实现人生价值的重要方面。中唐的于良史，早在唐肃宗至德年间（756—758）便是侍御史，与当时担任左拾遗的杜甫同朝监察，并且创作名诗《春山夜月》：

春山多胜事，赏玩夜忘归。
掬水月在手，弄花香满衣。
兴来无远近，欲去惜芳菲。
南望鸣钟处，楼台深翠微。

可叹时运不济，于良史仕途停滞，到了唐德宗贞元年间进入徐州节度使张建封幕府担任从事。他是幕主张建封叔伯辈的长辈，想想自己宦海沉浮三十年，年过半百了，还穿着最低级的青色官服，经常在工作之余吟诗感叹：

出身三十年，发白衣犹碧。

日暮倚朱门，从未污袍赤。

张建封偶尔听到白发苍苍的于良史倚门悲泣，大为感慨，向朝廷上奏，为于良史求得了章服。不知道老诗人穿上绯色官服时，是怎样的心情？唐朝中后期，藩镇长官出面为幕僚求取服色、鱼袋是常事。一些雄藩还通过为幕僚求取服色，来彰显自身的实力。事实上，张建封本人在唐代宗大历十年，担任藩镇马燧的判官。马燧为他奏求了“赐绯鱼袋”的待遇，即赐绯衣和银鱼袋。

服色与鱼袋俨然成为皇权和藩镇博弈的工具。藩镇谋求更高、更多的章服，皇帝则重视名器，拒绝滥授。唐宣宗就是珍惜章服的典型。他出行时，有司常常准备数件绯衣、紫衣从行，以备赏赐之用。但唐宣宗有时常常半年都不赐一件，所以当时官民以绯、紫为荣。裴处权出任河南府少尹。他到任后，河南府上奏为裴处权求“赐绯”。给事中崔罕驳回了公文。这是因为赐服是非制度性的、出自皇帝意愿的行为，地方官府不能以公文的形式主动索取。河南府的行为违反了制度，如果同意了就会打开滥授章服的大门。唐宣宗为此下诏褒奖崔罕：“有不当，卿能驳还，职业既修，朕何所虑?”

宋朝继承了唐朝的章服制度，并赋予了官帽新的政治内涵。北宋开始兴起“长翅帽”，就是帽子两端伸出长长的“翅膀”，非常醒目。

据说，长翅帽是宋太祖赵匡胤发明的。北宋脱胎于百余年的割据混战，创建后朝堂上武夫当权，没有礼数规矩。赵匡胤对大臣们乱哄哄的景象不满，更体会不到九五之尊的威严，于是给官员的官帽加了长长的翅膀。长翅帽有一米左右的长度，大臣们戴着这样的帽子上朝，根本就不可能交头接耳，否则会戳到对方；而且站立行走要保持端庄稳重，不然两只翅膀东跷西斜，极不雅观。朝堂上一下子就安静肃穆起来了。

这个故事并不符合史实。事实上，长翅帽的发展是隋唐官帽自然演变的结果。隋朝官民开始流行“幞（fú）头”，也就是用一种纱罗软巾来包裹头部。幞头所用的纱罗通常是青黑色，所以称为“乌纱”。当时的人用偏暗色的头巾将头发包好，在后脑勺下方系结，剩余两条带子。这种装扮到唐朝时，成为国民装束，上至王公贵戚下至贩夫走卒，都用幞头裹头。幞头的要害在脑后的系结，人们很自然注意到垂下来的两条带子。越来越多的人把带子加长，垂到后背作为装饰，接着又有人填入铁丝、竹篾、木片，使装饰带子保持造型，还有人干脆把硬化了的带子横在两边。北宋采纳了这种装饰，幞头正式演变成了长翅帽。长翅帽除了几条竹木外，主体是乌纱，又叫“乌纱帽”。从唐朝到明朝，乌纱帽是中国的制式官帽，民间又用它来指代官帽，进而代称官职。

宋朝除了极少数受赐冠帽、笼巾、貂蝉的官员外，绝大多数官员穿戴简单的长翅帽，不自觉地塑造了官员们行为做派。北宋宰相寇准有一次微服私访，发现百姓回答毕恭毕敬。他很奇怪，说我是一介寒儒，老乡们不用如此恭敬。有一个老者解释说，您是体察民情的大人，而且为官几十年了。寇准惊问为什么？老者说，大人进门时很自然地扭了一下脖子，这是长期戴长翅帽进出门户养成的习惯。长翅帽确实因为形状的关系，多多少少养成了官员们严肃、端庄、文静的做派。明朝延续了唐宋的章服制度，但是对长翅帽进行了改良，主体还是乌纱帽，翅的部分变短，后期又扭转朝上。

官员的章服制度还包括官员手持的圭笏。玉圭是中国古人最先采用的礼器之一，上古贵族朝聘、祭祀、丧葬时使用。玉圭上圆下方，或者上面是剑头形状。圭后来演变为笏板，变得更为狭长，除了玉质材料外更多的用象牙、竹木材质。官员上朝手持笏板，彰显权力和身份地位的同时，也可以记载需要处理、上奏的事情。唐制：“文武之官皆执笏，五品以上用象牙为之，六品以下用竹木。”笏板的历史比乌纱帽要长得多，可能是伴随古代官员时间最长的配饰。

清朝的官员章服制度与明朝有较大的不同。清朝官员不用笏板，还废除了服色制度。清朝官员的标准装扮是蓝袍天青褂，区分尊卑品级主要靠帽顶和补子。清代官帽装饰品非常丰富，有尖顶的宝石、顶后的花翎等可以区分官员。补子是明清两代官服前胸后背中间的装饰性织物，分文武两条序列。文官补子采用飞禽，如一品文官用仙鹤补子、二品锦鸡、三品孔雀，最低的九品文官补子是蓝雀；武官补子采用走兽，如一品武官补子是麒麟的形象，最低级的九品武官补子上是海马。补子由朝廷统一制作分发，和唐宋的服色一样有严格的穿戴规定，不能乱用。当然，色彩鲜艳、图案各异的补子也和服色一样，能迅速区分官员的品级高低。章服制度的目的，就是明尊卑、别等级、定礼数。

杯酒释兵权：开启文治时代

一

现在我们讲宋太祖赵匡胤的“杯酒释兵权”。杯酒释兵权不仅是北宋初期的重大事件，稳定了当时的局势，而且对中国政治制度的发展产生了重要影响，对之后的政治制度变迁发挥了重大作用。我们的故事要从北宋建立之初的历史背景谈起。

公元960年，后周的殿前都点检赵匡胤发动“陈桥兵变”，由禁军将士拥戴为帝。赵匡胤黄袍加身，推翻后周，建立了北宋王朝，改元建隆。公元960年就是建隆元年。赵匡胤向各道、各藩镇派遣使者，告知改朝换代大事。藩镇诸侯、封疆大吏纷纷质问使者：新朝皇帝是赵匡胤，那么宰相是谁？枢密使、副使是谁？禁军统帅、将领又是哪些人？询问完毕后，这些地方实力派得出结论“（新朝）皆不改旧”，这才下拜接受北宋王朝的诏书。（陈师道《后山谈丛》）他们对新王朝的欢呼雀跃之情荡然无存，对新皇帝的拥戴效忠之心更是无从谈起，不知道到赵匡胤得知后，做何感想？

这也难怪地方实力派们有诸多疑问，因为在50年间，中原走马灯般地换了后梁、后唐、后晋、后汉、后周5个王朝，来自8个不同家族的14个人登基称帝，平均每个皇帝在位不到4年。各地接到的皇帝“喜讯”实在是太多了，谁能保证赵匡胤不是又一个短命皇帝，大宋王朝不是第六个转瞬而逝的王朝呢？

“短命皇帝”的噩运，也始终缠绕在赵匡胤的心头。赵匡胤称帝后，尊母亲杜氏为皇太后。杜太后接受庆贺时满脸忧愁，一点都高兴不起来。

她说："帝王综治天下、日理万机，干得好就可以子孙尊贵，干得不好想过平民百姓的生活还求之不得。我有什么可以高兴的呢?"杜太后的认识非常清醒，失败的帝王不如街边平安狗。皇位对赵匡胤来说，既是机遇，更是挑战。

新生宋朝的最大挑战，来自骄兵悍将。

古代政治结构，文武并列。文武的关系大致上是势均力敌的，而且文武关系是畅通的。官员可以在文官和武将的位置上，自由切换。直到唐朝，"出将入相"都是百官追求的状态，许多宰辅重臣外放地方，担任统军的将帅；藩镇主帅也往往入朝担任宰相，执掌朝政。但是，从中唐开始，藩镇军事势力持续膨胀，最终恶化为藩镇割据的内战。在内战中，将帅和军队掌握了国家的实权，文武关系失衡。生灵涂炭、民不聊生，文官群体自身难保，不得不依附于藩镇，成了武装力量的附庸。方镇的骄兵悍将们"喜则连衡而叛上，怒则以力而相并，又其甚则起而弱王室"，构成了唐朝后期和五代十国时期新的政治生态。在这种生态下，皇权衰微，不得不仰仗武装力量，将帅们扬言"天子宁有种乎，兵强马壮者为之耳"。确实，五代时期所有君王和藩镇主帅，都是自有武装、实力强盛的赳赳武夫。

五代以来，强藩重镇隔三岔五地带兵进入中原，参与改朝换代。兵强马壮的将帅，主导着政局的走向。随着强藩持续入主中央，中央禁军日益强大，原本"内轻外重""尾大不掉"的武装格局，转变为"内重外轻""强干弱枝"的军事局面，武装力量集中到中央。大约是在军阀李存勖（xù）灭后梁建立后唐之后，藩镇不再具有与中央抗衡的军力，中央禁军成为天下最重要的势力，扮演左右政局的角色。这种武装力量对比的变化，伴随着军队习气的迁徙。五代后期的中央禁军大多由藩镇军队蜕变而来，中唐开始形成的"兵骄逐帅，帅骄叛上"的恶习也传染到了禁军之中。朝廷的禁军，原本是保护皇帝、捍卫皇权的，反而变成了"废置天子，变易朝廷"的动荡源头。皇权的保卫者变异成为皇权的颠覆者。

宋太祖赵匡胤就是在后周禁军中成长起来，最终以禁军统帅的身份，带领部下推翻后周的。他的成长轨迹，本身就是证明骄兵悍将威胁皇权的绝佳证据。

赵匡胤出身于普通军官家庭，正常情况下是绝对与皇位无缘的。但是，晚唐和五代时期的割据混战局面，给普通人提供了阶层跃升，甚至进入核心权力层的机会。后汉时期，年轻的赵匡胤就选择了从军打仗，加入了后汉枢密使郭威部下，谋生的同时追求个人价值。这是中国一代年轻人的人生选择。当时，后汉郭威的部下有一群生机勃勃、情投意合的低级军官：赵匡胤、李继勋、石守信、王审琦、杨光义、刘庆义、刘守忠、刘廷让、韩重赟、王政忠，他们结拜异姓兄弟，称为“义社十兄弟”。这些年轻军官互相帮衬、互相提携，谋生亦谋发展。枢密使郭威后来推翻了后汉王朝，建立了后周，赵匡胤等结拜兄弟的身份地位随之水涨船高，开始封侯拜将。不过，十兄弟的发展情况逐渐拉开了距离。在后周早期，结拜兄弟中地位最高的是李继勋，他第一个官拜殿前都虞候、第一个升为节度使。后来，李继勋因为犯错外放地方，逐渐远离了禁军势力的核心。结拜兄弟中的赵匡胤后来居上，在周世宗柴荣后期得到迅速提拔，成为后周禁军的统帅之一——殿前都点检。

后周王朝的禁军武装分两大部分。最初的禁军力量是侍卫步军、侍卫马军，分别管理步兵和骑兵，隶属于侍卫马步军司，由侍卫马步军都指挥使统帅。侍卫马步军数量众多，周世宗柴荣又建立了更加精锐、人数更少的禁军——殿前军。侍卫马步军和殿前军，作战相互配合，但行政上相互独立。这是皇帝驾驭臣下、保持均势的帝王之术。殿前军隶属于殿前兵马司，统帅就是殿前都点检。赵匡胤于殿前军创建时就加入其中，后来成长为统帅，掌管殿前司六年。殿前军官兵的人事、训练和南征北战，赵匡胤都亲力亲为。他在殿前禁军中影响根深蒂固，势力盘根错节。殿前军成了赵匡胤最基础最核心的武装力量，也是发动陈桥兵变，将赵匡胤推上皇位的主要力量。

赵匡胤的实力来源于殿前禁军，他的核心团队就是当年的义社十兄弟。经过多年的发展，结拜兄弟们盘踞在禁军内外，各自掌握若干武装，任职京城内外，对赵匡胤改朝换代的成功发挥了或多或少的作用。他们大多是支持赵匡胤黄袍加身的。赵匡胤登基后，一方面是投桃报李，更重要的是还需要继续仰仗这些兄弟们的实力，对结拜兄弟们加官晋爵，委以重任。石守信、王审琦等将领依然占据关键的实权岗位。

建隆元年（960），赵匡胤调整禁军将领，任命慕容延钊为殿前都点检，高怀德为殿前副都点检，王审琦为殿前都指挥使，赵光义为殿前都虞候，掌管精锐的殿前亲军；任命韩令坤为侍卫马步军都指挥使，石守信为侍卫马步军副都指挥使，张令铎为侍卫马步军都虞候，张光翰为侍卫马军都指挥使，赵彦徽为侍卫步军都指挥使。统帅禁军的9个核心人物中，一个是赵匡胤的亲弟弟，其他8人要么是禁军中赵匡胤的支持力量，要么就是他的结拜兄弟。

赵匡胤与这9位将领的关系，名义上是君臣，实际上还有合作伙伴的关系。

赵匡胤依靠禁军夺取了皇位，却没有完全掌控禁军。在陈桥兵变时，侍卫马步军副指挥使韩通就在开封城中组织抵抗，兵败遇害。这说明，赵匡胤的皇帝并不是万民拥戴、天命所归的，而是实力竞争的结果。他只是在后周末年政治力量对抗中，获得了较多的支持而已。支持他的将领都是手握重兵，既有声望又有经验的关键人物。比如，接替赵匡胤殿前都点检职务的慕容延钊，在禁军中的资历并不亚于赵匡胤。赵匡胤之前就与慕容延钊关系亲密，当了皇帝以后还称呼他为兄长；侍卫马步军都指挥使韩令坤，与赵匡胤长期保持同事关系，地位比肩，情同兄弟；侍卫步军都指挥使赵彦徽，是杜太后的同乡，赵匡胤曾拜他为兄；殿前副都点检高怀德不仅和赵匡胤交好多年，北宋建立后还成了赵匡胤的妹夫。至于坚决拥戴赵匡胤的新任侍卫马步军副都指挥使石守信、殿前都指挥使王审琦二人，是赵匡胤的“布衣旧交”“义社十兄弟”的核心成员，三人相识相知几十年。这些人明确支持赵匡胤改朝换代，赵匡胤成功后也投桃报李。

这一幕是不是很熟悉？从后梁到后周，哪一代皇帝不是在众多实力派的帮衬下成为九五之尊？可是，每个朝代的造反者乃至颠覆者都蕴藏在这些原先的实力派当中，尤其是那些看似情深义重的将领之中。他们也是骄兵悍将，在改朝换代方面可算得上“经验丰富”。赵匡胤会不会重复这样的悲剧呢？

赵匡胤如今面对的难题，是历代开国帝王都要面对的问题：如何处理开国元勋？

贞观元年（627），唐太宗大宴群臣。大将尉迟敬德看到有人班次在他上面，发怒大喊：“你有什么功劳，就坐在我前面？”一旁的任城王李道宗过来劝解，尉迟敬德勃然大怒，挥拳殴打李道宗，差一点把李道宗的眼睛给打瞎了。君臣聚餐，不欢而散。事后，唐太宗李世民语重心长地对尉迟敬德说：“朕阅读汉史，看到汉高祖时功臣很少有得以善终的，对功臣的处境非常担忧。朕居大位以来，总是希望能够保全你们这些功臣，让你们子孙不绝。但是，你居官以来，动不动就违法乱纪。朕这才明白，西汉韩信、彭越等开国功臣，身死族灭，并不是汉高祖的过错。国家大事，唯赏与罚，破例的恩赏不可能一而再再而三地赐予你，希望你能够自省，不要后悔。”尉迟敬德记在心里，此后谨言慎行，得以善终。

之前开国君主处理功臣的策略，无外乎汉高祖刘邦“夷戮诛杀”，通过极端方式解除开国元勋的威胁；或者唐太宗李世民的劝诫警示，君臣双方各自约束欲望，和平相处。五代君主选择了前者做法，猜疑功臣将帅，高举杀戮的屠刀。这也是五代各个王朝政局动荡、内乱不断，最终国势衰微的重要原因。

赵匡胤在登基之初，就开始思考如何处置开国元勋，体现出了他超常的政治责任和忧患意识，也表明了当时骄兵悍将形势的严重。

屠戮功臣，简单粗暴，是杀敌一千、自损八百的行为，况且王朝初建、局势未定，赵匡胤不想采用这种方法。但是他又不愿意拖延时日，希望趁着自己的声望和掌控力都处于巅峰之时，抓紧解决这个问题，以免小问题拖成大问题、大问题恶化成历史问题。从登基之初，赵匡胤就利用一切机会，循序渐进地解除拥兵大将的实权。

建隆元年（960）八月，赵匡胤平定了山西李筠的叛乱，对诸将论功行赏。侍卫马军都指挥使张光翰、步军都指挥使赵彦徽得到升迁，分别出任永清军节度使、建雄军节度使。张赵二人并非禁军的核心，之前只是禁军的中层将领，担任指挥使半年就“出守大藩”，名义上得到了进一步高升，而且有节度使的丰厚收入。他们都高高兴兴地接受了新职务，离开了禁军。虽然贵为节度使，但张光翰和赵彦徽统率的军队数量和质量都大为降低。他们的兴趣转向钱财。比如，赵彦徽在任上就搜刮金银、积蓄财富巨万，没有掀起什么政治风波。赵匡胤提拔结拜兄弟韩重赟和自己在殿前军中培养的亲信军官罗彦瑰接任侍卫马、步军都指挥使。

赵匡胤第一次解除兵权，是在登基后第八个月，丝毫没有引起任何政治波动。

又是大半年后，建隆二年（961），赵匡胤平定扬州李重进叛乱。他又趁封赏功臣的机会，故伎重演。这一次，赵匡胤解除了禁军两大统帅——殿前都点检慕容延钊、侍卫马步军都指挥使韩令坤的职务，慕容延钊加侍中衔，外放山南东道节度使；韩令坤加侍中衔，外放成德军节度使。两人一南一北离开了京城。慕容延钊和韩令坤两人，资历、功劳乃至在禁军的根基都和赵匡胤不相上下，甚至某方面有过之而无不及，但是与赵匡胤的私人关系却不如结拜兄弟那般亲近，更不像罗彦瑰那样是赵匡胤栽培的将领。解除次要角色的军权后，赵匡胤的权谋之道就瞄准了他们。

赵匡胤对慕容延钊两人的外放下足了功夫，不仅给他们加了宰相头衔，而且破例举办了盛大的送别御宴，给予了丰厚的赏赐。此外，赵匡胤专门为慕容延钊、韩令坤二人安排了西南面兵马都部署和北面缘边兵马都部署的头衔，分别授予他们指挥西南方向荆湖、四川驻军，指挥北方与契丹交界地区驻军的权力，让他们在军中发挥“余热”。张光翰、赵彦徽解除军职后，就基本退出了权力舞台；慕容延钊、韩令坤则类似于钦差大臣，地位远高于一般的节度使，而且有权指挥邻近地区的军队，坐镇边境。两人也平和地接受了新工作。赵匡胤此举堪称“一举多得”。

慕容延钊离任后，殿前都点检不再授予他人，等于撤销了殿前禁军的最高军职。韩令坤离任后，侍卫马步军都指挥使由副都指挥使石守信递补，而石守信升任遗留的副都指挥使空缺，也不再授予新人。朝廷禁军的指挥层就只剩7名将领了，都是和赵匡胤私人关系密切的亲信。

经过两拨的人事变动，殿前军和侍卫马步军都控制在赵匡胤信得过的亲信心腹手中，赵匡胤对禁军的掌控大大加强。那么，换上自己信得过的人，赵匡胤就可以高枕无忧了吗？

有一个人觉得赵匡胤的权力布局，换汤不换药，并没有从根本上解除禁军兵权对皇权的威胁。这个人就是赵普。

赵普是身逢乱世的书生，出身低级官僚家庭。他的人生轨迹是那个时代读书人最现实的事业选择——给军阀高官当谋士文臣。赵普长期在赵匡胤身边担任推官、掌书记，出谋划策，是陈桥兵变的主要策划者，也是北宋王朝的开国元勋。只不过同样是开国元勋，石守信、王审琦等武将擢升为禁军统帅，掌握兵权，“官爵阶勋并从超等，酬其翊戴之勋也”；赵普却没能得到相应的赏赐，事后只是被授以四品的枢密直学士，继续给赵匡胤出谋划策。北宋建立初期，赵普在长达数年时间里，一直是枢密直学士。当时名义上的最高执政者，是后周的范质、王溥、魏仁浦三个旧宰相。这样的权力布局，对赵普这个幕后谋主公平吗？显然是不公平的。

赵普名不正言不顺，也没有实质性奖励，心里肯定不满。但是，他又能怎么办呢？一百年来，都是用枪杆子说话，他们这些拿笔杆子的人没有话语权，必须依附武夫强权生存。文官士大夫们已经习惯低武将好几头了，哪里还奢求什么平起平坐？赵普清楚，他个人的际遇问题，是整个政治体制中武将专权、压制文职的结构性问题的反映。

赵普的过人之处在于没有停留在为自己、为文官群体争取利益的层次，而是将文武关系上升到了国家长治久安的高度。血淋淋的历史和残酷的现实都表明，赳赳武夫制造了诸多的动荡。武将主导的政治制度，并不利于政局稳定、社会进步。赵普相信，文官士大夫主政，可以纠正武夫当国的诸多弊端，建设一个更加美好的江山社稷。北宋立国之初面临的处置禁军实权将领的难题，在赵普看来，恰好是一个扭转武夫当国局面的良机，既能解决骄兵悍将威胁皇权的难题，又可以提升文官士大夫的地位，建设文官主政的新体制，真的是一举两得。这是赵普实现个人价值，实践政治抱负的好机会。

二

赵普要扭转武强文弱的现状，从根本上扭转武将对政局的威胁，困难重重。首先，他要说服皇帝赵匡胤。

在破除实权武将的威胁上，赵匡胤、赵普君臣利益一致，欲望同样迫切。早在建隆元年（960）的年末，赵匡胤平定李筠、李重进叛乱，基本上控制住了中原地区局势。赵匡胤迫不及待地召见赵普，询问压制武将势力的问题。

赵匡胤问道："从唐朝灭亡到现在五十多年，皇帝换了八家人。几十年间，天下战斗不息，生灵涂炭，到底是什么缘故呢？朕希望天下息兵，国家长治久安，有什么办法吗？"

赵普很高兴："陛下现在能提出这个问题，真是天地人神之福。"之前不是没有皇帝意识到这个问题，就是有心无力，没有付诸实施。赵匡胤在中原大局基本平定后，就开始琢磨如何长治久安。赵普不得不为皇帝点赞。赵普接着分析道："唐朝灭亡以后，战斗不息，国家动荡不安，没有其他缘故，就是方镇力量太重，君弱臣强而已。如今想摆脱困局，恢复君臣之道，只要夺取武将的实权，限制他们的钱粮、剥夺他们的精兵，天下就能安定了。"赵普直言不讳地指出，要想长治久安，就要加强集权，就必须限制打压武将的势力。

具体到建隆初年的局势，赵普的建议就是剥夺石守信、王审琦等赵匡胤的结拜兄弟的实权，将他们驱逐出权力核心。

赵匡胤正在逐步将非心腹的将领排除出禁军的领导层，但是对石守信、王审琦等心腹还是信任的。之前，赵普已经提醒过赵匡胤武夫当国的制度设计，与具体是由哪些将领掌握军权无关，而是这个设计本身就是错误的。他几次三番明确指出石守信、王审琦等人不可主兵，建议授予其他职务，赵匡胤一直没有答应。赵普说得多了，赵匡胤就不耐烦地回答：

彼等必不吾叛，卿何忧？

意思是：石守信他们肯定不会背叛我的，你就不要杞人忧天了。

赵匡胤非常信任石守信、王审琦等心腹将领。他们是赵宋王朝的基石，是“陈桥兵变”的主要干预者，是“元从翊戴”的功臣。宋朝成立后，王审琦于建隆元年（960）两度统领大军，平息李筠、李重进的叛乱，可谓功勋卓著。但是，石守信、王审琦等人并没有居功自傲，也没有飞扬跋扈。尤其是侍卫马步军都虞候张令铎，是出了名的忠厚老实，是公认的老好人。这样的人还会叛乱吗？

赵普继续分析道：“臣也不担心他们叛乱。然而，臣观察现在统帅禁军的几个人，都没有统御之才，恐怕不能制伏部下。如果他们不能管制好禁军官兵，军伍之间万一跳出来一两个作孽倡乱之人，他们肯定会被胁迫叛乱的。”赵普说得委婉，但这一幕难道不就是赵匡胤、赵普策划的陈桥兵变的剧本吗？万一真的有人把一件黄袍披到石守信身上，他不就是赵匡胤第二了吗？

赵匡胤还是不相信这么残酷的事实，继续说道：“石守信、王审琦二人受国家厚恩，怎么会辜负联呢？”赵普见赵匡胤还在自欺欺人，就把话说得更加直白：“只如陛下岂负得世宗。”

世宗是周世宗柴荣，是赵匡胤的大恩人。柴荣欣赏、重用赵匡胤，将他提拔为禁军殿前都点检，把最精锐的部队托付给他，可谓是恩重如山。可是柴荣尸骨未寒，赵匡胤就起兵谋反，欺负柴荣留下的孤儿寡母，篡夺了恩人的江山。赵匡胤如此，怎么就能保证他的结拜兄弟道德水平更高，面对权力诱惑更加自律呢？

赵普赤裸裸的话，驳得赵匡胤哑口无言。皇帝最为敏感的权力神经，被赵普刺痛了。他不禁想起之前的一件事情。一次，赵匡胤和石守信谈起想提拔文官梁周翰掌制诰。石守信表露出了不同意见。很快，赵匡胤就收到了梁周翰的上表，说自己不适合掌制诰。赵匡胤很生气，坚持任命梁周翰掌制诰。回过头来细想，赵匡胤感悟到了其中对皇权的威胁。即便石守信没有不臣之心，他的态度已经左右了朝廷的人事任命。赵匡胤不得不痛苦地承认，赵普说得有道理！他告诉赵普："你不要再说下去了，朕知道了。"

接下来的问题，就是如何平稳地收回石守信等统兵将领的军权了。

赵匡胤处事细腻、手段高超，在利益和原则上从不妥协，在具体实践上灵活柔软。他既要加强皇帝集权，又想保全结拜兄弟们。那怎么和平夺回军权呢？赵匡胤不禁想起来之前从藩镇手里"要钱"的成功案例。北宋建立后，赵匡胤曾经将天下的节度使都召归京师。五代的节度使兼职是独立王国的君主，竭尽辖区的资源，经济实力雄厚。相比之下，朝廷的财政要寒酸得多了。赵匡胤大宴天下节度使，频频举杯，等到酒酣人醉之时，又宣召每个节度使子弟入宫，将家长扶归府邸。赵匡胤将每位节度使都送到殿门口，对他的子弟说："你父亲已经许诺贡献朝廷十万缗钱。"节度使们清醒后，自然问起自己是怎么回来的，有没有在御前失礼？子弟就会把他们答应贡献朝廷钱财的事情告诉家长。第二天，各位节度使都上表进献了十万缗钱。这就是赵匡胤的御臣之术。（《河南程氏遗书》）他决定采取类似的方法，召石守信、王审琦等人好好聊聊。

建隆二年（961）七月的一天，赵匡胤召石守信、王审琦等实权将领把酒言欢。酒酣耳热之际，赵匡胤举杯发言："没有众位卿家的竭力拥戴，朕不会有今日的九五之尊。"将领们纷纷回答："这是皇上洪福齐天，也是我们臣下应该做的。"

赵匡胤接着切入正题："但是你们不知道，当皇帝不如做一个节度使快活自在。朕自从登基以后，从来没有睡过一个安稳觉！"

石守信等人听出来味道不对了，纷纷放下酒杯，离席跪地顿首，说道："今天命已定，谁再敢有异心？陛下何出此言？"

赵匡胤说："谁不想荣华富贵？你们部下如果有人拿出黄袍披在你们身上，你们虽然没有谋逆之心，但在那样的情况下能拒绝黄袍加身吗？朕与大家，往日势如比肩，今日情同骨肉，我对大家是绝对信任的。但是，禁不过不断有人进言，说你们的坏话。长此以往，朕担心大家君臣一场，不能善终。"

石守信等人头皮发麻了，纷纷谢罪："臣等愚不可及，没有想到这一层，只希望陛下可怜我们，给我们指一条活路。"

赵匡胤趁势提出自己的方案："人生如白驹过隙，不如多积金银、购买田宅留给子孙，自己再歌舞升平，颐养天年。君臣之间无所猜嫌，不是圆满的结局吗？如今，大家不如各自挑选一个好地方，出守外藩，不轻易更替。辖区的赋租收入，足以保证大家优游卒岁，不亦乐乎？朕后宫子女，与大家互结婚约，以示君臣无间。如此，君臣相得，可以传为佳话。"（王曾《王文正公笔录》）

客观而言，赵匡胤的提议照顾到各方利益，不愧为务实选择。石守信等人拜谢道："陛下念及此，考虑到臣等生死，念及肉骨之情。"第二天，石守信、王审琦等人纷纷称病，请求辞去军职，这些人分别是侍卫都指挥使石守信、殿前都指挥使王审琦、殿前副点检高怀德、侍卫都虞使张令铎、侍卫步军都指挥使罗彦瑰、殿前都虞候赵光义。他们恰好是剩余的中央禁军核心将领。

赵匡胤顺水推舟，将石守信改任天平军节度使，保留侍卫马步军都指挥使，但去地方任职，不掌握实权；王审琦出任忠正军节度使；高怀德出任归德军节度使；张令铎出任镇宁军节度使；罗彦瑰出任彰德军节度使；韩重赟改任殿前都指挥使，领义成军节度使，继续留在禁军当中，但孤掌难鸣；赵光义改任开封府尹。殿前副都点检这个殿前军的"第二把交椅"不再授予他人，侍卫马步军都虞候一职在赵匡胤时期也一直空缺。相隔不远，赵匡胤又在皇宫后苑设宴，招待王彦超等次一级的实权将领，重施旧法，罢免兵权。至此，北宋开国的元勋大将都遭到了清洗，史称"杯酒释兵权"。

后人高度评价此举，“从容杯酒之间……宿卫、藩镇之痼疾，一朝而解矣”，“三代之后，惟本朝祖宗所立家法最善”。赵匡胤在屠戮功臣和劝诫警示之外，创造了解除开国元勋实权的第三条道路。赵匡胤化解了难题，取得了一系列的积极效果。虽然有人质疑“杯酒释兵权”是虚构情节，但多数学者相信是真实存在的。当日的详细情形，已经说不清楚了。但是之前的历史背景、政治考量和赵匡胤、赵普君臣的讨论，都是真实的。“杯酒释兵权”的积极成果，更是实实在在的。

禁军诸将解除军权后，赵匡胤将寡居的妹妹、燕国长公主嫁给了高怀德，又将女儿延庆公主、昭庆公主分别嫁给石守信之子、王审琦之子。他当时只有一个妹妹三个女儿。张令铎的女儿嫁给了赵匡胤三弟赵光美为妻。赋闲的将帅也逐渐进入新的角色，淡然处之，比如，王审琦在地方执政多年，做出了不少政绩；石守信放下屠刀，信奉佛教；高怀德雅好声乐，陶醉于射猎，三五天就外出露营一次。当然了，这些武将也有贪财好货、强征暴敛的行为，比如，石守信专务聚敛，积财巨万。赵匡胤也不加处罚。从这个角度而言，“杯酒释兵权”类似于“赎买政策”。这些解职的将帅各有各的后半生，但共同的特点都是远离权力斗争的旋涡。

在后来的统一战争中，诸将也接受赵匡胤的征调，重披战袍。王审琦曾统领禁军，随征太原；慕容延钊参加了统一湖南、荆南的战争；罗彦瑰则与李继勋统领军队，参加了宋朝与契丹、北汉的战争。“杯酒释兵权”的结果，也不完全是“鸟尽弓藏”。

赵匡胤“杯酒释兵权”，对北宋乃至之后的千百年历史产生了重大的影响。

首先是赵普改变武夫当国格局的目的实现了。

开国元勋将帅们退出权力核心之后，并没有同一量级的人物填补空白，赵匡胤也不允许新的骄兵悍将出现。所以，文臣士大夫迅速崛起，掌握了实权。赵普很快就出任了枢密使，以一介书生掌握了军权，此后又“独相十年”，总揽军国大权。赵普确立了宋朝文臣执政的传统，大力压制武将势力。宋朝武官完全无法与文臣士大夫相抗衡。“杯酒释兵权”可算是中国历史“文盛武衰”的转机，是文武两势变易的枢纽。

赵匡胤确立宋朝“重文抑武”的政治原则。宋朝完善、强化了隋唐科举取士制度，增加进士录取人数，吸纳大批寒门学子入仕参政，壮大了文官士大夫的队伍。宋朝给予士大夫崇高的地位、优厚的待遇和宽松自由的氛围，赵匡胤将“不杀士大夫”确立为祖宗家法，史称“宋朝与士大夫共治天下”。对于武将军官，宋朝不仅刻意压制，搁置在文官之下，而且设置了诸多牵制。北宋初年，赳赳武夫经常出入枢密院，请托成风。“杯酒释兵权”后，枢密使在衙门接见宾客、收受武人词讼，必须有 4 名亲事官侍立，并且放置大铁方尺在领事案上，随时纠察武人的不法行为。

宋朝重文抑武塑造了中国社会文强武弱的观念。之后的千百年，军官士兵越来越遭到文人士大夫的压制，甚至社会上流传了“好男不当兵，好铁不打钉”的俗语。

其次是推动宋朝建立了复杂的权力制衡机制。

事后，赵匡胤从殿前军中挑选亲手栽培的中下级军官替换石守信等开国元勋。这些新提拔的将领，是赵匡胤嫡系中的嫡系，从小卒到统帅都是赵匡胤栽培的，无论资历还是功绩，都可与前任相提并论。这些年轻一辈掌权后，战战兢兢，兢兢业业。即便如此，赵匡胤也不让他们常任，很快又从自己的亲兵中破格提拔新一批中下级军官代替他们。将领的频繁调动，成了宋朝的一大特色，就是不让军官常任。在职权设置上，赵匡胤将军政和军令分离。枢密使没有统军指挥之权，统兵将帅又没有征发调遣之权，目的就是造成“兵不知将，将不识兵”的局面。再进一步，宋朝强干弱枝、守内虚外，将精干士兵集中在禁军，可以削弱地方厢军。遇到战事，朝廷临时指派将帅，率领禁兵出战。如此一来，宋朝的军事体制重重叠叠，冗杂繁复，相互牵制，再也形成不了晚唐五代时期的骄兵悍将了。

烦冗牵制，是宋朝政治制度的整体特色。宋朝制度最大的特点就两个字：复杂！北宋设“二府三司”，分宰相之权，掌管行政事务的中书门下与掌管军事的枢密院共同行使最高行政权，二者相互制衡；又设盐铁、户部、度支等“三司”，最高长官“三司使”掌管国家财政大权，切割了宰相的财政权。“二府三司”的长官由皇帝钦点，直接对皇帝负责；正职、副职众多，相互制约，确保中央集权，不会产生权臣。权力制衡，是中国政治制度史的一大特色。

“杯酒释兵权”的影响还有很多，它是中国政治制度史的关键性事件。赵匡胤的政治智慧和高超实践，给宋朝政治涂抹上了文明理性的色彩。这或许是此事最深刻的意义。文官主张、权力制衡、行政和缓等，引导了宋朝相对宽松自由的社会氛围。宋朝“未尝轻杀臣下”“不以文字罪人”“不杀士大夫及上书言事人”，都是值得肯定的政治传统。政治的成功，又促进了经济、文化和社会的全面繁荣。宋朝登上了中国传统社会繁华的巅峰。

太史简与董狐笔：中国古代史官制度

中华民族是重视历史的民族。中华文明不仅是连绵不绝、没有断裂的文明，而且是有据可查的历史。我国历史从公元前 841 年商朝开始便有了持续不断的记载，之后差不多每年的史实都有文字可查。这在世界范围内都是绝无仅有的。这要感谢中国沿袭千年的史官记事制度。我们要通过一件北宋初年的故事来讲述史官记事制度。

一天，宋太祖赵匡胤正在皇宫后苑弹鸟，接到禀报说侍御史张霭有紧要军国大事，要求立即入奏。赵匡胤就传旨，召张霭来后苑奏事。

没想到，张霭啰唆了好长一会儿，赵匡胤听着都是些寻常琐事。赵匡胤大怒，训斥张霭说："这些鸡毛蒜皮的事情，在你看来就是军国大事?"张霭不慌不忙地回答："和弹鸟相比，臣所奏的自然是军国大事。"

赵匡胤是武将出身，脾气比较暴躁，听张霭这么说，暴跳如雷，夺过侍卫的斧柄，就砸向张霭。张霭连忙躲闪。斧柄撞到张霭的嘴角，砸掉了两颗牙齿。张霭躲过一劫，依然不慌不忙，低头捡起自己的两颗牙齿。赵匡胤痛骂他："你捡起牙齿当证物，难道还要控诉朕吗?"张霭回答："臣不能控诉陛下，自然有史官会把这些记录下来。"这一句话，把宋太祖赵匡胤从暴怒中拉回到正常状态。赵匡胤改变态度，对张霭好言相抚，并赏赐了许多财物。(司马光《涑水纪闻》)

张霭是福建崇安（今武夷山市）人，最初在后周担任蕲州刺史，进入宋朝后担任侍御史。经过与赵匡胤的这一番争执后，张霭非但没有获罪，仕途反而继续向上发展。宋太宗时期，张霭官拜御史中丞，圣眷优渥，经常参与朝廷要务。

为什么张霭一提到史官会记录下来，赵匡胤就有所忌惮？史官为什么会有这么大的力量？这就需要从中国史官记事制度的来龙去脉中去寻找答案了。

史官的起源，与巫师有关。在人类社会的早期，巫师是传承文字和文化，宣推意识形态的主要力量。人类社会的早期统治权力，就建立在军事统帅和巫师首领的合作之上。巫师是早期统治合法性的重要支柱。国家政权建立之后，史官很大程度上继承了巫师的角色，似乎也继承了支撑合法性的职能。

有人认为，甲骨文就是最早的史官作品。至少在商代，中国就出现了史官和官方记事制度。甲骨文中的册、史、尹等极可能就是史官的名称。到了西周，出现了名目繁多的史官职衔，职业史官人数众多，周天子有史官，诸侯也设置了史官。除了记载军国大事外，史官记录的对象主要是君王。《礼记》有“史载笔，大事书之于策，小事简牍而已”的说法，“动则左史书之，言则右史书之”，左史记载君王的行为，右史记录君王的言论。先秦史官的地位是很高的，延续巫师的身份。秦汉以后，史官的地位有所下降，纳入朝廷百官的任免升迁之中，但史官的工作依然享有相当大的特权，保持着相当大的独立。史官很重要的一项日常工作是记录帝王日常言行的“起居注”。为了完成工作，史官可以随侍皇帝左右。为了保持独立公正，尽可能减少干涉，惯例连皇帝都不能观看自己当政的记录，称为“人主不得躬自观史”。这项传统暗含着对君权的约束，帝王不得为非作歹，因为有史官的如椽巨笔在。开头张霭所依赖的，正是史官的这项特权。

史官更大的优良传统是“秉笔直书”。秉笔直书是史官的“职业道德”和赖以存在的根基。西汉太史公司马迁冒颜犯上，直书李陵沦陷匈奴的历史，事后遭遇了宫刑。后世史官将司马迁当作千古楷模。文天祥《正气歌》称颂的“在齐太史简，在晋董狐笔”，则是详细解释秉笔直书内涵的著名事例。

《左传》记载，齐国大夫崔杼弑杀齐庄公，齐太史秉笔直书：“崔杼弑其君。”崔杼大怒，杀了齐太史。春秋时期直到两汉，史官都是家族世袭的职业，父子相继或者兄终弟及。比如，著名史学家司马迁，就是家族世袭的西汉太史令。齐太史遇害后，二弟继任太史，继续直书“崔杼弑其君”。崔杼又杀了他。齐太史三弟续写的时候继续直书“崔杼弑其君”，再次惨遭杀害。齐太史四弟前来接着续写，继续写上“崔杼弑其君”五个字。崔杼无可奈何，只好就此罢休。全天下乃至之后的千秋万代都知道崔杼杀害了齐庄公。齐太史四弟记录完史书后，告辞回家，途中遇到了南史氏。南史氏抱着刀笔和竹简，匆匆赶来，预备着齐太史兄弟四人全都惨遭杀害后，继续秉笔直书。看到齐太史四弟安全归来，这才安心返回。齐国太史兄弟视死如归，前仆后继，尊重事实的事迹，在当时就传诵一时，在中国历史上留下了“太史简”的典故。

春秋时期晋灵公昏庸残暴，晋国正卿赵盾正直从政，经常劝谏晋灵公。君臣二人上演了“闹朝击犬”的闹剧。赵盾躲过暗杀后，紧急外逃。就在他尚未逃出国境的时候，赵盾族人赵穿起兵杀了晋灵公。赵盾折回朝廷，继续担任正卿执政。事后，晋国太史董狐在史书上写道：“赵盾弑其君”，而且展示给朝臣们看。赵盾对董狐声明：“我并未弑君。”董狐回答：“国君遇害时，他虽然不在京城，却在国内；弑君的是你的族人；作为正卿，你回来后又没有法办弑君之人。所有证据都指向你是弑君凶手。你说自己不是凶手，谁信呢?”赵盾听后，无奈地叹了口气，不再要求董狐更改自己弑君的记录。孔子称董狐为“良史”，同时尊重不干涉史官秉笔直书的赵盾为“良大夫”。这就是“董狐笔”的典故。

如果说太史简树立的是秉笔直书的榜样，那么董狐笔树立了正直客观的史官榜样的同时，也塑造了如何对待秉笔直书史臣的正确姿态。

正是史官秉笔直书和掌权者不得观史这两项特权，使得历朝历代的帝王、权臣多少都对其有所顾忌。比如，南北朝时东魏权臣高欢就对史官魏收说：“我后世功名在卿手，勿谓我不知。”他们要么勤勤恳恳，要么沽名钓誉，真真假假，至少都表明他们对历史有所敬畏，对百年之后的评价有所在意。心中有底线，说话办事大致不至于出格。

发展到唐宋时期，史官制度走向成熟。唐朝设置了起居郎，隶属于门下省，负责记录帝王与大臣的议政情况；皇宫中专门设置史馆，用来修史，为此征调有史才的文官来参修国史，委派有名望的宰相级重臣监修国史。史官名声好，前途看涨，“修国史”成了许多大臣骄傲的履历。唐高宗时期的中书令薛元超，位极人臣，还自述人生有“三大憾”，一是当官没有进士出身；二是婚姻没有娶士族名门女子；三是生平没能参与编修国史。宋朝依然高度重视修史，建立起了起居院、日历所、实录院、国史院、玉牒所、会要所等庞大的编史机构，分别修纂起居注、时政记、日历、实录、会要、国史等。

上自朝廷圣旨制令，下到朝堂上的纷争议论，史官都需要忠实记录，而且被记录者不能更改。这项权力是无形的，却是根本性的，把守着治国理政的底线和做人处世的红线。唐朝前期的侍中韦安石翻阅国史稿，感叹道：

> 董狐何以加！世人不知史官权重宰相，宰相但能制生人，史官兼制生死，古之圣君贤臣所以畏惧者也。

可见，史官臧否善恶、记录真相的权力，连宰相都“羡慕嫉妒恨”。韦安石说的史官“制生死”的权力，有点夸张了，但大小臣工对他们的畏惧之心想必是存在的。

独立性是史官权力的基础，也是他们的生命力所在。问题来了，随着皇权专制程度的加强，尤其是到唐宋时期达到了新的高度，独立存在的史官权力，就和追求专制的皇帝存在冲突。日益集权的皇帝自然不希望卧榻之侧有一群人时刻盯着自己的一言一行，按照道德、法律各种标准来衡量评判。这已经不是记录历史，而是制约皇权了。如果遇到有历史问题、合法性欠缺的皇帝，更是不希望黑历史被记录下来。所以，唐朝时期皇权和史官的关系进入了一个调整期。

唐太宗李世民就是有黑历史，对国史特别有“阅读兴趣”的皇帝。有关唐太宗李世民“关心”国史编辑的记载，也是历朝历代皇帝中最多的。我们仔细分析这些历史记载，可以看出史官的坚持，以及皇权干涉下史官记事制度的新角色。

早在贞观初年，唐太宗就表现出了对国史工作的特殊兴趣。他对监修国史的宰相房玄龄说："《汉史》载录了扬雄的《甘泉》《羽猎》、司马相如的《子虚》《上林》、班固的《两都》等文赋，文体浮华，无益劝诫，怎么能记入史册呢？相反，有上书论事，词理切直，有助于治国理政的，不管朕从与不从，都需要详细记载。"这是李世民对国史编辑工作的具体指示，要求去除浮华，记录务实的内容。到了贞观十一年（637），著作佐郎邓隆奏请编辑出版唐太宗文章。李世民认为："我的文章政令，如果有益于百姓，史书肯定都会记载，传为不朽；如果乱政害物，即便写得富有文采，肯定会贻笑后世，就没有必要编辑出版了。前代的梁武帝父子及陈后主、隋炀帝，都有文集出版发行，但他们为非作歹，最终国破家亡。凡人主惟在德行，何必要事文章耶？"因为李世民明确反对，唐朝没有编辑出版唐太宗文集。

这两条记录，还都是正常的皇帝对史官记事工作的正常指示。李世民心中一直有一条隐痛，那就是"玄武门之变"。"玄武门之变"中，李世民弑兄杀弟，威逼父皇禅位，过错方显然是李世民。如何记录这场政变，关系到李世民的皇位合法性，关系到唐朝朝政的安定团结。随着时间的推移，好奇、焦虑等情绪驱使李世民打破了"人主不得躬自观史"的传统，开始在贞观年间中期多次过问自己的历史。

贞观十三年（639），李世民问起掌管起居注的谏议大夫褚遂良："卿负责起居注，都记录了什么内容？帝王能够查看自己的起居注吗？朕想查看自己的史稿，可以知道执政的得失，警诫自己。"对于李世民查看起居注的要求，褚遂良很为难，但还是坚定严肃地回答道："今天的起居注，犹如古代的左右史，善恶都要忠实记载，以此希望人主不为非法。臣从来没有听说过帝王查看自己的记录的。"李世民进一步问："朕有不善，卿必记耶？"褚遂良说："臣闻守道不如守官，臣职当载笔，何不书之？"道就是正确的理想信念和政治规矩，朝廷设官立职就是贯彻正确的道，大臣们恪尽职守就是守道守法。秉笔直书是史官的职责，褚遂良自然要遵守。黄门侍郎刘洎在一旁支持褚遂良："人君有过失，如日月之蚀，人人都能见到。即便褚遂良不记下来，天下人也都记着呢。"在大臣的明确反对之下，李世民查看自己起居注的要求没有实现。不过，这只是第一次。

贞观十四年（640），李世民对宰相房玄龄说："朕每观前代史书，彰善瘅恶[①]，足为将来规诫。不知自古以来，为什么不让帝王阅读当代史？"李世民的话充满矛盾，史官记事的目的确实是彰善瘅恶，规诫将来。他对史官记事制度的目的，有着清晰理智的认识。既然如此，怎么能让皇帝干涉关于自己的记载呢？房玄龄回答说："国史善恶必书，是希望人主不做非法的事。史官们应该是害怕有忤旨的文字，所以不让皇上翻阅当代史。"李世民说："朕和古人不同。朕现在想看国史，如果看到善事，自然不用说，如果看到坏事，我也希望引为鉴戒，自己修正，做得更好。你们可以把朕的史稿呈上来。"

这一次，房玄龄等人没有抵挡住，按照编年顺序，删改编辑了唐初的历史，分为唐高祖李渊、唐太宗李世民实录各二十卷，呈送御览。

其实，李世民最想看的是"玄武门之变"的记载。这是个非常棘手的问题，史官们呈送御览的实录"语多微文"，也就是含糊不清，既缺乏一个明确的观点，对史料也缺乏整合。李世民看后对房玄龄下达了明确的撰写思路："昔周公诛管、蔡而周室安，季友鸩叔牙而鲁国宁。"周公诛杀管叔、蔡叔安定了西周王朝的局势，季友杀害叔牙稳定了鲁国的局势，都是历史上同室操戈骨肉相残，结果客观上稳定了国家、推动了进步的著名事件。李世民引用这两件事，就给自己弑兄杀弟确定了性质，那都是客观上推动历史进步的正面事件。按照李世民的话说，就是："朕之所为，义同此类，盖所以安社稷，利万民耳。"在这个指导原则下，"史官执笔，何烦有隐？宜即改削浮词，直书其事。"确实，按照这个思路组织史料，怎么删改都是有利于李世民的。后来有关"玄武门之变"的记载，正是按照这个原则组织编辑、公开发行的。

---

① 彰善瘅（dàn）恶：表彰美善，指斥丑恶。

李世民干涉“玄武门之变”的历史，对史官记事制度产生了转折性影响。史官记事的独立性经过这次事件，遭遇了极大的打击。之后的史官再没有恢复唐朝之前的特权，显赫的地位日益丧失，最终于明清时期泯然于千万官僚群体之中，归于一员平凡的文官。史官机构也混同于一个普通的官僚机构。

明清时期，官史记事机构主要有两类，第一类是历代帝王都有起居注。起居注官员在任何公开活动时都随侍皇帝左右，朝会期间起居注官员站立在龙椅之侧，是距离皇帝最近的官员。起居注是皇帝言行的第一手资料，是编撰其他史书的基本材料。清朝以前的起居注大都已经散佚，唯一保存比较完整的是明神宗的《万历起居注》。第二类是撰修实录。上一代皇帝死后，新皇帝就开始纂修先帝的实录，临时抽调文官组成编写队伍、设置专门的实录馆，作为临时特设机构，事毕解散。紫禁城太和门广场两侧厢房至今还保留着起居馆办公房。清朝还设置有方略馆，专门编写出版君国大事的前因后果和经验教训，也算是史官记事传统的延续。紫禁城武英殿之后就有方略馆的办公院落。史官不再是专职，主要是由翰林院系统的文苑词臣兼任。兼职史臣虽然也是翰林的美差，但不再具有唐朝之前的崇高声望和良好仕途了。这只是一桩差使而已。官方机构越来越多，史官们独立性越来越小，胆子越来越小，史书的可读性也越来越低。我们看历朝官修史书，唐朝以前文采和史识都有可圈可点之处，宋朝以后的官修史书越来越限于流水账。

世界各国都有史官制度，但是只有中国古代的史官制度，历经数千年沧桑巨变延续传承下来。汗牛充栋、卷帙浩繁的二十四史和其他众多史书，完整地记录了中国历史文化。这要感谢史官记事制度。

官有告身：中国古代的委任状

现在我们要讲中国古代的官员上任凭证制度，我们要从北宋初年的一桩假冒官员案件说起。

宋太宗初年，有一个官宦人家的不肖子，叫作李飞雄。李飞雄是太保李鏻的孙子、秦州节度判官李若愚的儿子。可惜，李飞雄并没有利用优越的家族环境好好学习，做一个有为青年，反而性情凶险，结交一帮无赖恶少，整天纵酒赌博，不为家里人所容。李飞雄只好出去四处游荡。

李飞雄受家庭环境的熏陶，熟悉官员的言行做派。尤其是他父亲任职的缘故，李飞雄清楚知道秦州的仓库积蓄、地形险易、兵籍多少等。李飞雄的岳父担任凤翔盩厔县尉，他去探望的时候偷了岳父的官马，开始假冒朝堂使者，招摇撞骗。

一天夜里，李飞雄乘马来到西北的一处驿站，凭着自己的官场做派和马缨，就骗过了驿卒。驿站不仅给李飞雄提供了马匹和向导，李飞雄还以巡边为名，让巡驿殿直姚承遂随从。之后，李飞雄到陇州又带上了监军供奉官王守定，到吴山县又带上了县尉卢赞，一路骗过这些官员，而且还让他们一路随从，从一个人壮大为浩浩荡荡的一支队伍。李飞雄在一群真实官员的簇拥之下，野心开始膨胀，竟然萌发了割据秦州称王称霸的计划。

秦州地处西北边陲，为了防范羌人，朝廷派遣周承瑨、田仁朗、王侁、梁崇赞、韦韬、马知节及刘文裕等诸多文武官员领兵驻屯清水县（今甘肃天水），将之建设成为兵马重镇。李飞雄趾高气扬地来到清水县。镇守官员看到这么一支浩浩荡荡的队伍，其中还有认识的官员，也就没有怀疑。李飞雄一进城，就假传圣旨，将所有镇守官员都捆绑了起来。

巡检使田仁朗被捕后哭着要求李飞雄出示诏书。李飞雄训斥道：“我接受的是密旨，如果你们抗旨不遵，可以诛杀你们。你们难道没有听说过封州杀李鹤的故事吗？诏书岂是你们能看的！”宋太宗继位后，曾经派出亲信作为钦差四处办事，其中一位钦差就上报诛杀了封州官员李鹤。李飞雄举的这个例子，是他从家人那里听来的，如今作为例子反而镇住了田仁朗。就在李飞雄的计划即将成功的时候，一旁的刘文裕记起李飞雄初来时扬言自己是宋太宗潜邸的旧人，也就是宋太宗登基前的身边人。刘文裕就哀求李飞雄：“我也是皇上登基前的旧人，使者救救我！”李飞雄没想到这里有一个和自己宣称的履历重叠的人，乱了阵脚，拉过刘文裕低声说道：“你能与我同富贵吗？”这一句话出卖了李飞雄。如果他真的是朝廷使者，谈什么“同富贵”呢？刘文裕觉得其中有诈，假装答应。李飞雄就下令解开了刘文裕。刘文裕自由后，又联络了田仁朗。田仁朗假装坠马，等李飞雄上前探视时，一举擒拿。

李飞雄还贼喊捉贼：“田仁郎等谋反杀使者。”结果，送到秦州一审讯，就真相大白了。案情报到宋太宗案头，自然是龙颜大怒。主犯李飞雄和姚承遂、王守定、卢赞等轻信官员，一律腰斩。这么多的官员，竟然没有一个人想到见面时要查验李飞雄的身份真假！宋太宗对一个纨绔子弟竟然能骗过重重关卡，众多官员都没有查验凭证，气急败坏，下令诛灭李飞雄三族，将李飞雄的那群狐朋狗友全部斩首。

这是《宋史·刘文裕传》中记载的一起假冒官员案。历朝历代几乎都有假冒官员案件。其中最著名的，或许是《西游记》里面唐僧父亲的悲剧。贞观初年状元陈光蕊携带妻子赴任江州刺史，途中为强盗刘洪所害。刘洪假冒陈光蕊的身份，前往江州上任。多年后真相大白，陈光蕊沉冤得雪。那么，古代歹徒假冒官员就真的很容易吗？官员上任有什么凭证呢？人们如何识破假官呢？这就需要了解唐宋时期的告身制度了。

“告身”从字面意思来看，“告”为告知，“身”指被告知者本身；从内容来看，告身是官员的任职文书，是唐宋时期朝廷颁发给官员的职务证明。“告身”一词最早出现在史料中，是在《北齐书·傅伏传》中。北周攻克并州，派人劝降傅伏，当时承诺：“授上大将军，武乡郡开国公，即给告身。”这里的告身是“上大将军，武乡郡开国公”的官职凭证。

告身制度也是在唐宋时期达到了发展的顶峰。在唐代，文官、散官、勋官告身由吏部颁发，武官则由兵部授予。吏部和兵部设有专门书写告身的“写官告官”，告身由上等大麻纸书写，盖有“尚书吏部告身之印”或“尚书兵部告身之印”的印章。唐代告身开头写明了：某年某月，某官员担任某职务，此外还有各个流程的经手官员签名。《通典》记载唐代官员告身出具流程是，先经仆射批准，再由门下省草拟、给侍中审读，然后经黄门侍郎、侍中的审核。如果整套流程都通过了，最后呈报皇帝批准颁发。因此，现存的唐代告身上都留有大大小小一连串的官员名字。

上自王公贵戚，低至九品小官，都遵照同样的流程和格式。官员除非严重违法乱纪，遭到“收回告身”的处罚，否则告身由其终身保存，传给子孙后代。同时，官员官衔出现变动，朝廷会额外颁给告身，所以官员常常保存有多份告身，连接起来就是完整的仕途履历。需要指出的是，告身制作精良，成本较高，官员是需要付费购买的。

到了宋朝，朝廷设置了专责部门“官告院”，有令史十多人分别负责文武百官、王公命妇和封赠加勋等告身的办理。告身的书写、用印、装裱、给付都由官告院负责。告身档案一式数份，官员自身保存一份，朝廷相关部门各存一份，最后统一存于档案库。

唐宋官员上任时，以告身作为任职证明，以鱼袋或符牌作为身份证明，携带家眷和随从，浩浩荡荡地行走在官道上，接受遍布各地驿站的招待。相比鱼袋或符牌，告身的信息更详细。唐朝告身没有官员的体貌特征描述，宋朝在告身中加入了官员的基本情况，信息更加具体。在实践当中，官民把告身当作主要的凭证。当然，其他因素也综合决定着官员的真假。所以，像开头说的李飞雄假冒使者，和强盗刘洪杀害陈光蕊冒充上任的情况，发生的概率非常低。

假冒官员成功必须满足以下四个条件：第一，造假者必须熟悉行政事务，熟悉官员言谈举止和公文流传，比如，李飞雄这样的官宦子弟。寻常盗贼没有行政基础，即便上任也不像官员。第二，造假者要瞒过上司同僚，经得起朝廷的监察和督导，经得起各种档案文书的核验。虽然告身的文字比较含糊，并没有官员具体信息，但各种人际关系和朝廷的原始档案，都指向特定的那个人，这是假冒不了的。第三，如果像刘洪那般将真实的官员取而代之，还需要搞定真实官员的所有社会关系。刘洪之所以能够霸占江州刺史一职，很大的一个便利条件是陈光蕊一家只有夫妇两人。刘洪杀害陈光蕊后，又胁迫了其妻子，逼她不要声张。而刘洪最终败露，也是陈光蕊的遗腹子，也就是唐僧奔走的结果。第四，随着交通日益发达，信息流通加快，造假者遮盖真相的难度越来越高。综合以上分析，在古代要想冒充官员，可以得逞一时，但绝不会长久。所有的假冒官员，注定只能是短期行为。

短期冒充官员，主要障碍就是告身了。只要告身能以假乱真，就没有正当理由否认告身持有人的官员身份。冒充者就可以享受官员待遇。伪造告身的行为，在唐宋并不少见，以至于唐宋律法中都有专门的条款。在唐朝，不论是虚假授予他人官职还是接受非法告身，都是违法行为，流放两千里；伪造官员档案、文书，判处三年徒刑；伪造告身，处罚更重，按律当绞。《宋刑统》基本继承了这些条款。可见，五六百年来始终有人冒充官员，甚至伪造告身。

普通百姓伪造告身的难度，超乎寻常。唐宋时期告身乱象，主要是官府自己造成的。一方面是朝代末期，官爵冗杂，授官越来越滥，甚至出现了空白告身，方便前方将帅随时填写人名，奖励有功之人。另一方面是人事官员的执法犯法。唐朝大和二年（828），吏部南曹令史李賨（cóng）等6人，与铨司厅典官温亮等人勾结，给人伪造告身、符牌等，将全套官员档案销售给他人，导致有65名假官成功赴任。李賨等人收受赃款16730贯。唐朝吏部、兵部都设有南曹，掌管官员人事档案。铨司是吏部下属负责选授官职的部门。此案的涉案官员官职低微，这是一起典型的“小官巨贪”。他们利用保管、下发告身的职权，伪造告身牟利。由于社会上存在假冒告身，也有人盗窃告身，官员们都非常重视告身的保管。《夷坚志》有个“林县尉”的故事。南宋绍兴初年，江西某地县尉林迪功任职期满，因为捕盗有功改任京官，入住临安城的客栈。当时，“士大夫寓邸中者，每出必挟敕告之属自随”，官员们都不敢把告身留在客栈里。林迪功尤其谨慎小心，将告身随身藏在袖中，动不动就拿出来查看。毕竟官职来之不易，升迁更是难上加难，林迪功不得不小心行事。

大多数人伪造告身，倒不是为了自己升官发财，而是贪图官员身份给家族带来的隐形收益。唐宋时期，官员及其家属可以免除徭役、免于纳税，享有司法特权，轻易不受刑讯，而且享有减刑、免刑的特权。另外，一定级别以上的官员可以“荫及子孙”，给家族后代提供仕途便利。而证明官宦人家的关键证据，就是祖先的告身了。宋朝官员的待遇最好，伪造家族告身的案件也最多。两者是正相关的。比如，南宋百姓李克义带人毁坏了自己祖墓的松柏。审讯时，李克义拿出一份告身，声称自己是李少卿的后代。按律，他应杖责一百，司法官念其为名家之后，仅判为罚赎。而与他一同砍伐松柏的其他二人虽然是从犯，却杖责二十。事后调查发现，李克义是李少卿的远亲，并非直系亲属。李克义出具的李少卿告身并非真本，而是抄本，经与李少卿告身存档及墓志核对，纰漏百出。官府判定李克义“坐实顶冒之罪”。这是典型的官员同族后代伪造告身抄件，冒认先祖，以求司法豁免的案件。李克义最终因为数典忘祖，违背人伦纲常，从重处罚，刺字发配。

南宋时期的恶霸杨子高，鱼肉乡里，飞扬跋扈，遭到官府逮捕后伪造告身，企图逃脱罪罚。结果调查发现告身“皆是揩洗书填，难掩踪迹”，其伪造告身依照“诈为制书及增减”条例，判处绞刑。

这些案子能够审讯清楚，要么是有原始档案可以进行核对，要么是有相关亲属可以证伪。可是，有很多告身的原始档案已经遗失，或者官员将历任官职的告身转赠、分与他人，人为造成了有关告身真伪的案子难以理清。最著名的，或许就是著名宰相狄仁杰的后代狄国宾，将先祖的其中某一份告身分于同姓的狄棐。现任官员数以万计，加上散落民间的前任告身更是数不胜数，古代的地方官府既没有发达的通信联络技术，又没有现代信息核查技术，根本没有办法核实真伪。宋朝地方经常出现手持前代告身的百姓，给自己争取官户口资格，要求免除徭役和继承限田。地方官没有办法辨别每份告身的真伪，即便告身本身是真的，也可能是宗族亲戚之间相互假借，企图冒充官户享受特权。南宋《庆元条法事类》规定了将先祖告身出售给他人和出售后诈称告身毁失申请补办的处罚内容，以及检举揭发这些犯罪的奖励。可见，当时民间存在许多利用告身谋取私利的行为。

我们可以说告身是宋朝社会生活的关键词之一。人们在意告身、伪造告身、利用告身，根源就在于告身象征官员身份。而官员身份附带着诸多的政治、经济和司法特权。告身是这些实实在在特权利益的载体。宋朝是官员待遇最优厚的时期，自然就是涉及告身案件频发的时期。

元朝之后，官员的地位和特权内容逐步下降，优厚的物质享受降低为微薄的收入，荫子、官当等官员特权名存实亡。官员后代也不再享有种种优待。伪造告身的收益几乎荡然无存，类似案件很快销声匿迹了。告身在明朝为诰敕所取代。明初废中书省，改为中书科，保留中书舍人官职，专掌诰敕之事。制作诰敕的机构为内阁下属的诰敕房，地点在紫禁城太和门广场东协和门两侧的廊房。诰命和敕命经吏部或兵部题请后，由翰林院撰拟，经内阁大学士奏定后，由内阁诰敕房填写颁发。

明清官员上任，已经不需要鱼袋、符牌或者告身了。多种因素决定官员不用担心上任途中出现差池。首先，遍布全国的驿站系统，提供全程物质保障和人力护送，保证了官员赴任安全，不用像陈光蕊那样雇佣刘洪护送。其次，官员上任需要组织庞大的幕僚、长随队伍，以便承担日益加重的职责。庞大的队伍已经超过了反对团伙的组织能力之外。再次，地方官赴任往往要由上而下，前往省城拜会封疆大吏再行到任。封疆大吏通常会留下差遣，不会马上允许实任。这就增加了任职的不确定性，也增加了官员与上司、同僚的交往，减少了假冒的可能。最后，更重要的转变是，社会持续进步，尤其是交通联络的密切、行政网络日益发达，使得假冒官员难上加难。神州大地几乎再难找到人迹罕至的地方，像贞观元年刘洪杀害陈光蕊冒名顶替的情况，已经不可能出现了。如果要想冒充官员，必须具备超越李飞雄的“素养”和运气。夸张点说，清朝的一名知县，即便没有任何文书凭证，也可以凭借其他因素顺利到任。

明清的诰敕不同于告身，不再是赴任履职的凭证，事实上，它通常是在官员任职一定期限后再由朝廷颁发。诰敕更像是朝廷对官员辛劳勤政的认可，对官员价值和荣誉的认可。明清官员申请诰敕，往往用于给自己的祖先、妻子申请封赠奖励，这一点与唐宋时期利用告身给子孙后代谋利完全不同。

明清时期民间假冒官宦子弟的案件几乎断绝了，假冒现任官员的案件还时而有之。光绪年间，湖北道台夏宗彝在宦海沉浮十几年后才发现是一名“假官”。夏宗彝案，或许是明清最著名的假官案。真实的夏宗彝在赴任江苏知县的途中病逝，堂弟夏祖彝说服婶婶，冒充堂兄上任。假夏宗彝为官有道，从知县稳步升迁为道台。他调任湖北后，婶婶要求随任养老、侄子要求接济，夏祖彝均未帮其实现。家人一怒之下，检举揭发了这个假冒道台。

分析夏宗彝案，夏祖彝之所以能够冒充另一个身份十几年，其实是家族集体作案。如果没有整个社会关系的配合，夏祖彝是不可能假冒成功十几年的。而最终他的败露，也正是因为没有处理好家族关系。案子本身不能证明诰敕制度的失败。

夏宗彝案的结果是，夏祖彝调动所有资源和力量，争取到了从轻处罚。他返回故乡绍兴开了一个恒济当铺。夏祖彝当官的时候，与同乡翰林周福清称兄道弟，互有往来。后来周福清家道中落。周福清的孙子就是鲁迅先生。鲁迅先生年少时，经常拿着家里的首饰、衣服典当。鲁迅先生去的当铺，就是夏祖彝开的恒济当铺。

嫡庶之别：中国古代继承制度

继承制度是一项非常重要的制度。之前的“濮议之争”介绍了面临无人继承难题时的“立嗣”问题。接下来，我们要讲存在多个潜在的继承人，不同的继承人争夺继承权的问题，这里主要涉及古代的嫡庶之别。我们还是从北宋的两则小故事开始讲起。

宋太宗端拱元年（988），安崇绪控告继母冯氏。安崇绪的生母是父亲的小妾阿蒲，冯氏是父亲续娶的妻子，也就是他的继母。但是，父亲生前，已经与冯氏离异。父亲去世后，冯氏却霸占父亲的资产。《宋刑统》规定：“诸告祖父母、父母者，绞。”因此大理寺将安崇绪判为死刑。宋太宗从众多死刑案中发现了这一起，下令朝廷官员杂议。尚书右仆射李昉等官员认为安崇绪有权继承父亲的遗产。最终宋太宗采纳李昉等人的主张，裁决将田产判归安崇绪，让冯氏和安崇绪的生母阿蒲同居，由安崇绪奉养终身。（《文献通考》）安崇绪的身份是“庶子”，也就是父亲的妾室所生的儿子。他争夺遗产的对象是继母。最后，他成功获得了继承权。

包青天包拯晚年的时候，和侍妾孙氏有过一段情。孙氏怀孕了，包拯不知情，将孙氏打发回家了。包家的大儿媳崔氏知道孙氏怀有身孕，就背着公公婆婆，私底下不断送钱送物到孙家资助她。几个月后，孙氏生下一名男孩，崔氏又偷偷抱养了男孩。崔氏名义上是男孩的嫂子，实际上是养母。包拯有一位独子包绶，不幸早逝。包绶和崔氏有过一个儿子包文辅，包文辅在五岁时夭折了。所以，晚年包拯处于没有子嗣继承的困境。第二年，包拯六十大寿，崔氏将襁褓之中的孩子抱到包拯面前。包公夫妇得知来龙去脉后，喜出望外。包拯将此子取名“包綖”。包綖五岁时，父亲包拯就去世了，天子亲自来包家祭奠，看到包綖很是怜惜，当场授小孩子为将仕郎、守太常寺太祝。包綖就成了包拯的继承人。

上面这两个例子中的主角，都是家族的庶子。与庶子相对的概念是“嫡子”，也就是正妻所生的儿子。安崇绪、包綖能够以庶子身份获得继承权，是非常幸运，也是非常少见的。在古代严格嫡庶之别的大背景下，庶子在继承权中处于绝对劣势。

嫡庶之别，在婚姻阶段就决定了。古代非常重视婚姻，赋予婚姻“上以事宗庙，下以继后世”的作用。每一次婚嫁都是家族的大事。同时，中国古代严格奉行“一夫一妻”制度，一个男子同一个时期只能有一个妻子。这两点一综合，就注定了家族非常重视“正妻”的人选，一般从门当户对的家庭或者社会阶层更高、更有实力的家族中挑选大方稳重、能治家理事的合适女子。家族利益是第一位的考虑，感情反倒是其次的。两个家庭谈好婚嫁之后，男方履行严肃、隆重的流程将正妻娶回家。妾，则和正妻完全相反。为人侍妾的，原生家族低于男方家族，有些甚至是家贫卖身为妾或者出身青楼妓院。男子娶妾，不用背负家族发展的重任，更多的是从感情出发。与正妻明媒正娶不同，娶妾没有一定之规，男方往往宣布一下即可。相应地，丈夫休妻要遵守法律与规矩，但是休掉侍妾几乎没有限制，比如包拯轻易就将孙氏送回娘家了。

根子上的不同，导致了妻妾及其儿子的“嫡庶之别”。正妻一系是嫡，妾出的都是庶。妻子和丈夫地位平等，都是家庭的主人，妾的地位在主人和奴婢之间，更接近于奴婢。在男主外女主内的家庭分工中，正妻指挥着家庭的运转，拥有对小妾颐指气使甚至责打、变卖的权力。妾要像侍奉丈夫一样，对待正妻。为了突出正妻的地位，妾所生的子女通常也都归在正妻的名下，比如《红楼梦》中的探春称王夫人为娘，称生母赵氏为姨娘。如果正妻没有儿子，小妾所生的儿子要由正妻抚养。正妻是所有子女名义上的母亲，是所有庶子的“嫡母”。

嫡子的权益受法律的严格保护。嫡庶之别体现在家庭的方方面面和人生的每个阶段，我们单讲继承制度上两者的区别。

古代中国的政治继承制度从“禅让制”“兄终弟及制”发展到“父死

子继制”。西周正式确立了嫡长子继承制，“有嫡立嫡，无嫡立长”。权力的继承人首选嫡子，其中嫡长子是首选；如果没有嫡子，庶子才有继承权，庶子中的最长者优先继承。这套制度超越了政治领域，成为社会普遍认同的继承制度。嫡长子继承制脱胎于当时的宗法制度，但是比宗法制度要残酷。在宗法制度下，小宗可以裂土分封，分享宗族的权力和财富。但嫡长子继承制中的其他儿子，尤其是庶子，在父亲生前没有明确安排的情况下，继承不到父辈的权力、身份和财富。庶子的命运，全靠后天的奋斗。当然了，在实践中极少有不留给儿子一丝一毫的父亲，非嫡长子多多少少会沾染一些雨露遗泽。

西汉的董仲舒将嫡长子继承制度明确描述为：“立嫡以长不以贤，立子以贵不以长。立夫人以嫡不以妾。亲近以来远，未有不先近而致远者也。”（《春秋繁露》）西汉时期，非嫡长子的处境已经比先秦好很多了。因为随着察举征辟等选拔方式的兴起，还有商品经济的发展，非嫡长子们拥有了更多的政治上升空间和更大的博取财富的机会。社会的发展，给予了非嫡长子们越来越多的可能性。

对于庶子而言，也只是多了改变的可能而已，在各方面依然处于劣势，始终要承担各种不平等、不公正。嫡庶之别依然贯穿终生。比如，嫡系不能“绝嗣”。当嫡子没有子嗣、庶子有子嗣的时候，庶子必须将子嗣过继给嫡子，哪怕他也只有一个儿子，所谓“绝次不绝长”。比如，唐朝规定庶子为官达五品以上，就拥有了为母亲请求赐封的权利。但是这个封赐要授予嫡母，不能授予庶子的生母。唐穆宗时，少府监裴通是庶子出身，把本该给嫡母的封号安在去世的生母头上，遭到朝廷的惩处。考功员外郎建议将裴通考核的等级降等。

嫡庶之别，虽然对庶子不公，但有一定的合理性。

首先，嫡庶之别是最客观、最简单的继承标准。这种不可逾越的先天身份鸿沟，从一开始就明确了继承人，一定程度上可以消除其他儿子的觊觎之心，让他们明确定位，各安其职，防止潜在的内乱。于皇家如此，于一般的富豪之家也如此。历史上“废长立幼”“废嫡立庶”导致的同室操戈、兄弟相残的悲剧还少吗？沙丘之变、玄武门之变、夺门之变、九子夺嫡……比比皆是。战国时期，赵武灵王废嫡长子赵章的太子位，改立宠妃所生的小儿子赵何为太子。结果引发了赵章、赵何兄弟相残，赵武灵王被围困在宫殿中、断粮断水达三个月之久，活活饿死。赵国国势也从巅峰跌落。再如，隋文帝杨坚曾自豪地炫耀自己的五个同胞儿子："可谓真兄弟也，从此再无纷争，江山永固。"最终，五个亲兄弟为强烈的权势所驱使，势同水火，明争暗斗，无一善终。人性是经不起考验的，何况是金光闪闪的皇权。所以，当朱元璋面对十几个儿子要挑选太子的时候，尽管他知道嫡长子朱标生性懦弱，并不是皇帝的好人选，但为了防止骨肉相残，还是屈服于天生的规则，多次放弃了变更太子的念头。

其次，嫡庶之别也是妻妾家族势力在下一代的映射。嫡子母系家族势力原本就与父系家族不相上下，甚至强过父系家族。嫡子能够获得外祖父、舅舅、表兄弟们的支持，而庶子就没有如此外力。庶子们通常孤苦伶仃，要单枪匹马面对险恶的社会和残酷的竞争。而且，出身良好的正妻能够给予嫡子良好的教育。她们能把更高层次的社会竞争经验和规则，传授给嫡子，避免孩子走弯路。庶子们就没有这样的教育优势了。明末清初学者张履祥分析"庶出之子，不肖者十恒八九"的原因："多因嫡母阴怀嫉妒（dù），以为非其所出，教诲不先。而所生之母，出于微贱，又不知教诲之道。甚而其父，或因晚年所得，或是偏爱私宠，不求严师以教育之。非姑息以成其纵肆，则导以庸下短浅之见，以及机诈诡昧之行。迨乎渐长，习与性成，自非好学亲贤，鲜有不流于邪僻者矣。"

当然，对于一些不愿意让母系家族势力染指自家命运的家族来说，反而忌讳母家势力强大的嫡子成为继承人。比如，许多皇室都刻意防止外戚专权，故意选择一些没有强大外戚力量的皇子为太子。明朝的朱明家族，除了朱棣娶了开国元勋徐达的女儿为妻外，其他皇帝刻意娶京师周边中等以下家庭的女儿为妻。

最后，部分继承对象客观上无法分割，导致了嫡庶有别。继承对象大致有三类：宗祧、身份地位、家产。除了家产可以分割外，前两类都是无法分割的精神类遗产。尤其是主持宗庙祭祀、宗族事务的宗祧事务，不可能由多人共享，注定要集权到个别人身上。至于爵位、荣誉、世袭职务等，一旦分割就面目全非了，只能传给某一个继承人。《续资治通鉴长编》记载了宋朝的爵位继承法："公、侯、伯、子、男皆子孙承嫡者传袭。若无嫡子，及（嫡子）有罪戾，立嫡孙。无嫡孙，以次立嫡子同母弟。无母弟立庶子。无庶子立嫡孙同母弟。无母弟立庶孙。曾玄以下准此。"简言之，嫡长子优先于嫡长孙，嫡长孙优先于嫡次子，接下去是庶子、嫡次孙、庶孙。唐宋以来，中国历朝历代的权力继承、宗法继承都奉行这样的制度。

历朝历代继承制度变化最多的是有关财产部分，嫡庶之别在财产继承领域最小。宋朝以前，如果没有父亲的遗嘱，庶子是没有财产继承权的。直到宋朝，法律才规定庶子可以参与财产继承。但是，庶子在继承份额上依然比不上嫡子。中国古代对继承的态度越来越开放，到了明清时期，非婚生子也可以获得财产继承权。比如，清朝明文规定，私生子不得继承爵位、荫官，不能获得涉及宗庙祭祀等"身份"，但拥有生父的财产继承权。

这样就拓展了继承人的范围。除了嫡子、庶子之外，继承人还可以是婢生子和私生子（奸生子）两类。前两类继承人是父亲和生母有明确伴侣关系的，后两类继承人的父母则没有，他们为社会所轻视，尤其是私生子。私生子在明清以前，除非有特殊的机遇，否则没有可能获得生父的任何遗产。曹魏时期，出身贫贱的赵氏经常出入大臣王沈家，与王沈发生了一段情，回家生下了王浚。王沈没有接纳，甚至鄙视王浚这个私生子。泰始二年（266）王沈逝世，因为无子，宗族不得不立 15 岁的王浚为嗣子。王浚一举继承了父亲博陵公的爵位，又因为年龄相合被召为驸马都尉，彻底改变了命运。当然了，王浚这样的幸运儿，是非常少见的。只有在生父面临绝嗣的危机时，私生子才有继承的可能。

即便是在明清时期，私生子想参与财产继承，也不容易，必须符合两大条件。

第一，生父家族的认可。唐朝尚书张裼在晋州时和营妓生下了一个儿子。张裼去世后，这个私生子知道了身世，找到了京城的张府。张裼的几个儿子都很愕然，不知如何处理？幸运的是，张裼遗孀苏氏承认丈夫曾说起过这个私生子，还主动承担责任说，当年是因为自己妒忌才致使他们父子骨肉分离。有了遗孀的认可，张裼的其他儿子都接纳了这个兄弟。这个孩子起名为张仁龟，后来进士及第，官居侍御史。在现实中，苏氏这样的遗孀很难得，私生子要想为生父家族接纳是非常困难的。

第二，是私生子要入籍，纳入生父的户籍。宋徽宗年间，浙江宁波一名富豪与仆人的妻子通奸，生下一个儿子，并收养在自己家。富豪去世后，长子与母亲密谋，把这个私生子送回仆人家。数年后，私生子回来跟同父异母的兄长争夺财产，引发了财产争讼。县官调查富豪的户籍本，发现富豪已经将私生子登记入籍，最终判决他有权分得部分财产。只有符合这两个条件，私生子才能拥有财产继承权，且仅限于财产继承权。

上述两个条件很难同时满足，因此非婚生子引发的纷争，就成了继承纷争中最大的种类。清朝杭州人郑某与一位酒店老板娘通奸，生子后不敢领回家，养在外宅。郑某死后，因为妻妾都没有生育，族人按惯例就给他挑选侄子为嗣子。酒店女老板带着 9 岁的私生子，披麻戴孝，闯到郑某灵前痛哭。郑某的妻子、宗族都不承认这个私生子。酒店老板娘质问郑某妻子："亲生子尚在，为什么要让他人染指家产呢？"可是，郑某妻子坚持立侄子为嗣，继承财产。官司打到县衙，知县判决把郑某的家产分成两份，由私生子和立为嗣子的侄子抓阄，各拿一份。因为知县的巧妙手段，这场财产争讼才得以平息。

坦率而言，嫡庶之别的前提是一个家庭存在嫡庶，而且有多个儿子。古代娶得起妾的，都是富豪家庭，只占人口的极少数。绝大多数家庭并不存在嫡庶之别的问题（私生子的纷争，比嫡庶之别要严重）。即便是有三妻六妾的家庭，因为客观条件的限制，父亲临终前有多个儿子的情况也不多见。学者根据绅士家族《上海曹氏族谱》与平民家族《澄江范氏宗谱》中近 8000 个人口样本进行分析，得出以下结论：1. 中国传统的婚姻供求市场，由于性比例问题和经济问题，有为数不少的男子不得已独身；2. 两个家族的已婚男女平均生子数均低于2；3. 未成年人的死亡率高，仅有不到一半的男子能够活到该家族男子的普遍初婚年龄，即22岁。另一个针对明代人口的研究得出结论：明代父死子继的情况不到所有继承事件的三分之一。[①] 也就是说，绝嗣的情况占大多数。多数家庭更需要考虑的是“立嗣”问题，而非处理嫡庶的继承纷争。清代，满族人缺乏立嗣的习惯，使得雍正年间，许多地位很高的开国功臣已经无人承袭爵位了。

嫡庶之别和立嗣制度相结合，才能完整解决古代中国的继承问题。

---

① 郑小悠：《清代“独子兼祧”研究》，载于《清史研究》2014年第2期。

鞫谳分司：古代司法分权制度

现在我们来讲宋朝独特的司法审判制度——鞫谳分司。但凡是司法制度，最好的讲述方法就是从具体案件进入。我们的故事就从北宋初期的同州女奴失踪案讲起。

北宋著名大臣钱若水考中进士后，第一个官职是同州推官。地方官府的推官是长官的幕职小官，位卑权轻。时任同州知州性情狭隘、办事急躁，常常凭主观臆断做出决策。钱若水恪尽职守争辩了几次，都没有效果，只好感叹："当陪奉赎铜耳。"同州的政务果然多次遭到朝廷及上司的驳斥，同州的官员都被处以罚钱赎罪。知州感到很惭愧，但遇到事情的时候又故态复萌，如此反复多次。

同州一户富民家的小女奴不见了，活不见人死不见尸。女奴的父母就到州衙告状，知州命令录事参军审理此案。录事参军曾经向这户富民借贷，结果遭到拒绝，怀恨在心，就判定是富民父子一起杀了女奴，将尸体抛弃到河流中冲走。虽然没有找到尸体，但无论主谋，还是从犯，都是死罪。富民一家人在录事参军的严刑审讯之下，最终都被迫承认了杀人。

案卷呈报上去后，知州和同僚们都复审无异，认为审出了实情。只有钱若水认为此案没有确凿的证据，结论非常可疑，把案卷扣留下来，好几天都不赞同画押。录事参军承受了很大的压力，来到钱若水的官厅，当面指责说："难道你收受了富民的钱财，想要帮他们逃脱死罪？"钱若水笑着说："此案牵涉好几条人命，难道不应该多留几天，推敲狱词吗？"钱若水把案卷截留了超过十天，知州催了好几次都没有结果。整个同州上上下下的官员都责怪钱若水拖沓或者多事。

终于有一天，钱若水前来拜见知州，神秘地屏退旁人，说道："我之所以扣留案卷，是在秘密寻找失踪的女奴，现在终于找到她了。”知州大惊：“人在哪里？”钱若水就秘密把女奴送到知州那里。知州垂帘遮住女奴，把女奴父母叫来问道：“如果你们今天看到女儿，能认出来吗？”女奴父母说：“哪有父母不认识女儿的？”知州就把女奴从帘中推出来，她的父母喜极而泣：“这是我女儿。”知州就解去富民父子的囚械，无罪释放。富民一家人哭泣着不肯离去，说：“如果没有使君的恩赐，我们家就灭族了。”知州说：“这是钱推官的功劳，不是我的。”

钱若水只是一个初出茅庐的基层小官，为什么能够扣留凶杀案案卷十几天之久？为什么整个同州官场都那么在乎钱若水的意见，就连知州都对固执的钱若水无可奈何？钱若水以一己之力，平反一桩罪案，得益于宋朝独特的司法审判制度。

中国古代政治制度，大体上是行政权独大。中低层的行政长官兼任司法官。只有到了高层，才出现专业的司法机关和专职司法官员。专业司法机关也是从侦破案件到最后的定罪，全流程负责。少有对司法机关本身的监督。即便有独立的司法机关相互监督，也是审核前一个部门的司法结论，最严重的也就是推翻原审，重复整个司法过程。历史发展到五代时期，地方军镇军政合一，把持包括司法权力在内的实际权力。除了边缘化的文官系统司法官员，地方藩镇的将帅幕僚以及军巡院、亲军侍卫司等军事机构均纷纷插手司法，滥施刑罚，甚至草菅人命，给当时的司法扰乱得一塌糊涂。

宋朝建立后，将权力制衡的原则贯彻到了司法制度中，按照司法的流程创制了“鞫谳分司”。鞫，是审理过程，负责审理清楚案件的来龙去脉、整理完备的案卷资料；谳，是判决过程，根据审理结果依法判决。两个过程是独立的，不同的官员各司其职，鞫官的职责是把错综复杂的案情理出头绪，判明真假是非，不能过问判决；谳官的职责是严格依法办事，找到最合适的法条作出最恰当的判决，绝对不能插手审讯。北宋司法制度从上到下，最显著的特点就是“鞫谳分司”。

北宋中央朝廷有大理寺、刑部和御史台三个司法机关。大理寺分左断刑、右治狱两个系统，左断刑分为鞫司（亦称推司、狱司）和谳司（亦称法司），负责审理文武官员及各地上报的刑事疑难案件；右治狱分为左、右推司，负责审理京师案件和皇帝交办的案件。左右都是一方审讯案情，一方检索法律条文进行判决。同样，御史台、刑部职能设置也大体体现“鞫谳分司”的要求，比如刑部就有主判官、详议官，负责不同的司法流程，相互独立、相互监督又齐心协力，公正司法。

宋代地方行政区域分为路、州、县三级。路一级的司法机关是提点刑狱司，是地方司法复审机构。长官为“提点刑狱公事”，简称“提刑”，负责督察、审核下辖州县审理、上报的案件，督导司法进度，弹劾渎职行为。州一级的司法机构或司法官员为司法参军和司理参军。司理参军掌管鞫司，司法参军掌管谳司，有时人员流动、事发突然，也可能由司户参军、录事参军等人来兼任，但是鞫、谳两个流程不能由同一名官员负责。县一级的官府，因为官员人手有限，加上县级官府司法权非常有限，徒刑及以上的刑罚必须申报上司批准，徒刑以下的案件事实比较简单、法条适用比较清楚，所以没有办法也没有必要“鞫谳分司”。知县延续了行政权与司法权合一的状态。

宋朝的司法流程是这样的：第一个环节是鞫官据状勘鞫。鞫官必须根据原告所告的罪名进行审理，与罪名无关的情况不能追查，否则就是“故入人罪”。这就把鞫官的行为限制在了诉状罪名范围，防止官员滥用职权和冤案的发生。

第二个环节是结案。案件审讯清楚后，鞫官整理口供及证据，书写案卷，作为日后判决的根据。结案是谳官判决的主要依据，所以宋朝强调检验，会另外委派官员进行检验。案件未经检验不得结案。可能判处徒刑以上的案了，在宋朝就是大案子，必须由未经参加审讯的官员再次提审、核实供词，称为“录问”。如果罪犯认罪，就进入下一个环节；如果犯人在录问时翻供，就必须交没有参与审讯、录问的第三名官员重审。宋朝在结案环节，最大限度地保障了嫌疑人的利益，有利于降低刑讯逼供的发生。

如果犯人在结案环节没有异议，案件便进入第三个环节：检法书拟。

谳官根据案卷描述的犯罪情节检索相应的法条，称为“检法”。检法时，谳官如果发现案卷有误，有权进行驳正，发回重审。检索到适用法条后，由推官或签书判官厅公事等幕职官协助长官作出初步判决意见，称为“书拟”。开头的同州女奴失踪案中，钱若水就是在书拟这道程序时，扣留了案卷。钱若水扣留女奴案卷后，包括知州在内的其他官员都无可奈何，是因为宋朝制度规定案件批判之后，需要本机关各位官员集体审核、画押，然后才能最终宣判。这种集体画押的设计，最大限度地防止了少数人胡作非为，也便利了个别如钱若水那样的官员，撬动制度的力量来平反冤假错案。

宋朝司法的第四个环节，也是最后一个环节是：宣判结绝。定刑后，长官必须向犯人宣读判词，询问犯人是否服判。此时，犯人拥有最后申诉的机会。如果犯人没有异议，整个案件才算终结，称为“结绝”。如果犯人对案件事实提出异议，则重新审理；如果犯人对法条提出异议，则重新检法书拟。宋朝司法对犯罪嫌疑人申诉权的保障，在理论上可谓是仁至义尽。

宋朝司法审判模式可以简化为：鞫司审讯→谳司检法→推官等幕职官拟判→长官定判宣判。“鞫谳分司”是其中的核心原则，也是宋朝“累圣相授”的传统。鞫谳完成后，州县长官必须亲自坐堂问案，知州、知县与幕职官共同构成“判司”，“鞫谳分司”也可以称为“鞫谳判分司”。这项原则的精髓和灵魂是分权制衡，防止一权独大。宋朝法律为此加了许多补充规定，例如“凡录问、检法与鞫狱官员相见者，各杖八十”，“诸州公事应检法者，录事、司法参军连书”，等等。

有人可能会说，北宋“鞫谳分司”的制度设立的出发点很好，很理想化，但是会不会牺牲掉司法的效率呢？先不说这么多的环节和程序，要耗费大量的人力，还要拖延很长的时间，单单那些奸诈狡猾的罪犯，就可能利用“鞫谳分司”繁复的过程，故意重复“认罪—翻供”，试图逃避刑罚，至少可以拖延接受惩罚。

后人赞誉宋朝是最“仁慈”的朝代，其中的一个体现就是对犯罪嫌疑人权益的保障，对中国传统“哀矜慎刑”司法原则的尊重。对生命的敬畏，是检验政治温度和制度高度的重要标准。宋代的死罪案件，从审理到执行中，只要犯人翻供或称冤，就必须将案件移送未经手官员重新审理，称为“翻异别勘”。非死刑犯，则确实可以利用“鞫谳分司”过程中的诸多翻异机会。宋朝可能是司法案件重审比例最高的朝代。

效率，不应该是司法行为追求的目标。儒家司法历来讲究“哀矜慎刑”，耗费人力、物力追求公正是完全必要的。宋朝的“鞫谳分司”和“翻异别勘”设计，就在实践中防止了多起冤案的发生。宋太宗雍熙元年(984)，开封寡妇刘氏与他人通奸，害怕亡夫与前妻所生的继子王元吉告发，恶人先告状，指使婢女到开封府控告王元吉给自己投毒。案子最先由开封府判官宋廷煦推问，王元吉坚决喊冤；接着转给判官韩昭裔审讯，韩昭裔收受了刘氏的贿赂，将王元吉屈打成招；在随后的录问环节，王元吉面对新的官员“翻异”，案子移交给司录司重审，司录司认为其中可能有冤情。案子就这么辗转反复，拖了好几个月，最后由开封知府奏请圣裁。宋太宗也认为王元吉投毒证据不明显，下令免死，判处王元吉徒刑。尽管有了皇帝的裁决，“犯人”王元吉依然拥有“翻异别勘”的权利，而且又一次喊冤。同时，王元吉妻子张氏也击登闻鼓喊冤，宋太宗第二次亲自审讯，终于查明这是一起冤案，王元吉无罪释放，同时查明开封巡卒对王元吉施以“鼠弹筝”的酷刑。宋太宗感叹：“京邑之内，乃复冤酷如此，况四方乎！”皇帝将这个案子树立为典型，从严从重处理相关官员：开封府判官韩昭裔、宋廷煦罢官，流放海岛；知府刘保勋、判官李继凝各夺一等奉，巡使殿直庞则、王荣并降职；推官张雍因为干预审案，违反了“鞫谳分司”原则，也遭到罢官。

当然，为了防止一些恶人利用制度漏洞，恶意反复翻供，进而拖延时间，宋代也对犯人翻供的次数做了限制。北宋规定，一个犯人对同一个指控的罪名最多只能翻供三次，第四次翻供无效，官府可以强行判决。南宋将次数提高到五次。宋朝严格规定，犯人“翻异”后，必须选没有干碍的官员复审；复审官吏如果发现冤狱，会有额外奖赏。南宋理学家张洽担任袁州司理参军的时候，袁州有一个狡猾的大盗，一遇审讯就服罪，一到录问的时候就翻异，随着岁月推移，牵涉的官吏和无辜的人证越来越多，长年累月拖而不决。张洽接手案件后，征得上司提刑官的支持后，强行杀了这名大盗。之后，袁州又收押了一名狡猾的盗贼，始终不服罪。恰巧狱中有一对争夺家产的兄弟，张洽苦口婆心地劝解两兄弟："你们到官府打官司，冒法求胜，争的不过是身外之物，倒不如相亲相爱保全手足之爱。"张洽言辞恳切，成功感化了两兄弟。一旁的盗贼听到了，主动坦白了罪行。在实践中，真正成功地利用"鞫谳分司"的制度漏洞，逃脱惩罚的人，应该是极个别的情况。相比这个制度拯救的无辜者，他们是可以忽略的少数。

司法审判制度是社会底线的最后一道防线。宋朝"鞫谳分司"，明确了官员之间相互牵制，制约长官的自由裁量权，体现了权力制衡和慎刑恤狱的理念。它是各种因素综合作用的结果。首先，宋代科举取士规模不断扩大，而且宋代封荫制度宽松、荫子入仕的人数大增，这就造成了官员数量的增长。官员规模的增长和素质的提高，给"鞫谳分司"提供了得以实现的客观基础。其次，宋朝市民社会和商品经济的发达，导致讼案日益增多，司法机关面临"案多官少"的困境，加上案件繁复、法条增加，都在客观上要求增加司法官员，进行更加专业的划分。这两点都是出于安置官员和提高司法效率的需要。最后，用政治制度的分权制衡来加强集权专制，是宋朝制度的鲜明特点。皇帝出于强化专制、分权制衡的需要，也倾向"鞫谳分司"。宋朝灭亡后，上述原因在辽金元不复存在，或者说不再那么迫切，"鞫谳分司"制度开始淡化，最终消失。元朝并没有延续宋朝复杂的制约形式，官制缩略，并没有延续宋代官制。元朝将提刑官制改为提刑按察司，成为地方三司之一。明清沿用。明朝开国，朱元璋摒弃了北宋"事为之防，曲为之制"的复杂设计，官制大为削减，尤其是地方官制大大简略，以此解决成本偏高、效率偏低等问题。一些府县甚至是一名正印官，管辖几十万人家。清代对这种简略官制加以继承。鞫谳分司制度不复存在，府县长官又集行政权与司法权于一身。如果说明清保留有司法权力制衡的影子，中央层面的会审制度就是最明显的代表。死刑案和疑难杂案，上报朝廷后由刑部、大理寺、都察院组成三法司会审。会审制度的内容与“鞫谳分司”不同，但司法机关相互牵制和对生命的尊重是一脉相承的。

司法审判中的“鞫谳分司”称为宋代最有特色的制度之一，“被视为中国古代司法制衡的创举，体现了事实审与法律审分离且司法官员互相制约的司法理性和制度文明精神，成为中国法制史上最为后人所津津乐道的司法经验之一”[①]。它和现代司法制度中的警察权与裁判权分立，有若干相通之处。

① 沈玮玮、龙舒婷：《以文制武：两宋鞫谳分司之出场与退场》，载于《人民法院报》2019年8月16日。

苏东坡买房：北宋文官的经济生活

说到宋朝，就不能不说宋朝最伟大的文学家、豪放派词人的代表苏轼（世称苏东坡）。接下来，我们就从财务收支的角度来看看苏轼的人生，尤其是从苏轼买房的故事来了解苏轼，了解宋朝的官员俸禄制度。

三苏父子：苏洵、苏轼、苏辙，从巴蜀大地的四川眉山来到河南开封追逐功名，实现个人价值。苏家远远谈不上富贵人家，从经济情况来说最多就是四川眉山的中上人家。三苏父子在老家曾经到佛寺借读，可见经济能力一般。然而，首都开封的消费水平肯定比眉山要高许多，苏洵连续多年参加考试，连续多年名落孙山，没有收入，加上又携带两个儿子一起常驻开封，父子三人的物质生活应该不会太宽裕。他们曾经借宿在开封的浴室客房里，没有专门租房，可见手头确实不富裕。

嘉祐二年（1057），苏家父子的经济情况出现了转机。当年，苏轼、苏辙兄弟同时考中进士，苏轼年仅 20 岁，苏辙更年轻，才 18 岁。兄弟俩名动京城，宋仁宗甚至兴奋地说，今天替子孙家找到了两个宰相种子！遗憾的是，父亲苏洵一如既往地落第了。不过，苏轼、苏辙兄弟已经具备了当官的资格，一旦出任官职，肯定能极大改变家庭财政状况。可惜的是，母亲去世的噩耗从四川传来，三苏父子回乡奔丧，暂时离开了官场。三苏父子重返开封后，苏轼、苏辙兄弟于嘉祐六年（1061）通过任官考试，正式出任官职。而年过半百的老父亲苏洵在欧阳修、韩琦等大臣的举荐下，终于获得了“霸州文安县主簿”的官职。父子三人都即将拥有俸禄，于是开始琢磨在京城买房定居的事儿。

北宋时期，宰执等高级官员和有差遣实职的中高级官员，根本不用担心在首都的居住问题。因为高级官员和握有实权的中级官员，收入丰厚，如果对房屋的地段和面积没有过高的要求，基本上在一两年内就可以在京城买房子；甚至皇帝可能会“赐第”，也就是赏赐高级官员住宅。所以，对于官僚集团的高层来说，买房都不是一个难题。但是，对于中低级官员来说，就没有在开封买房的能力了。当然，北宋首都开封和南宋首都临安的房地产价格，水涨船高，随着时间的推移，能够独立在京城置办房产的人越来越少了。至于地方官员，大多数有官廨可以免费居住，而且由于任期短、流动性大，以及政府不允许地方官员在任官地购买房产等原因，没有官廨或官廨损毁的地方，州县官员大多选择租房及借居等，解决居住问题。贬谪官员由于法令不许居住官廨，于是他们只能选择租房、建房购屋、借居等形式。[①] 所以，中底层官员和遭到处分的犯官，面临巨大的房产压力。

三苏父子计划在开封买房的时候，苏洵是主簿，每月俸禄是7贯铜钱；苏轼是凤翔判官，每月的俸禄是10贯；苏辙因为需要陪伴老父亲，放弃工作，留在开封侍奉苏洵。“父母在，不远游”是儒家提倡的道德观念，苏辙错过了年轻出仕的机会，也增加了一大家子人买房的压力。即便如此，宋英宗治平元年（1064），苏洵父子依然在首都开封的宜秋门外买了一所相当不错的花园宅院。当时苏洵55岁，苏轼27岁，苏辙25岁。

宜秋门的这套宅院，最终交易价是800贯（也有说法是8000贯），远远超过了苏洵、苏轼父子正常收入的承受范围。父子两人一年的收入只有204贯，不吃不喝都要积攒4年。何况这204贯养活一大家人都勉为其难，父子俩其实一年剩不下多少余钱。但是，苏家父子义无反顾地就签约购买了。他们本来就清贫如水，北宋的时候又没有银行信贷，苏家购房的巨款从何而来呢？一个字：借！

苏洵厚着老脸，向开封城的四川籍官员和欣赏苏轼、苏辙的官员们开口借款，很快就凑足了800贯（或8000贯）巨款。在这场借贷交易里，苏家父子抵押的其实是苏轼兄弟的前途，借款人相信随着苏轼、苏辙兄弟

① 何少华：《宋代官员住房问题研究》，四川师范大学硕士论文2014年。

官位越当越高，如今的巨款在日后看来就是区区一笔小钱而已。

这场交易的背后，有一个社会背景，那就是北宋官员待遇极为丰厚。历朝历代，官员待遇最高的就是宋朝了。宋朝的官员待遇，可以分为请受、添给两大类。请受，又叫请给、本俸，类似于现在的“基本工资”，包括料钱、衣粮。添给，类似于现在的“补贴”，包括各种各样的津贴和补助，有职钱、贴职钱、折食钱、茶汤钱、寒雪钱、仆人衣粮与餐钱、厨食钱、薪、藁、盐、炭、纸、马料、驿券、茶酒、厨料、公使钱等。官员的地位不同、职务不同，补贴也不同，甚至相差悬殊。添给的重头组成部分是公用钱、职田、驿券等。可以这么说，宋朝官员的补贴多到几乎可以覆盖他们个人所有的日常开支。基本工资用来供养大家族、支付大宗开支就行了。

刨除零散的实物补贴，宋代文官的俸禄收入可以分为正俸、加俸和职田三类。正俸主要包括俸钱、衣赐和粟禄；加俸中最重要的是职钱，宋初职钱主要加给带大学士等职名奉差遣外任的官员，元丰改制后普遍加给所有的在京职事官，是正俸以外的一项固定收入。加俸还包括一些钱物补贴，是给予中书、枢密、宣徽、三司及刺史以上官员随从的衣粮供应。低级官员也可以拿到随从的餐费补贴等，这就等于是朝廷给官员的免费随从。职田是古代朝廷按品级分给地方官员田地以充禄米的一种方法。可以这么简单地理解，北宋京官俸禄主要由俸钱和职钱两项构成，地方官员俸禄主要由俸钱和职田收入两项构成。

我们来看看苏轼任职期间的收入情况：1061 年，苏轼担任大理评事、凤翔判官，月俸 10 贯、绢每年 10 匹、棉每年 15 两，职钱每年 10 石谷物，粟禄每年 10 石，另外有职田 4 顷；多年辗转后，苏轼出任密州、徐州、湖州知州，上述收入成分分别提高到月俸 20 贯、绢 20 匹、棉 30 两、职钱 37 石、粟禄 30 石，职田 8 顷，此外有罗每年 1 匹；1089 年，以龙图阁学士知杭州的苏轼，俸禄收入达到了人生的巅峰，月俸 60 贯，绢 40 匹、棉 50 两、职钱 37 石，粟禄 70 石，职田 20 顷，绫 14 匹、罗 1 匹。一贯铜板是 1000 枚，1 匹绢至少可以做 3 件成人的衣服，应该说苏轼担任杭州知州的时候，收入水平养活上百人是没有问题的，而且这100多人的生活质量都不会差。

苏轼的收入还不止这些。以上只是苏轼的俸禄，此外还有赏赐、公使钱等。赏赐是宋朝官员的重要收入，这要感谢宋朝的慷慨豪爽，动不动就给高官宠臣和亲信心腹大把的好东西。元祐年间苏轼额外获得的赏赐就非常丰厚：元祐三年（1088）十一月一日锁院，上赐宫烛法酒；元祐四年（1089），以龙图阁学士知杭州，上赐对衣金带马表；出郊未发，朝廷置酒相慰，赐龙茶、银合等，慰劳甚厚；元祐七年（1092），苏轼到任兵部尚书兼侍读，上赐对衣金带马。这些金银马匹，折合成铜钱，并不低于苏轼当时的俸禄。

公使钱，又称公用钱，宋朝朝廷允许各路、州、军及刺史以上衙门拥有一笔费用，用来补贴日常开支的不足，相当于后代的特别机动费用。公使钱等差悬殊，节度使兼使相月给公使钱高达2万贯，正任官自节度使至刺史1万贯至500贯不等。公使钱的使用没有明确的规章制度，官员本人拥有极大的自由支配权。官员动用公使钱来支付个人开支，也是常有的事情。相当于是宋朝官员的额外补贴。

有这么丰厚的制度保障，借贷人自然就放心大胆地给明日之星苏轼、苏辙借出巨款了。如果苏轼、苏辙日后飞黄腾达，还贷完全没有问题。

不过，在平步青云之前，苏洵父子要承受沉重的还贷压力。在宜秋门置办房产三年后，苏洵病逝，还债的重任也就转移到苏轼、苏辙头上了。事实上，苏轼并没有入住宜秋门的大宅院，他大部分时间在外任职，但贷款主要是他背着的。

作为豪放派文豪，苏轼在个人财务收支上也相当豪放，并不是那种精打细算的人。他喜欢喝酒，爱好书画，喜欢聚会、招待朋友。在凤翔任职期间，苏轼每月领到俸禄，一部分留下来自己开销和照顾妻儿，拿出一部分寄给留在京城的苏洵和苏辙。父亲苏洵晚年信佛，苏轼就花了10万铜钱购买了唐朝画家吴道子亲笔画的两幅菩萨像孝敬父亲。虽然苏轼起步的收入水平就不低，但直到三年后调离凤翔时，他还是一名“月光族”，收入主要替父亲还债了，没有任何积蓄。他在凤翔，以及之后辗转于杭州、登州、徐州等地当官，居住的都是官舍。好在官舍是免费的，他也没觉得是个问题，当然始终没有什么积蓄。

当然，苏轼常年“月光”除了个性豪放和替父亲还贷款外，还有其他客观原因。

首先，苏轼有大规模的人群需要供养，家族负担比较重。苏轼和弟弟苏辙终生友爱。苏辙儿女太多、负担太重，苏轼就把弟弟养家的责任揽到了自己身上。此外，苏轼兄弟当官后，家族亲友中有贫困无依的，纷纷前来投靠。苏轼也把照顾的责任主动揽到自己身上。他为自己和苏辙幼时的奶妈任氏养老送终；抚养大伯苏瞻和侄孙苏林留下的孤儿寡母；甚至对于学生和弟子，比如黄庭坚、晁补之、张耒以及李清照的父亲李格非，在仕途不顺、经济窘迫的时候，苏轼也经常接济他们。跟随苏轼日常生活的大约有 30 人。宋代中后期，一个人要维持最低生活标准，每月大约需要 1 石左右的粮食和 1.5 贯的日常生活费用。两宋时期皮谷每石价格在 200 文至 500 文之间，按照谷价最高 500 文，人口数量 30 人计算，日常粮食消费折合钱数是每月 15 贯，外加 45 贯的日常生活费用，两项合计，苏轼一家维持正常生活就得 60 贯左右。①

其次，苏轼是一个有责任心的地方官。遇到辖区内百姓背井离乡、无依无靠的时候，苏轼总是自掏腰包，给予接济；地方上爆发旱涝等自然灾害，苏轼也自掏腰包，救济灾民。他担任杭州知州时，杭州暴发瘟疫。为了筹措医药，苏轼用俸禄兑换黄金 50 两，盖了一座接收病人、免费发药的安乐坊。这是明确可查的第一所官办传染病医院。

再次，苏轼任职辗转多地，长的三五年，短的几个月就调动一个任职地。每次搬家，除了劳神费心外，更是费钱。每次长途跋涉，苏轼都要携带一大群人千百里迁徙，每到一个新的地方难免要重新置办家具。这些都无异于给苏轼已经紧张的资金链雪上加霜。

---

① 薛颖：《北宋官员苏轼的经济状况探析》，载于《历史教学》2012 年第 8 期。

如果照这样的情况发展下去，苏轼虽然积攒不下什么大钱，但生活也不至于窘迫。但是天有不测风云，人有旦夕祸福，苏轼很快卷入了残酷的政治斗争，昂扬向上的仕途戛然而止。以“乌台诗案”为转折点，苏轼的仕途分为前后冰火两重天。乌台诗案虽然是诬告，但苏轼依然受到惩处，从此丧失了出将入相的可能。元丰二年（1079）十二月，苏轼被贬为黄州（今湖北黄冈）团练副使，“本州安置”，也就是受当地官员监视。

苏轼于第二年到任黄州。从此，这个原本默默无闻的地方成了中国文化史的一个圣地。因为是贬谪的犯官，苏轼这个黄州团练副使，俸禄收入按照最低标准发放，月俸只有 4.5 贯，此外有绢 3 匹、棉 7 匹、粟禄 5 石等少量实物补贴，无职田、无公使钱。苏轼的收入大为下降，连腰斩都算不上，简直就是砍到了脚腕上。

苏轼和儿子苏迈两人于元丰三年（1080）二月到达黄州。因为是犯官，不能入住免费的官舍。苏轼带着儿子先住在定惠院，借住在僧舍里，生活十分困难，苏轼第一次出现了“饥寒之忧”。更大的忧患还在后面，收入下降了，苏轼的负担一直没有减轻。很快，他的家眷跟着来到了黄州。黄州的许太守好心分配给苏轼一个破败官舍——临皋亭。临皋亭原来是一座驿亭，居住面积狭小环境差，一大家子人挤在破败房子里，诸多不便。苏轼应该是人生第一次产生了强烈的置办房产的念头。

不久，在朋友的帮助下，苏轼获得了黄州城东的一块临江坡地。坡地原本是军营，苏轼带领家人清理了这块坡地，然后开垦出农田菜地，又筑建了几间富有田园风味的草房。草房建造之时，正是黄州的冬天，天空飘起了鹅毛大雪，苏轼就把建设好的房屋取名为“雪堂”，并给自己取了一个文学史上赫赫有名的名号——“东坡居士”。后人主要称苏轼为苏东坡，却不知道“东坡”是在苏轼窘迫的时候、亲手修筑草房之后的作品。

在黄州，苏东坡过了好几年穷日子。他能够把握的收入是每月 4.5 贯铜板，每天只能用 150 枚铜钱，每月领到俸禄他就分为 30 串，挂在屋梁上，每天早晨用画叉挑取 1 串使用。可谓精打细算到了极致。此后直到晚年，苏东坡的仕途都很不顺利，收入没有起色，他想买房已经买不起了。

随着仕途看淡，借贷渠道也日渐枯竭了。从此，驿站、佛寺、道观和朋友家，就成了苏东坡的主要居住地。苏东坡离买房越来越远了。

当然，苏东坡仿照黄州“雪堂”的做法，在贬官地物色空地、荒地自己建造草房。比如，贬官岭南惠州知州期间，苏轼深感“中原北望无归日”，做长远打算，在惠州白鹤峰低价购买了废弃的白鹤观几亩地，修筑了“白鹤新居”。新居在绍圣四年（1097）二月建成，有二十间简易的房间。虽然简陋，这些房子还是花去了42岁的苏轼六七百贯铜钱，一下子把他打回了赤贫状态。不过，苏东坡对新居相当满意，“新居在大江上，风云百变，足娱老人也”，写了一首《纵笔》：

白头萧散满霜风，小阁藤床寄病容。
报道先生春睡美，道人轻打五更钟。

这首诗传到京城，政敌笑着说：“苏轼过得还如此快活？”再次把他贬到了更加偏远的儋州，在今天的海南岛上。当时距离惠州的白鹤新居落成，仅仅两个月。不过，乐观的苏东坡还是在蛮荒的儋州买地建屋，又建造了五间草房。估计海南岛的买地和建房成本更低，但应该也是耗费了苏东坡所有的收入。

苏东坡的晚年，获得赦免返回中原。当时，他连盘缠都没有了，只好向仕途相对顺利的弟弟苏辙借了一笔钱。结束贬谪生活的苏东坡，决定离开官场，行走到常州时觉得此地山清水秀、气候宜人，决定选择作为自己的终老之地。于是，苏东坡开始了人生第一次，也是唯一一次买房安家行动。他看中了常州宜兴太湖之畔的一处大宅院，是个理想的地方。卖家索要五百贯钱。当时，苏东坡手里只有从苏辙那里借贷的几十贯余钱，于是又请朋友帮忙抵押父亲苏洵在开封宜秋门购买的老宅子，贷到八十万文，成功买下了理想的房子。但是，当苏东坡得知这处宅院是一个不肖子败落的，而且原主人年迈，老无所依，他豪爽地把老人家请来，无偿将人生中唯一的房产“原物奉还”给老人家。此举真的很豪放，很苏东坡。苏东坡此举，给自己的一生留下了浓墨重彩的一笔，堪称个人财务生涯的巅峰。

最终，北宋最伟大的文豪、豪放派大师苏东坡病逝在常州租住的房子里。

苏轼的一生，没有给子孙留下一处房产。北宋官员俸禄丰厚，苏东坡为官四十年，虽然没有成为达官显贵，但精打细算完全可以积蓄下不少的家产。同时代的欧阳修、范仲淹、韩琦等人，无不是依靠正常收入，使得家族从普通家境上升为富贵人家。苏轼之所以能够成为赫赫有名的苏东坡，就在于他跳出了一房一屋的算计之外，活出了自己。

坊市制度：城市发展的力量

我们的社会生活是从历史中走出来，逐步发展到今天的。在社会发展的早期，政治制度对社会管理施加了很大的影响。中国传统社会是在政治、经济和城市发展等诸多元素的综合作用下，逐渐塑造成现在的样子的。接下来，我们就要从电视剧《清平乐》的一则故事讲起，来观察唐宋时期城市的发展与制度的变迁。

话说宋仁宗赵祯得知自己的真实生母是李顺容，却不能相认，只能移情他物。宋仁宗对生母做给自己吃的蜜饯果子印象深刻，决定前往母亲学手艺的“梁家蜜饯”铺品尝点心，追忆母亲的味道。宋仁宗带上随从，微服私访，光顾了地处开封城街巷之中的梁家铺子。

来到一处破败的民居院子前面，宋仁宗看到门口堵着三四个地痞流氓，高声叫骂着，凶巴巴地就要往院子里面闯。另外，有一个斯文的读书人据理力争，用身子堵着大门，亮明身份是进京赶考的举子韩琦。流氓哪会讲道理，就要进去敲诈勒索，还要动手打韩琦。

宋仁宗哪能坐视不管，出手打跑了这群流氓，还要随从报官。敲诈勒索，欺压良民，当然要报官处理了。

可是，韩琦立刻上前制止，不让报官。宋仁宗惊讶地问道：“为什么不报官，难道你也是恶人的同伙?”韩琦正色回答：“欺压人的源头是大宋的官家。”

宋仁宗开始生气了，一定要韩琦解释清楚，官家怎么就欺压像梁家这样的善良百姓了。韩琦请宋仁宗进梁家铺子细谈。店铺就是梁家一家五口人的家。梁家主人梁秀才读书赶考，熬坏了身体，常年卧床不起；他和妻子有两个儿子，长子 7 岁，次子还在襁褓之中。家里的第五口人就是梁家的老奶奶。梁家既穷又没有劳动力，只能凭借祖传的蜜饯手艺，在家生产在家销售，由 7 岁的儿子当伙计出面招呼客人。

韩琦就向宋仁宗解释道："朝廷法规，店铺只能开在市里，坊间只能住人。梁家铺子开在坊间，本身就是违法的。报官之后，恶人固然能够罪有应得，但是梁家人也要受罚，而且梁家铺子再也开不成了。正是因为这个原因，梁家才长期遭受流氓恶霸的勒索，却只能忍气吞声。所以说，欺压人的源头是大宋的官家。"

宋仁宗又问，梁家人为什么不去市里开蜜饯铺子呢？韩琦笑了，说宋仁宗是生活在云端、不食人间烟火的神仙公子。梁家老奶奶在一旁解释道，开封城的市，昼开夜闭，而且距离梁家遥远，他们一家人先不说有没有能力去市场开店，单单就是每天往返家里和市场搬运原材料就难住了他们。宋仁宗这才无话可说，默认了"欺压人的源头是大宋的官家"。

那么，什么是"坊"，什么是"市"，古代的城市格局和运转又是什么样的？现代人如果不了解宋朝城市的布局，也会发出与宋仁宗一样的疑问。

从先秦直到北宋前期，中国的城市都采取"坊市分开"的格局。古代城市由城墙围成一个封闭空间，内部又划分成若干封闭性小区。汉代及其早期，居民居住区称为"里"，汉代以后称为"坊"。隋唐是这种格局发展的巅峰期，除了少数坊用作官吏办公外，多数是百姓的居住区。每个坊的四周筑有夯土的坊墙，围墙高度和厚度都不一样，洛阳城内的坊墙厚度约 4 米，高度大约不会超出常人肩部，而长安城的坊墙高达 9 米。各座城市都一样的是，坊内修有数条纵横笔直的道路，居民住宅就沿路修筑。坊间向街一面，百姓不能开门辟户，门窗只能开向里面。同时，每个坊都是规规整整的矩形，唐代长安城的绝大多数坊长宽都在 400 米出头，坊与坊之间是宽达三四十米的街道。整座长安城犹如一个巨大的围棋盘。白居易有诗描述："百千家似围棋局，十二街如种菜畦。"

官府对坊实行严格的管理。唐代设置坊正、守吏等专职人员管理坊，每个坊的四角设置武侯铺，由卫士分守。每个坊四面开门，是百姓出入的通道；官府有重要事情或者惩恶扬善的事迹，都会张榜到坊门。据说，“牌坊”就来源于此。

坊门每天定时开关。贞观十年（636）以后，开关以鼓为号，晓鼓三千，暮鼓八百。当时长安城直通外廓城门的六条大街上设有街鼓，长安官民在鼓声中开始一天的作息。每日五更，坊门跟着宫城、皇城、外廓城的大门开启；日落后各道门户随之关闭。坊门关闭后，街上行人断绝，空无一人，只剩下天空孤零零的月亮。这种制度称为“宵禁”，违犯夜行的称为“犯夜”。东汉末年，曹操20岁时就担任过京城洛阳的北部尉，即分管洛阳北部的县尉，负责维持治安、稽查盗贼。曹操到任后，在尉廨门左右各悬五色棒10余根，对于违犯禁令的人，不避豪强，一律用棒打死。汉灵帝宠信的宦官蹇硕的叔父违禁犯夜，曹操将他用乱棍打死了。古代宵禁执行之严，可见一斑。

应该说，官府对坊间的管理是非常严格的。官民的生活作息受到了严格的限制。那么，夜里有急事怎么办呢？《唐律疏议·卫禁》规定：“若公使赍（jī）文牒者听，其有婚嫁亦听。丧病须相告赴，求访医药，赍本坊文牒者亦听。”通俗而言，人们有公事需要处理，或者家里有婚丧红白喜事，又或者重病需要求医这三类特殊情况，可以拿着有县府衙门或者本坊坊正开具的公文，于宵禁期间出入。坊正如果不按时开闭坊门，要判处两年徒刑。

坊是居民区，不能开设作坊、商店或者娱乐场所等，后者的功能由另设的专门的“市”来承担。一切工商业生产和民间娱乐活动都在“市”进行，市区之外不准交易。

在市内，作坊与店铺排列在规定地点，鳞次栉比，按照出售商品种类划分不同组织，称为“行”。每家每户都插立标牌、标明行名，明示商品的种类。唐代洛阳南市有120行，长安东市货财220行，可见唐代大都市商品琳琅满目，交易繁盛。和坊一样，官府对市也实行严格控制和管理，唐朝设有专职官吏管理市场。市场设官吏管理，一般设市令一人、史两人及市吏、壁师等官吏。市场内的商品、交易人、度量衡、交易契据乃至价格、税收都要接受管理者的监督和管辖。市场交易时间大致与坊门开关一致，“凡市，以日午击鼓三百声，而众以会；日入前七刻，击钲三百声，而众以散”。这是长安、洛阳这样大都市的市场交易时间，边远州县市场交易时间要短得多，杜甫诗歌有云：“山县早休市，江桥春聚船。”

市场行为受到严格管制，店铺商家效益再好，实力再雄厚，也不能任意扩大经营、向外发展店铺。“自有正铺者，不得于铺前更造偏铺。”官府对店铺的营业规模是限定死的，可见市场设置的目的不是促进商品经济的发展，而是将商业发展控制在明确的框架之内。官府是管制的逻辑，追求政治统治安全。而且，只有州县治所所在城市才能设置市场，其他城市不能设置市场。出现在其他地方的市场，都是非法的。隋唐时期，“诸非州县之所，不得置市”。普通州县所在城市只能有一个合法的市场，较大州县和京都可设两至三市。比如，长安城有东、西两市，洛阳有丰都、大同、通远三市，成都有东市、南市、北市、西市四个市场。在法律上，除了这些特定区域之外的所有交易，都是非法的。

坊市制度发展到隋唐时期，达到了顶峰。坊间住人，市场交易，界限分明，制度森严，甚至谈得上是僵化。坊市分开，简单明确，有助于城市的美观、交通和消防，也有利于社会治安和政治稳定。居民的生活和经济活动，受到严格管理和限制，再结合保甲等制度，官府可以轻松掌控全局。但是，再严厉的制度，也敌不过经济的发展，掩盖不了社会的蓬勃生机。隋唐坊市制度发展到巅峰之时，也是它被客观形势的发展冲击得支离破碎、趋于瓦解之时。

隋唐两代是中国历史上的辉煌盛世，人口繁衍，经济发展。社会分工是不能抑制的自然发展规律。大批农民、手工业者、小商贩等流动人群，持续涌进城市，城市人口不断增加，城市规模日益扩大。唐朝的长安、洛阳等都是人口百万以上的大都市。东南的杭州城在隋朝户籍人口是15380户，到唐朝开元年间增加到了86258户，增加了将近5倍。

汹涌而来的新市民，缓慢而持续地冲破了城市的条条框框。居民住宅不再是坊间方方正正的统一房屋，居民开始按照实际需要扩建房屋，沿街开门开窗日益普遍，最后发展成侵占街道建设房屋。原本宽达三四十米的道路，遭到侵占后甚至不能通过大车了。唐朝中叶以后，长安各坊里出现了不少小商贩，走街串巷，叫卖商品。他们不再遵守官府的时间、地点限制，与居民们自由交易。饼铺、馄饨店、茶肆、酒肆、旅舍等星星点点地出现在各坊之中，与民居毗邻。长安东市西北的崇仁坊、西市东北的延寿坊发展成了新的商业区，繁华程度甚至超过了两市。许多制造乐器的工匠聚居在靠近皇城的崇仁坊，坊里出现了许多修造乐器的商店；许多妓院开设在平康坊，坊里一些年老色衰的妓女因为缺乏生活来源，开设了一些小商铺，出售中草药之类的商品。而且，长安在公元9世纪出现了夜市，昼夜人声鼎沸，灯火不绝。长安的“宵禁”制度已经形同虚设了。坊市制度在许多地方已经名存实亡了。洛阳商业繁荣，三个市中的一些店主在正铺外加建偏铺，而且洛阳城南北大运河交汇处两岸形成了新的市场。成都除了法定的四个市场外，又形成宣市、花市、酒市等固定市场，形成了定期的交易市场：正月灯市、二月花市、三月蚕市、四月锦市、五月扇市、六月香市、七月七宝市、八月桂市、九月药市、十月酒市、十一月梅市、十二月桃符市。饭店、酒肆、旅舍等与衣食住行息息相关的店铺遍布坊间，居民们不再需要长途跋涉，在家附近就能买到所需物品。

晚唐和五代时期的城市，和现代人认知的城市日益接近。当时的城市生活，和现代人认识的城市生活差别越来越小。

然而，晚唐和五代的官府依然固守坊市制度，希望将蓬勃发展的城市恢复到原来的条条框框之中。中唐以后，官府多次处理“侵街打墙”“接檐造舍”等行为，下令毁拆。比如，唐文宗大和五年（831），长安城针对官民商户“起造舍屋”“侵占禁街”的现象，担心奸民混迹其中，危害社会秩序，发动了整肃运动，下令三个月内拆除违建。整肃的效果自然不理想，因为长安城依然日益发展壮大，并没有恢复到固定僵化的棋盘秩序中去。

后周时期，周世宗正式下诏允许居民临街“种树掘井，修盖凉棚”，算是对坊市制度的一个有限修正。但是，大梁城（今开封）官民侵占街衢建造房屋现象非常严重，违章建筑到处都是，甚至有人在城内修建坟墓。能够通行大车的街道越来越少。周世宗也发动了拆除违建拓宽街道的运动，但是阻力可想而知。当时的开封府尹王朴雷厉风行，是个不畏权势、刚正不阿的角色。他采取了极端手段强制推行拆违拓宽运动，当街乱棍打死了一名不作为之人。即使如此，王朴最终只是拆迁了部分违章建筑，稍微把街道拉直拓宽了一些，有的街道恢复到 30 步的宽度。

宋仁宗面对的是不断活跃的城市发展和僵化的城市管理的矛盾。如何兼顾管理的效率和百姓生活发展的需求，考验着宋仁宗的智慧。宋仁宗的庙号是“仁”字，他选择站在形势的发展和社会进步的一边，与民为便，没有墨守成规。宋仁宗正式废除了坊市制度，推动了城市的发展，丰富了百姓的生活。或许是受开头梁家蜜饯铺子事件的刺激，宋仁宗在景祐年间（1034—1038）正式允许官民临街开设店铺，老百姓只要纳税就可以自主选择地点开设商店，不受坊市的限制。此外，宋仁宗正式取消了“宵禁”制度，老百姓夜晚出门不再是违法行为。

坊市分开的城市在北宋正式终结。北宋的都城开封不再是规规整整的棋盘，而是随处可见商铺、邸店、商楼、茶肆、食店，大小店铺鳞次栉比。就连宫城南边御街两边的御廊也允许商人入内买卖。此外，城内发展出专门的娱乐区域——勾栏瓦舍。瓦舍中人头攒动，座无虚席，老百姓入内吃喝方便，来去自由。勾栏瓦舍演出的内容，既包括了当时所有的戏曲、曲艺品种，还有相扑、拳术套路、十八般武艺等表演。在百花齐放、自由竞争的环境中，一批名角脱颖而出。名妓李师师就是其中最知名的人物。

坊市限制破除后，城市由封闭转向开放，逐渐兴盛。在市场逻辑的驱动之下，在市场力量的诱惑之下，越来越多的农夫做起了买卖，甚至转行直接成为城市商人。之前商人没有独立的户籍，宋代专门设立了坊郭户籍，肯定了商人和工匠对城市的贡献。宋朝的城市日益繁华。首都开封人口最繁盛时达到 150 万人左右。唐朝人口在 10 万户以上的城市只有 13 处，在宋朝则超过了 50 处。（朱瑞熙《宋代社会研究》）

我们比较唐朝长安城的地图和描述北宋开封城繁华景象的《清明上河图》，会发现同样是两座伟大的都城，却是两种完全不同的风格。前者方正规整，道路笔直，秩序井然。一百多万唐朝长安城的官民，居住在一个个大致相同的区域和建筑中，严格按照响彻城市上空的鼓声展开一天的作息。在这座雄伟壮丽的城市中，每一个人的人生似乎都是事先规划好的，似乎只是庞大的统计数据中的一个。而在《清明上河图》中，坊市制度的痕迹已经不见踪影，大街小巷中，行人川流不息，各行各业齐全，商品应有尽有，有实力的大商家在门前扎起了“彩楼欢门”，悬挂旗帜招揽生意；没有势力的摊贩继续走街串巷，甚至占道经营。整幅图画是以汴河为中心展开的。汴河是北宋漕运交通枢纽，河里船来船往，首尾相接；开封城围绕着这条河形成了繁华的商业区，人口稠密。横跨汴河上的木质拱桥，是全图的核心。一艘大船正在通过虹桥，船里船外的众人正在为安全过桥而忙碌着。桥上有围观群众，在伸头探脑，看桥下的紧张局面。桥头则布满了各种摊贩，是标准的占道经营。在这一番喧闹杂乱的市井画面中，每一个人都在为生计而奔波，每一个人的面容都是清晰可辨的，不再是一个默默无闻的数字。

坊市制度的存废，是封闭与开放、管制与市场的争执。最终，城市发展选择了开放的逻辑，拥抱了市场。宋仁宗赵祯在其中顺应了客观形势。

坊市限制破除后，城市格局不再规整方正，官府的管控协调也不像原来那般简单、低成本。一个活跃、自由、繁华、杂乱的城市，给统治和治安提出了新的命题。但是，市场的活力、市井的繁华、生活的质量，不就体现在这种活跃而繁乱之中吗？市民最终选择了这样的生活。坊市制度的废除，是市井繁华与市民生活丰富的客观结果。

濮议之争：血缘身份与社会身份

中国古代的权力继承遵守非常明确的原则，那就是嫡长子继承制。正妻生下的长子，就是嫡长子，具有天然的继承合法性。但是，古代生育和医疗条件非常落后，孩子的夭折率非常高，经常出现权力后继无人的情况。皇室也不能摆脱这个难题。过继男孩，然后让养子继承权力，就成了最现实的选择。养子继位后，面临着处理养父和生父关系的问题。这个问题处理得好坏，不仅关系到两个家庭，更关系到权力传承的稳定和行使。中国历史上就出现过多次皇帝纠结“谁是我爸”的难题，进而导致政治风波。接下来，我们就来讲中国历史上第一场因父亲身份问题产生的政治风波——濮议之争。

嘉祐八年（1063）四月，宋仁宗赵祯驾崩。宋仁宗没有继承人，宋仁宗的曹皇后及大臣们便拥戴赵祯的养子赵曙继位。赵曙就是宋英宗。

宋仁宗赵祯没有亲兄弟，生前从堂兄濮安懿王赵允让处挑选一个男孩为养子。他选中的是堂兄庶出的小儿子、第十三子赵宗实。赵宗实后来改名赵曙，登基后不久就提出了已经病逝的生父赵允让的称呼问题。

办理完宋仁宗赵祯的丧事不久，宰相韩琦就根据宋英宗的心思，奏请对濮安懿王的名分要“考古约礼，因宜称情”，要求有关部门讨论濮安懿王及谯国太夫人王氏、襄国太夫人韩氏及宋英宗的生母、仙游县君任氏的祭祀典礼问题。赵曙下诏等待“大祥”后再议。“大祥”是父母逝世后两周年的祭礼，当时宋仁宗逝世已 14 个月，宋英宗批示“大祥”后再议，也是因为意识到亲生父母的称呼和礼节问题是个大难题，特意留出 10 个月时间给大臣们讨论，减少追尊父母的阻力。

治平二年（1065）四月，“大祥”过后，韩琦重提此事。宋英宗要求三省、御史台和两制以上的所有官员讨论尊崇濮安懿王夫妻问题。赵曙本来以为自己表达了明确的态度，又预留了近一年做工作的时间，解决亲生父母名号问题不在话下。结果，讨论发起后，竟然演变为持续 18 个月之久的争论，造成了朝野百官的严重分裂。这就是北宋历史上著名的“濮议之争”。

朝臣对赵曙追崇父母的态度泾渭分明，分为两派。以台谏言官为主体的大多数官员，包括知制诰司马光、翰林学士王珪、贾黯、吕诲、吕大防、范纯仁、傅尧俞等许多谏官、御史、礼官及侍从朝臣，明确指出赵曙的“父亲”就是宋仁宗赵祯，无须再议。“为人后者为之子”，赵曙继承的是宋仁宗赵祯的皇位，就要继承赵祯这一系列的血统，承认是赵祯的儿子。按照宗法制度，“既事大宗，则降其私亲”，赵曙已经入继大宗，要放弃小宗的亲属感情。如果继续承认以前的亲属关系，那么宋仁宗这一系列的血统就断了，也乱了，直接危及赵曙的统治合法性。他们引经据典、博古通今的结论就是，赵曙应该称赵祯为父皇，称赵允让为“皇伯”。反对派官员以饱读诗书的文官才子为主，群情激昂，声势浩大。

按说，宋英宗赵曙从小就入继宋仁宗为嗣，养育在宫中，接受了先帝的抚养之恩，父子之情早已确定。父子生同寝食，死同祭庙。即便论起私恩，宋仁宗也比生父濮安懿王，与宋英宗赵曙的感情更深。但事实上，赵曙和养父母赵祯夫妻的感情并不亲密。

宋仁宗长期无子，便接 3 岁的赵曙入皇宫，赐名赵宗实，交给曹皇后抚养。这是他们迫不得已的选择，宋仁宗一直期望能由亲生儿子继承皇位。果然，四年后宋仁宗的妃子诞下了皇子赵昕。皇子出生后，赵宗实一度出宫回到生父赵允让身边，也就是重返了濮安懿王一系的血统。遗憾的是，赵昕在 2 岁时夭折，追封豫王。之后，宰相韩琦、龙图阁直学士包拯等大臣向宋仁宗建议早日册立皇太子。宋仁宗坚持说后宫有妃嫔怀孕，册立太子为时过早。后宫确实有诞生孩子，但生下的却是公主。而这个时候，濮安懿王赵允让逝世，赵宗实作为儿子给生父服丧。直到嘉祐七年（1062）八月，宋仁宗赵祯年岁已高，依然无子，不得不重新册立 30 岁的赵宗实为皇子，并改名为赵曙。“曙”是一个冷僻字，而“宗实”二字都是常用字，宋仁宗此时已经有意让赵曙为皇位继承人，改名是为了将来民间避讳的方便。但是宋仁宗又不明确赵曙为皇太子，是还留有反悔的余地。皇帝半遮半掩，赵曙则干脆称病不起，推辞当皇子，连上十多道奏疏。宋仁宗一概没有同意。最后是众臣来到赵曙卧室，扶他起身，送入皇宫。赵曙这才做了皇子，不过依然告诫众人：“谨慎地守好我的屋舍，皇上有了后嗣，我就回来。”从中我们可以看到，宋英宗赵曙和宋仁宗赵祯虽然有养父子之名，但感情远谈不上亲近。

反对派官员引以为论据的宗法经典，远远敌不过人间的真情实感。宋英宗赵曙恰好是“天性笃孝”的人，在濮安懿王藩邸时，对父亲赵允让备尽孝道。所以，他登基后要追尊生父为“皇考”，也是人之常情。

当然，也有一批官员站在赵曙一边，支持追尊濮安懿王赵允让。支持派主要是掌握实权的宰执重臣，包括韩琦、欧阳修、曾公亮等赫赫有名之人。支持派的理由是忠孝之道是立国的根本，皇上追尊生父是向天下臣民昭示笃孝品行。他们也引据经典，从礼制中翻出“为人后者为其父母报”和“出继之子，对所继所生父母，皆称父母”两条，支持追尊濮安懿王。支持派还举历史为例：“汉宣帝、光武皆称其父为皇考”，认为赵曙称濮安懿王赵允让为“皇考”是合情合理的。

这里，我们需要分析一下汉宣帝、光武帝称其父为皇考的历史案例。看看之前历史上的皇帝继承特例，到底是支持赵曙的，还是反对赵曙的。

汉宣帝刘询不是正常继位的。汉昭帝死后无嗣，群臣拥戴昌邑王刘贺为帝，一个月后又因“无道”废黜了他，挑选汉武帝的重孙、卫太子刘据的孙子、刘进的儿子刘询继位。巫蛊之祸后，刘据遇害，子孙一系沦落民间。如今汉武帝一脉或断或废或叛乱，只有刘据这一支的刘询成为最合适的人选。刘询继位后也面临着生父和嗣父的选择问题。最终，他是以汉武帝孙子、汉昭帝儿子的身份继位的，等于是提升了一个辈分。接受这个结果后，刘询称祖父刘据为伯父、亲生父亲刘进为堂哥。刘询是在群臣的支持下才登基的，完全没有政治根基，因此不得不“乱了辈分”重新确立亲属关系。不过，他还是给祖父刘据上谥号“戾”，给父亲刘进上谥号“悼”，并且以诸侯王礼节祭祀供奉，算是给父亲的实质性补偿。

东汉的建立者光武帝刘秀，是汉景帝之子长沙王刘发的后裔，算是皇室疏宗。到了刘秀父亲刘钦时，没有任何贵族爵位，生前只担任过南顿（今河南项城）县令。刘秀称帝第二年在都城洛阳设立宗庙，供奉西汉诸帝，第三年又设立亲庙，供奉父亲“南顿君以上至舂陵节侯”。舂陵节侯名叫刘买，是刘秀的亲生高祖；南顿君是对刘秀生父刘钦的尊称。但是，刘秀的做法立刻遭到了群臣的反对，指出不符合礼制。大臣指出刘秀既然以光复汉室为号召，就要继承汉朝的皇帝世系，“宜奉先帝，恭承祭祀”，如果将汉景帝之后自己的亲生直系亲属按照皇帝来祭祀供奉，就是“君臣并列，以卑厕尊，不合礼意”。刘秀不得不除去亲庙，并下诏由公卿讨论如何供奉亲生直系亲属。君臣最终产生了一个折中方案，刘秀继承西汉皇帝的世袭，按照辈分尊汉宣帝刘询为祖父、汉元帝刘奭为父亲，这样就把两汉皇帝的世系关系连接上了。而汉元帝之后的历代皇帝，享受皇帝供奉，但东汉皇帝不亲临祭祀，由官员代劳。南顿君刘钦尊为皇考，立庙供奉，由群臣来祭拜。这样刘秀既能保持统治合法性，以汉室继承人自居，又保留生父的祠庙。

刘询、刘秀两人都出于统治合法性的考虑，认其他皇帝为父亲，而不能追尊生父为皇帝，只能别立庙宇，尊为皇考。从名称上看，这两个例子可以作为支持赵曙一派官员的论据，皇帝的生父可以追尊为“皇考”。但是从实质上看，这两个例子都是皇帝遵守宗法制度，出于政治考量，认他人为父而舍弃生父的名分，只能在实际供奉上给予高配。这又是可以给反对派官员拿来作为论据的。

当大臣们争论不休的时候，曹太后下诏加入了论战。她指责宰相韩琦等支持派官员“不当议称皇考”，明确反对追尊赵曙的生父濮安懿王。宋英宗赵曙只好下诏有关部门继续找出一个合适的方案。赵曙和韩琦等支持派官员意识到，曹太后的态度对这场争论至关重要。只有争取曹太后的支持，才能取得这场论战的胜利。

治平三年（1066），韩琦等支持派的中枢重臣集议，议定追尊濮安懿王赵允让为皇考。参会的欧阳修提笔写了两份诏书，一份呈送宋英宗赵曙，一份呈送曹太后。中午时分，曹太后派宦官送回一份封好的文书。韩琦、欧阳修等人打开文书一看，正是欧阳修起草的追尊濮安懿王的诏书，曹太后签押同意了。曹太后同意濮安懿王赵允让称“皇”，三位夫人谯国夫人王氏、襄国夫人韩氏、仙游县君任氏（英宗生母）并称为“后”。曹太后为什么突然转变心意？有人说，这份诏书是曹太后酒后误签的，等她清醒后后悔莫及；也有人说韩琦、欧阳修等人交结曹太后身边的宦官，最终说服了曹太后。有了曹太后同意诏书之后，赵曙随即下令停止讨论。

反对派官员情绪激动，发难韩琦、欧阳修等人蛊惑太后。侍御史吕诲、侍御史范纯仁、监察御史吕大防联名上书，攻击欧阳修“豺狼当道”，首开邪议，妄引经据，“欲累濮王以不正之号，将陷陛下于过举之讥”，是个人神共弃的奸臣。范纯仁还上奏，直接指责曹太后干政，认为宋英宗“使命出于房闱”。他们已经激愤到了与韩琦、欧阳修等人势不两立的地步。赵曙召来宰执们商量。韩琦直言：“臣等是奸是邪，陛下自然知道。”随后垂手不言。欧阳修说：“御史以为理难并立，若以臣等为有罪，即当留御史，若以臣等为无罪，则取圣旨。”

追尊濮安懿王的这场争论，最终要由宋英宗来乾纲独断。经过一年多的朝堂分裂之后，宋英宗赵曙已经非常清楚谁是自己的支持者，谁是反对者。以台谏言官为主体的反对派，经过之前半个多世纪的培育，势力鼎盛，动不动就引经据典反对宰辅重臣，制约皇帝皇权。皇帝稍有不慎，便会遭到台谏言官的群起反对。“濮议之争”已经突破了宗法与亲情的范畴，触及皇帝敏感的权力神经。支持派和反对派，各有各的道理。以宰辅重臣为主体的支持派，不泥古不保守，务实而支持现实的皇权，更适合新登基不久的宋英宗赵曙执政的需要。他正好借这个“二选一”的机会，打压反对派力量。

赵曙犹豫之后，下令将权御史中丞贾黯解职，知谏院司马光免职，侍御史吕诲、范纯仁、吕大防等贬出京城。包括司马光在内的台谏官员全部自请同贬，赵曙只好将司马光、赵鼎、傅尧俞等反对派官员全部贬逐。经过这一波贬官，在朝的台谏官员只剩下三人，反对派势力遭到沉重打击，皇权得到了扩张。当然，赵曙也明白这些言官并没有大错，心中颇为过意不去，特地吩咐对他们“不宜责之太重”。最终，濮安懿王赵允让称皇亲，以茔为园，即园立庙，派官员士兵驻守。皇权最终取得了“濮议之争”的全胜。

赵曙和养父宋仁宗赵祯本质上都是宽容慈善之人。他清楚对反对派官员的打击有些过了，事后专门召见尚且在朝的反对派官员王珪加以抚慰。治平四年（1067），宋英宗忽然召王珪入内殿，升他为端明殿学士，赐他龙盘金盒，安慰他说：“从前误信人言，今天朕已疑窦尽消了！”遗憾的是，赵曙在当年驾崩，年仅35岁，在位仅4年。他没有来得及给亲生父母上谥号，此事也就不了了之。赵允让仍然是“王”，三位妻妾则并称“王夫人”。

“濮议之争”至此完全结束。它持续时间之长、涉及范围之广、参与官员之多、政治影响之大，都是之前的中国历史从未出现过的。不过，持续时间更长、影响更深远的，则是明朝的“大礼议之争”。正德十六年（1521），明武宗朱厚照驾崩，无嗣，群臣挑选其堂弟、兴王朱厚熜为新皇帝。朱厚熜就是嘉靖皇帝。嘉靖皇帝在登基之前，就提出了自己的身份问题，到底是认伯父明孝宗为父亲，作为明孝宗的嗣子继承皇位，还是坚持以亲生父亲兴献王为皇考，以本来身份继承皇位。朱厚熜坚持要称生父为“皇考”，而称明孝宗为“皇伯”，之后又进一步要尊生父为皇帝。又一次，绝大多数大臣反对朱厚熜追尊生父的做法，只有少数大臣支持朱厚熜。这场“大礼议之争”持续了4年，直到嘉靖三年（1524）嘉靖皇帝给生父兴献王上尊号为“皇帝”，移生父神主奉安于奉先殿，尊生母为皇太后，改称明孝宗为“皇伯考”。生父远在湖北的王墓按照帝陵规格升级改建。一天都没有当过皇帝的兴献王，“父以子贵”，史称“明睿宗”。但此事引起较大风波，数以百计的反对派大臣云集紫禁城左顺门哭谏，不顾功名、棍棒反对朱厚熜追尊亲生父母，遭到了朱厚熜的残酷镇压，当场廷杖打死数十人、贬官上百人，酿成了“左顺门案”。又一次，皇权凭借强力取得了宗法斗争的胜利。

到了清朝，以小宗入继大宗、养子继承皇位的情况还时有发生。光绪皇帝、宣统皇帝都是这类情况。类似“濮议之争”“大礼议之争”的政治风潮却没有在清朝出现，一方面是清朝统治阶层对宗法血统并不如宋明时期那般重视，另一方面皇权专制到清朝已经发展到了登峰造极的地步，皇帝已经能够把控朝政的方方面面，朝臣们几乎丧失了抗议反对的能力，也就不会发生先前的风波了。权力继承风波的退潮和皇权专制的涨潮是同步的。

科举配额：公平的实质与形式

科举考试在中国执行四百多年后，日益嵌入中国政治体制当中，深刻影响了中国的社会结构，发挥了越来越重要的作用。围绕科举考试的各种纷争，也开始层出不穷。

宋英宗治平元年（1064），大臣司马光上了一道奏疏《贡院定夺科场不用诗赋状》，挑起了关于科举考试的一场重要纷争。在这道奏疏中，司马光提出科举考试内容应改诗赋为经术。科举创立之初，分科取士，有进士、明经、明法、书算等许多科目，其中最重要的是进士科。发展到宋朝，进士科考试一枝独秀，几乎成了科举的代名词。进士科考查的是一个人的诗词歌赋的创作能力，偏重于考查人的创作能力；明经科考查的是考生对儒家经典的熟悉和理解程度，偏重于考查人的经义理解能力。司马光为什么要提出科举考试不用诗赋呢？因为，东南读书人长于文辞和创作，西北的读书人擅长背诵和理解，进士科的考试标准便利于东南读书人脱颖而出。同时，安史之乱之后，北方陷入了长期的战乱，不是藩镇割据混乱，就是少数民族入侵，文教事业一落千丈，读书人不仅没有良好的学习环境，而且规模也很小。所以，每次报考科举的人数，东南地区远远多于西北地区的读书人。录取的进士，自然也是东南人居多，西北读书人高中进士的则很少。

普遍认为，司马光之所以上这道奏疏，是因为他出身陕西夏县。他是为了家乡利益在鼓与呼。当时南北方进士录取名额悬殊，司马光觉得这已经成为一个严重问题，必须改革了。

长期以来，中国的政治中心在北方。比如，有人统计唐代的357名宰相中，生于北方的关内道、河南道、河东道、山南道、陇右道有326名，占91.3%；来自南方的淮南道、江南道、剑南道、岭南道的宰相仅有31名，占8.7%。大体上，南北方进士的录取比例也是1∶9左右。到了北宋，北方的进士录取已经完败于南方，南北方的进士占比分别为95.2%、4.8%，南方在科举考试上对北方占据了碾压式的优势。进士录取名额的悬殊，很快体现到了高层官员的南北比例上。宋真宗以前，所有的宰相都是北方人；宋真宗以后，南方人比例大增。后人熟知的范仲淹、欧阳修、王安石等名相都是南方的读书人，都是从科举考试中的胜出入仕的。相比之下，北方人，尤其是北方出身的官员的心理落差，就可想而知了。司马光就是对“重南轻北”的科举入仕现状不满，从录取的标准上发起了抨击的第一枪。

司马光的这道奏疏呈递上去之后，似乎并没有反馈。于是，他在两年以后又上了一道奏疏《乞贡院逐路取人状》，系统地阐述了要求改革科举的理由，并提出了明确的改革方案。

司马光首先指出，如今的科举考试名额分配不均。朝廷是全天下的朝廷，而不是南方人的朝廷，“国家科考，虽幽远之士，咸与其进”。事实确实录取名额悬殊，有好几个地区的新科进士连年来“颗粒无收”。科举考试虽然向全社会开放，所有参加考试的人表面上是平等的，事实上受到许多客观因素的影响。比如，北方州县承担了抵抗契丹、西夏军事侵扰的压力和责任，军事重压之下甚至放不下一张安静的书桌；唐宋时期中国的经济中心转移到了东南地区，南方读书人拥有更多的财富支撑漫长的科举考试道路。当时，文教质量最高的是首都汴梁，而聚集在汴梁求学的读书人大多数是东南地区的读书人，毕竟背井离乡在外求学离不开雄厚的物质基础支撑。那些没有财力游学，只能在家乡苦读的西北读书人，肯定竞争不过在汴梁游学的东南读书人了。再加上北方文化重阐述经艺，南方文化重创作发挥，所以北宋的进士考试确实有利于东南地区的读书人。

司马光指出，“国家用人之法，非进士及第者不得美官；非善为诗赋论策者，不得及第；非游学京师者，不善为诗赋论策”，京师的及第比率远远高于地方，结果造成“四方学者，皆弃背乡里。老于京师，不复更归”。

针对现存的种种弊端，司马光提出“分路取士”的改革办法。具体做法是每一路的应试者都按照固定的比例录取进士，每十人取一人，不满十人者六人以上亦取一人，五人以下则舍而不取。

司马光提出的科举录取方案，可以称之为“配额制度”。以地区为单位，根据固定的比例，录取每个地区的士人。这样做可以保证每个地区每次都有新科进士，从根本上缓解进士名额悬殊的问题。

司马光的奏疏赢得了北方官员和读书人的一片赞同声。但是，科举考场直通官场，每一个进士名额就是一份权力资格，是通向帝国权力核心的通行证。北方进士名额的增加，自然意味着从南方虎口夺食。这关系到权力结构的调整，政治利益的重新划分。南方地区注定不会坐视不管。很快，江西庐陵人欧阳修专门上了《论逐路取人札子》一折，对司马光的奏疏进行了针锋相对的反驳。

欧阳修直言司马光的目的是：“言事之人，但见每次科场，东南进士得多，而西北进士得少。故欲改法，使多取西北进士尔。”司马光挑起这场论争的目的，无非是为家乡多争取进士录取名额。欧阳修也承认各地经济文化发展不均衡，各地文风差异，各地人才各有擅长。殊不知，东南之俗好文，故进士多而经学少，西北之学尚质，故进士少而经学多。所以科场取士，东南多取进士，西北多取经学者，各因其才性所长、而各随其多少取之。科举考试不可能做到绝对的平等。但我们不能因为追求绝对的平等，舍弃了统一、透明的标准。在欧阳修看来，“惟才是择”是科举的精髓，根据考生才华的高低来录取进士“最号至公”，是最公正的做法。“天下一家，故不问东西南北之人，尽聚诸路贡士，混合为一，而惟才是择。”如果采纳司马光的建议，逐路取人，会造成文教发达的东南地区，虽然人才济济，却因为名额限制，致使许多有真才实学的人埋没掉。而文教落后的西北地区，报考的人本来就少，现在又有名额保证，极可能让才智平庸的人滥竽充数。如此做法，就以平等之名，破坏了公正的内核。

欧阳修的观点非常明确，就是科举考试还是要将才华放在第一位，而不能以“地域”作为判断标准。欧阳修进一步指出，现在朝廷冗官冗员现象突出，不可能增加进士录取名额，那么如果要多录取西北之人，则必然减少东南读书人的入仕机会。实际情况是，虽然东南地区的读书人在进士竞争中看似录取率高，他们在之前的地方选拔中已经经历了血雨腥风般的淘汰。文教发达的地区，参加考试的人也多。东南地区的读书人，每个州县大概有二三十人去汴梁考进士，但是他们是从二三千人中竞争胜出的。科举的地方初选录取比例大约是百里挑一。而西北州县的地方初选录取率，高达十分之一。每一次地方科举选拔，西北州县的应试者也就二三百人，录取者也是二三十人。所以，残酷的地方选拔已经拉低了东南读书人总的录取率。欧阳修并不认为东南地区的读书人考进士容易。相反，综合考虑全流程的录取率，少数西北州县的读书人考中进士可能更容易。甚至在范仲淹看来，“西北之士，学业不及东南，当发解时，又十倍优假之，盖其初选已滥矣”。

最终，欧阳修呼吁朝廷维护旧制，不宜改革科举制度。经过长久的争论，北宋朝廷众口难调，难以得出一个明确的改革方案，只能维持现状。维持现状，其实就是默认了欧阳修的主张。尽管在之后的王安石变法中，王安石变更科举考试内容，将进士科改为考察经艺，而非文赋。这项内容改革为之后的朝代所继承。这是有利于北方考生的改革，但是南方考生迅速适应了新的考试内容，在儒家经典的理解、阐述上再次领先北方。东南地区的读书人依然在新的规则下大放异彩。

千百年后再来看司马光、欧阳修的这场争论，双方立场不同，得出的结论不同，不过各有各的道理，都能实现逻辑自洽。欧阳修的观点是考试面前人人平等，不予考虑差异问题。他的底层逻辑是“以人为本”，确保科举的公平公正，为政权遴选出高素质的人才。司马光则是从政治角度思考问题。科举制度关系政治准入，关系到政治资源的分配，关系到政治利益的平衡，间接关系到政局的稳定和国家的统一。天下毕竟不是东南一地的天下，而是东西南北各地的天下，各地都需要参与到权力分享中来。如果一个地方或者某些地方长期缺乏政治代表人物，不能发出自己的声音，势必造成他们与中央离心离德，不利于大一统的政治大局。尤其是对那些承担了对外战争巨大压力的边疆州县，给予适当的倾斜是完全必要的。北宋政权后来舍北向南、偏安东南一隅，与中央政权在北方地区基础不牢不无关系。北宋王朝的统治基础集中在东南，而非西北，也从反面论证了司马光主张的部分合理性。

司马光和欧阳修的争论，虽然暂时搁置了，但进士录取标准的矛盾始终存在，并不断发酵。随着南北方发展失衡的加剧，南北进士录取比例始终悬殊。南方进士辈出，在政坛高层占据越来越大的比重。政治中心虽然在北方，但政坛精英大多出自南方。这一点到明朝初期洪武年间达到了极端。

洪武三十年（1397）是一届科举年，当年拟录取的52名贡士及殿试选出的状元全部是南方人。北方读书人群起哗然，指责主考官、湖南茶陵人刘三吾夹杂私心，偏袒南方考生。朱元璋高度关注，撤换考官，重新阅卷，结果录取的还全是南方人。这就不是偏袒不偏袒的问题了，而是南方读书人普遍强于北方读书人。朱元璋不是司马光，更不是欧阳修。皇帝考虑问题，首要考虑的是政治因素。作为新成立的大明王朝的开拓者，朱元璋首先考虑的是如何让刚刚建立的明朝更加统一？作为发源于南方的王朝，如何取得沦陷在少数民族统治之下时间更长的北方地区的支持？于是，朱元璋出于笼络北方的政治考虑，处死、发配了考官、状元等人，并亲自主考和阅卷，挑选了一届全部由北方人组成的新科进士。史称“南北榜”事件。南北方在进士录取上的分歧，最终在血淋淋的场面中达到了高峰。当年，就连北方的考生都觉得于心不忍。

朱元璋没来得及在制度上改革南北录取悬殊问题就驾崩了。到了他孙子明仁宗洪熙元年（1425），明仁宗再次过问南北方进士名额悬殊问题。江西籍的内阁大学士杨士奇提出了南北分卷的设想。首先，杨士奇肯定了差别客观存在，“长才大器，俱出北方，南人虽有才华，多轻浮”，关键看朝廷如何量才录用。其次，他建议考生在试卷糊名时标明“南”“北”二字，分南北卷录取。最后，南北卷按照6:4的比例录取进士，即每届进士中南方考生为60%，北方考生为40%，固定不变。杨士奇的方案既延续了司马光的科举配额制度的思路，又照顾到了南北方的现实差异，在地域均衡和量才取士两方面取得了一定的平衡。

杨士奇的建议在明宣宗宣德二年（1427）正式成为新的科举制度，称为“南北卷制度”。南北卷的划分，还是相当简陋的，并不能完全照顾错综复杂的现实。因此，明英宗正统元年（1436）又进一步分为南北中三卷。录取比例固定为南卷55%、北卷35%、中卷10%。南卷包括浙江、江西、福建、广东、湖广等省，以及南直隶应天、苏松等府（今苏南、皖南地区）；北卷包括顺天、山东、山西、河南、陕西；中卷则是四川、广西、云南、贵州，以及南直隶凤阳、庐州、滁、徐、和州（今苏北、皖北地区）。

南北中卷是一种配额录取制度，很大程度上减轻了南北方文教差异造成的录取悬殊，以及由此产生的分歧与矛盾。在这套制度下，每个区域内部的竞争依然存在。不同省份的录取情况仍然相差悬殊。当时按录取率的高低可以分为三个层次，南北两直隶是第一层次，江西、浙江、福建、湖广、河南、广东、山东、四川、陕西是第二层次，广西、云南、贵州是第三层次。三个层次分别代表了科举强势区域、中势区域和弱势区域。强势区域看似录取率比较高，但由于当地文化比较发达，科举考试的省内竞争其实更加激烈。进士登科多的省份与进士少的省份相比，差距在10倍以上。所以，南北中卷制度虽然很大程度上解决了纷争，但科举弱势地区的不满依然存在。追求大一统的政治宗旨尚未真正落实。

清朝为了强化大一统、平衡政治利益，对科举制度进行了细化。康熙五十一年（1712），康熙皇帝用“分省录取”制度代替南北卷制度。每届会试，按照各省应试人数多寡，由皇帝钦定会试中额。分省录取，保证了每个省都有进士录取，照顾到了每个省的利益。进士名额不预先设定，而是根据每次参考的人数由皇帝钦定。在实践中，每届科举考试参考的举人数量相差不大，因此科举中额上下浮动不大。清朝每届录取进士为二三百人。需要明确的是，分省录取只确保录取人数，没有指定名次。进士的名次，还是现场阅卷，由文章优劣说话的。每届科举，名列前茅的大多数是江浙、安徽和江西一带的考生。这是和东南地区的文教水平高、考生素质优的现实相符合的。

同时，清朝强化了中低级科举考试的配额管理，从秀才名额开始就明确了基层州县的配额，即清代人所称的“学额”。通常每个州县每届录取秀才20名左右。乡试时每省录取举人的名额也是固定的，称为“乡试中额”。清朝每次乡试，全国新录取的举人在1400人左右。严格的配额管理制度，提前化解了科举录取的矛盾，为分省录取制度的成功奠定了基础。

在地域庞大、各地实际情况千差万别的中国，要组织全国性的考试，并且录取的结果获得各方面的认同，并不是一件容易的事情。分省录取制度是古代中国人在千百年的实践中探索出来的最务实、最有效的办法。它在公正和平等之间、在政治统一和量才录用之间摸索到了一种平衡。不断细化后的科举制度，既确保了历朝历代的统治保持尽可能广泛的社会基础，保证了各地对中央的向心力和拥护度，又保留了科举制度公正公开的竞争特性。只不过，考生之间的自由竞争，限制在了本地区之内。表面上是全天下的读书人在竞争，但自始至终，读书人都是在和本省的同道中人激烈厮杀，这也造成了各地考试的竞争程度不一。当今的高考制度很大程度上保留了“分省录取”的历史遗产。

三司使：唐宋财政使职的膨胀

财政管理制度是核心的政治制度之一，关系到政治体系整体稳定和运行质量。接下来，我们就来讲讲唐宋时期的财政管理制度，介绍当时的最高财政长官三司使。从中，我们也能看到唐宋时期的财政状况。我们从北宋时期的一个故事讲起。

嘉祐四年（1059）春天，首都汴梁爆发了一桩“民告官”事件。老妇人刘氏向官府控告当时的三司使张方平低价强买自家房产。原来，刘氏的侄子刘保衡在汴梁开了一家酒坊。北宋的酒业一开始是官方完全垄断的。事实证明，政府垄断经营的经济体，往往会陷入低效率、高亏损的泥潭。北宋官府的酒业生意也没有逃过这个噩运，于是就改为承包给商人经营。刘保衡便是承包汴梁酒坊的商人之一。但是市场经营是有风险的，刘保衡就因为经营不善，拖欠了官府大额承包款，折扣铜钱有1000多贯。刘保衡资金腾挪无门，只好变卖家产偿还了债务。原本，这是一件简单的还贷行为，但是刘氏家族不同意，刘氏老妇人就控告刘保衡“亡赖豪纵，坏刘氏产”。

开封府一调查，发现刘保衡确实没有权利变卖家产，这桩房屋买卖交易不合法。再深入调查，发现刘家的宅院售价低于市场价，而且购买者是现任的朝廷三司使张方平。这下问题就来了！

三司使主管朝廷的财政，官营经济事业就是三司使的管辖职责之一。张方平以低于市场价的价格购买拖欠自己衙门的百姓的房产，其中是否存在利益输送呢？张方平又是否投机取巧，用各种方式逼迫刘保衡廉价出售家宅还贷呢？即便没有这些幕后问题，张方平的行为也给其他人提供了足够的想象空间。

铁面无私的权御史中丞包拯闻讯，上书弹劾张方平：“方平身主大计，而乘势贱买所监临富民邸舍，无廉耻，不可处大位。”虽然没有明确的证据证明张方平存在强迫交易或者利益输送行为，但这样的嫌疑已经让包拯认定张方平不适合继续担任三司使了。宋仁宗赵祯也同意这样的逻辑，罢免了张方平的三司使职务。张方平被免职后，外放为滁州知州，遭遇了仕途波折。

宋仁宗挑选的继任三司使是吏部侍郎、益州知州宋祁。宋祁从益州返京后，出任了三司使。益州（今四川成都）是北宋经济最发达的地区之一。作为知州，宋祁熟悉经济事务，而且他是当时著名的文学家、词人，创作过脍炙人口的“红杏枝头春意闹”一句，天下闻名。看起来，宋祁是三司使的合适人选。但是，包拯又站出来反对。他的理由有两点，第一，宋祁是一个追求精致生活、喜好享乐的文人型官员，他在益州时以游宴闻名，费用奢侈，不适宜主管经济；第二，宋祁的兄长宋庠是同中书门下平章事，位列宰相之一，兄弟们不适宜同时占据要职，宋祁应该避嫌，“不可任三司”。这一回，宋仁宗起初没有同意，毕竟宋祁的这两个缺点都不是实实在在的问题。包拯就固执地“累论之不已”，反复反对宋祁的任职。最终，宋仁宗还是贬宋祁为郑州知州。

包拯连续弹劾两任三司使，其实早在九年前，他还强硬、固执地弹劾了时任三司使、外戚张尧佐。张尧佐是宋仁宗最宠爱的妃子张氏的伯父，也没有暴露出什么明显的过错。包拯弹劾张尧佐的理由是他凭借外戚的身份，升迁太快，才能并没有得到充分展现。也就是说，张尧佐并没有表现出能够胜任三司使一职的能力。遇到包拯这样的硬骨头，宋仁宗也没有办法，最后免去了张尧佐的三司使职位。如此算来，包拯扳倒过三位三司使。

这么多的人都不适宜三司使的职位，宋仁宗认真思考后，下诏：“权御史中丞包拯为枢密直学士、权三司使。”任命一出，舆论哗然，很多人认为包拯不应该接受新的任命，不然有扳倒张方平等人自己取而代之的嫌疑。就连之前盛赞包拯的名臣欧阳修也认为包拯有“逐其人而代其位”的嫌疑，有损大公无私的初衷。包拯为了避嫌，称病在家。宋仁宗不许。包拯不得不出来代理三司使。事实证明，包拯是一个合格的三司使，干了两年后，于嘉祐六年（1061）三月去掉了“权”字，正式出任三司使。之后，包拯官拜枢密副使，也跻身宰辅高位。

那么，三司使到底是一个什么样的职位？为什么对任职者的要求那么高？三司使及其衙门在北宋的政治体系中扮演了什么样的角色呢？

三司分别指盐铁、度支、户部三个部门，三司使就是主管三司的长官。三司制度是萌芽于唐末，确立于五代的财政管理制度。当时的朝廷特简大臣分别担任度支使、户部使、盐铁转运使等，分别负责财政收支、百姓租赋与盐铁专卖等事务。三司使就将这三个使职合并为一个，总揽天下财政和国有经济。

三司使在北宋前期发扬光大、实力大涨，《宋史·职官志》载：“三司之职，国初沿五代之制，置使以总国计，应四方贡赋之入，朝廷不预，一归三司……号曰计省，位亚执政，目为计相。”三司使荣登“计相”，成为宰相执政之下的实权人物。宋代三司的职掌，明确为：“盐铁，掌天下山泽之货，关市、河渠、军器之事，以资邦国之用。度支，掌天下财赋之数，每岁均其有无，制其出入，以计邦国之用。户部，掌天下户口、税赋之籍，榷酒、工作、衣储之事，以供邦国之用。”作为北宋最高财政长官，三司使有着严格的选任资格，除了要求必须是五品官以上高官、自身过硬不能有污点之外，还得通过朝臣众目睽睽的审视和猜透皇帝的心思。毕竟，三司使位高权重，必须是皇帝的亲信，皇帝才放心通过他来掌握财权。合格的三司使前途光明，大约有四分之一晋升为宰相。三司使的地位在北宋达到了顶峰，在权力中枢发挥了举足轻重的作用。①

三省六部制确立后，户部是主管朝廷财政的部门，户部尚书是最高财政长官，那为什么又诞生了三司使呢？

唐朝的户部下设户部、度支、金部、仓部四司，“掌天下土地、人民、钱谷之政、贡赋之差”。户部司管理天下户籍，制定税赋标准；度支司负

① 黄亚娟：《北宋三司使的研究》，河南大学硕士毕业论文2006年。

责量入为出；金部司负责金钱财物的收储，并根据度支司的官凭出纳财富；仓部司收储的是粮食，同样根据官凭支出粮食。户部名义上掌管天下财政，在实践中存在两大弊病。第一，户部不直接从基层征收税赋，也不负责运输。征收和运输，实际上仰仗各级地方官府出人出力，全靠各地自觉执行户部的指令。第二，户部的管理是一种笼统、僵化的管理，没有翔实可靠的财政数据作为管理依据，更是量入为出，不能应对额外的、临时的支出，不能灵活应对千变万化的财政现实。当天下太平、行政稳定的时候，户部对朝廷财政不会失控，朝廷收支能够基本稳定。一旦遇到天灾人祸、内忧外患，户部就没有余力给予特别关注。

唐朝中期，唐玄宗好大喜功，各种财政支出层出不穷，户部的正常管理开始失控，唐朝一度陷入了财政窘境，以宇文融为代表的财政使职就是在这样的背景下诞生的。最初，唐朝任命使职官员直接负责赋税征收、搜集运输。随着唐朝局势日益混乱，天下陷入藩镇割据军阀混乱而不能自拔，正常的财政管理完全失控，更多的财政使职不断涌现。除了宇文融创立的负责唐朝田亩户口的括田使等之外，中唐以后先后创立了管理钱谷收支的度支使、专司盐铁之利的盐铁使、负责赋税征调的户部使等。各种职司，各管一段，又相互关联，像一个又一个的补丁，钉在原有的户部制度之上，努力维持着唐朝的财政不至于崩溃。

藩镇混战愈演愈烈，晚唐朝廷控制的征收赋税的区域日益缩小，财政收入越来越少。唐朝只能进一步提升财政汲取能力，重要手段就是统一所有的财政使职。各种财政朝着一体化方向发展，在唐朝后期出现了“三司使”。唐僖宗光启二年（886），“以郑昌图……判度支、盐铁、户部，各置副使，三司之事一以委焉”。“判度支、盐铁、户部”是一个全新的职务，而且还有副使作为助手，标志着崭新的财政长官的诞生。此后，三司使职固定下来了。

物质基础决定上层建筑，财政大权也是其他政治权力的基础。三司使诞生后，便迅速成为金光闪闪的实权职务，不仅雄心勃勃的大臣们竞争三司使，而且权臣、宰相们也常常兼任三司使，以便巩固自己的权势。唐昭宗时期，朝廷内有宦官专权和党争，外有藩镇割据，政权已经到了风雨飘摇的险境。当时的宰相崔胤兼任了三司使，与他敌对的大太监韩全海等人就教唆禁军骚动喧哗，状告崔胤减损冬衣。崔胤有没有借三司使的职权，削减禁军的军需，我们不了解真相。但因为太监势力状告的事项，确实是崔胤职权范围内的事儿，所以唐昭宗不得已解除了崔胤三司使一职，作为对双方的折中和妥协。之后，崔胤与当时最强大的藩镇节度使朱温（朱全忠）内外勾结，势力大增，牢牢掌握了财政大权，重新兼领了三司使。从中可以发现，三司使已经成了高层权力斗争的重要目标。崔胤在与韩全海的斗争中，多次遭遇失败，被罢免了宰相职务，都是在朱温的支持下东山再起。崔胤先后四次拜相，舆论号称"崔四人"。需要特别指出的是，崔胤每次重登相位，都要兼领三司使一职。当时的三司使，对于内忧外患的晚唐朝廷来说，已经是关系政权存亡的关键岗位了。只有掌握了三司使，崔胤才是真正的宰相，否则宰相就是闲职、虚职。

晚唐朝廷的激烈内争，最终以朱全忠率兵进入长安，全部诛杀了宦官势力而告终。不过，朝廷也任命朱全忠为"盐铁、度支、户部三司都制置使"。江河日下的唐朝朝廷用三司使来拉拢朱全忠，可惜朱全忠推辞不受。因为他羽翼丰满，不满足于三司使，而是开始准备篡夺政权当皇帝了。

五代开始后，各个短命王朝的财政状况并不比晚唐改善多少，同样面临行政体制不健全、集权不畅通、军事压力大等问题。他们同样委任一个财政长官来统一所有的财政使职，以此来提升财富汲取能力。不过，后梁设置的是租庸使，主管两税征催，同时将盐铁、度支、户部都隶属于租庸使。租庸使类似于三司使，权力更大，可以用"直帖"直接向州县发号施令，征调税赋，而不必通过节度使，更不用说州县长官了。后唐恢复了三司使，长兴元年（930）八月以许州节度使张延朗行工部尚书、充三司使。诏书说："会计之司，国朝重事，将总成其事额，俾专委于近臣，贵便一时，何循往例，兼移内职，可示新规。"（《旧五代史·职官志》）诏书将五代的三司使做了全新的解释。之前是三司使兼领三个财政使职，现在是三司合并，而不是兼领。盐铁、度支、户部三使合并成了统一的财政衙门，运行起来会更加高效，为在北宋时期脱离使职的范围，成为独立的、正式的职事官衙门打下了基础。或许是为了在乱世中保护财政收入，三司系统设置了武职官员。这些军官率领的武装力量，不是由其他部门派遣过来保护财政，而是直接听命于三司使。三司使需要配置军队，说明他将财政汲取的整个过程更加完整、牢靠地掌握在自己手中，实力更强、独立性更强。五代的三司使在权力格局中的重要性又上升了一个台阶。

北宋继承并完善了三司使，形成了中书主政、枢密掌兵、三司理财的政治格局，“政事送中书，机密送枢密，财货送三司”。三司使与同中书门下平章事、枢密等并重，虽然没有宰相之名，却被朝野默认为事实宰相。三司使执掌更加明确，“天下财赋，内廷诸司，中外筦库，悉隶三司”。正是三司使实在太重要了，所以在开头的故事里包拯要对任职人选严格要求，甚至吹毛求疵了。

三司使控制朝廷经济命脉后，凭借财政权力，跳出财政领域，身影出现在六部行政、人事监察、朝廷决策等领域，还包办了地方州县的财政事务。这是因为三司使掌握了财政拨款，其他部门都要看他的眼色，行政实践受到三司财政收支的影响；三司使还通过对地方税赋经济的控制，影响到地方官员的考核，进而影响了朝廷人事；至于军事，更是离不开三司使这个财神爷的支持。久而久之，三司使的实权扩张到荐举官员、编制军费、参与决策等领域。物极必反，月盈则亏，三司使权力膨胀的同时，也埋下了消亡的种子。

首先，财权的过分集中，确实增加了中央政府财政汲取和掌控的能力，但随着职权的扩张，三司使衙门的机构开始臃肿，行政效率低下，进而损害了财政效率。对于朝廷来说，投入产出比开始变得越来越低。

其次，权力的扩张严重损害了北宋既有的权力格局，侵害了其他部门的利益。户部完全被架空，其他部门多多少少也遭到了侵权。三司使的存在，是北宋冗官冗员的表现之一。其他部门对三司的不满是可想而知的。

最重要的是，三司使垄断全国经济命脉，并不符合北宋强化集权专制的政治基调。三司使创建的历史背景是，中央集权衰弱、无力支付额外的支出，朝廷为了强化统治才创立这个职位。时局越动荡，朝廷越衰弱，就越需要三司使来汲取财富，巩固统治。进入北宋后，各级地方政权恢复正常，中央政府通过各种措施强化了对各方面的统治，一个独立、强大的三司使系统不仅丧失了产生的历史基础，而且对集权专制体制造成了损害。因此，三司使迅速从最强大的巅峰跌落。元丰改制，北宋朝廷对现行政治体制进行了大刀阔斧的改革，其中一个重大内容就是取消了三司使。三司的职权归还给了相关部门，其中侵夺的财政权彻底归属户部。户部重新成为朝廷财政的主管部门，户部尚书成了朝廷财政的最高长官，但权势局限在财政领域，与三司使完全不能相提并论。

在中国古代政治制度中，其实存在两个“三司”。另一个是司法系统的三司。武则天执政时期，朝廷形成了刑部、御史台和大理寺三个司法机构共同审理大案要案的制度。之后朝代继承了这项制度，在明清时期发展为“三司会审”制度。地方上的疑难杂案、皇帝交办的大案要案都交由三司会审。这里的三司，是司法机构，只处理司法事务，且三个机构并列，不存在凌驾之上的最高长官。

八十万禁军：北宋军事羸弱分析

人们公认宋朝是一个积贫积弱的朝代，经济繁荣，军事落后，最终都被综合国力远远逊于自己的游牧民族政权灭亡。屡战屡败，屈辱求和，成了北宋和南宋的关键词。具有讽刺意味的是，北宋和南宋都有规模庞大的常备军，国家财政的大头都投入到了军事领域。那么，宋朝为什么会以羸弱挨打著称，命运悲惨呢？这就要从宋朝的军事制度开始说起了。

在靖康之变中，南下金军的总数大约是 6 万人，其中核心女真族将士只有 3 万人，另外一般兵马是契丹、渤海、奚族组织的杂牌军，战斗意志并不强烈。可就是这寥寥几万人，从长城一路打到河南腹地，纵横数以百计的州县，如入无人之境。拥有数十万常备军队的北宋朝廷，在生死存亡面前只派出了两支部队。一支是步军指挥使何灌率领的 20000 名禁军，防守黄河浮桥；另一支部队是宦官梁方平率领 7000 名禁军骑兵，驻守浚州（今河南浚县）。梁方平的禁军骑兵在黄河以北，最先出城迎击金军，结果两军刚打了一个照面，北宋的骑兵就一哄而散。为了抢占黄河渡口，金军挑选了一支轻骑兵南下。想不到，何灌的部队之前看到浚州的溃兵，早已经跟着四散而逃了。数万金军凭借着几艘小木船，从容不迫、安然无恙地渡过了黄河。黄河南岸无一人御敌，金军直叩京城汴梁，接着便发生了靖康之变。

南宋的灭亡也类似，蒙古人同样是一个人数稀少的游牧民族。蒙古铁骑的总数大约不到 20 万，随着占领的疆域越来越广阔，能够用于消灭南宋的兵力也就在五六万左右。而南宋的常备军同样是元军的 10 倍以上。战争的结果，同样是一边倒，被打得一败涂地。

宋朝军队的战斗力为什么这么弱呢？到底是哪个方面出了问题呢？

我们先来看看北宋常备军的情况。宋朝或许拥有当时世界上规模最大的常备军。北宋建立时常备军大约 40 万人，至宋仁宗庆历年间（1041—1048）已增至 120 万人左右，达到了巅峰。此后虽然有所精简，但北宋朝廷维持着一支百万级规模的军队。这还不包括宋朝强大的国力可以临时征召数量众多的兵源。在军队数量上，宋朝是世界第一。

宋朝的常备军分为禁军、厢军两大部分。禁军是绝对主力。宋朝的禁军不是单纯的皇帝禁卫军，而是归属皇帝指挥的朝廷主力常备军。禁军的职责，大约有半数军队负责保卫京师和宫廷，其他人驻守边疆和要地。《宋史·兵志》说："禁军者，天子之卫兵也，殿前侍卫二司总之。其最亲近扈从者，……皆以守京师、备征伐；其在外者，非屯住、屯泊，则就粮军也。"遇到军事征伐，朝廷也抽调禁军行军打仗。厢军则是隶属地方官府指挥的常备军，人数少于禁军，装备比禁军差。北宋实行募兵制，身强体壮的都挑入禁军服役，资质平庸的划入厢军。朝廷还会遴选一些精壮的士兵作为样本（后来改用衡量身高的木梃），让地方比照挑选，训练成熟后送往京师编入禁军。朝廷的各种资源和政策都向禁军倾斜，禁军一度有 80 万之多。《水浒传》中的林冲号称"八十万禁军教头"是有历史依据的。

禁军领导权分为殿前、侍卫步军、侍卫马军三都指挥使执掌。"杯酒释兵权"后，宋朝皇帝委任一些资历浅薄的人为将领，便于驾驭；设立枢密院执掌军官人事、战略战术制定等；用兵之时，皇帝再临时挑选将领作为指挥官，战事完毕则将归于朝、兵归于原地，不使兵将长期结合，形成"兵不识将，将不知兵"的局面。这样，皇帝就将日常、军政、军令三权分割开来，让他们相互合作，相互牵制，做到了三者分立制衡，杜绝了权臣掌控军权。即便如此，宋朝还设立了"更戍法"，将驻守京师和外地禁军定期轮换，防止地方禁军与地方势力结合，对抗中央。更戍的地点、期限都不固定。通过这些措施，军权最大限度地集中到中央，最后掌握在皇帝手中。

宋朝的这一套军制，是为加强中央集权和君主专制服务的，体现了宋朝“强干弱枝”的观念。强干弱枝的思想观念，自古有之，秦汉时期体现为将地方豪强迁徙到京城来，刻意削弱地方势力。比如，秦始皇统一天下后，收纳六国甲兵于咸阳，熔铸为铜器，让地方势力没有反叛的军械。再如，西汉初年，刘邦迁徙六国大族到关中居住。西汉王朝都执行徙陵政策，把贵族、高官、地方豪强迁徙到陵县，强干弱枝、巩固统治。随着社会与经济的发展，简单粗暴的迁徙政策不再现实可行，宋朝的强干弱枝便进步为地方分权、军事制度等。这一套制度确实达到了维护大一统的目的，稳定了政局。宋朝的军事制度保障了皇权对军队的高度掌控，除了两宋交替的混乱时期外，宋朝没有发生过兵变，更没有出现过军事强人。

任何事物都有两面性。宋朝的军事制度同时存在巨大的问题，产生了严重的弊政。

宋太祖赵匡胤创建这套制度也是客观形势发展的产物，是唐末和五代历史发展惯性的延续。宋朝脱胎于军阀混战的乱世，骄兵悍将把持政权是当时的常态。为了加强皇权维持大一统，本身也是军阀出身的赵匡胤当了皇帝以后，“杯酒释兵权”，同时对地方官府和其他军阀的部队“收其精兵”。赵匡胤的目的是把最强大的兵力都掌握在自己的手里，不让其他人掌握精兵强将。他下令各地将地方军队中的精锐都输送到首都汴梁，由自己统率。经过挑选后的地方军队，就失去了核心的战斗力。对于留在地方的厢军，虽然有时候也接受朝廷调动差遣，但很少接受训练和检阅，只从事一些杂役、后勤等辅助性工作。最后，各州府厢军的兵籍统归枢密院掌管，统归侍卫马军司、步军司指挥。赵匡胤这一番操作后，唐末五代的军阀就真的一去不复返了，禁军的战斗力大大提高、军令高度统一，为北宋初期朝廷夷平各地割据势力，实现基本统一奠定了军事基础。

赵匡胤行伍出身，深知战斗力是一个动态概念。朝廷还动态地抽调厢军中的精壮兵力补充进禁军，也将禁军中懒惰退步的士兵退回到厢军，称为“互补”制度。厢军士卒擢升禁军，称为“升隶”，而禁军降为厢军，谓之“落厢”。互补制度有利于禁军吐故纳新，长期保持较高的战斗力。赵匡胤同时深知兵贵精不贵多，注意对禁军进行精简裁汰，淘汰生老病死的官兵。如果不妥善安置好这些裁汰人员，会影响禁军稳定，酿成祸患。这也是军阀乱世教给赵匡胤的历史经验。于是，这些淘汰的人保留军籍，保留部分甚至全部待遇，去从事一些修河、铺路、土木营作的技术性工作，称为“剩员”。禁军剩员与厢军，都相对于在二线的后勤保障部队，功能趋同。剩员制度，妥善安置了军中剩余人员。

这套制度最明显的弊病，就是没有官兵的退休制度。禁军有进有出，但始终保留军籍。一旦募兵，就终身服役，等于手握了一个铁饭碗。最不济，也能在待遇差的厢军中养老。一旦没有淘汰机制，官兵就没有奋斗进步的动力。因此，这套制度虽然在北宋初期起到了积极作用，但损耗了军队长远的发展和战斗力。捧着铁饭碗的宋朝军队，战斗力会一代不如一代。

雪上加霜的是，承平时期的宋朝皇帝对军队没有清醒认识，开始执行荒唐的“养兵”政策。每逢水旱灾荒之年，朝廷就在灾民中大规模招募新兵。灾荒造成流民，流民是起义造反的基本力量，是王朝统治最大的威胁之一。为了防止他们迫于生计，铤而走险，从其中募兵不失为一种稳定局势的办法（但不是正确的办法）。被招募的流民既捧上了饭碗，又受军队纪律的约束，造反的念头很快消失了。同时，青壮年当兵去了，剩下的老弱妇孺就无力造反了。宋太祖赵匡胤曾说：“方凶年岁饥，有叛民而无叛兵。”随着内外矛盾的不断加剧，朝廷招募流民灾民当兵更加频繁。特别是宋仁宗时期，各地民变频发，募兵更加频繁，宋朝常备军一举突破了120 万。仿佛流民都参军了，朝廷就安稳了，因此常备军越招越多。除了无以为生的流民，没有出路的普通百姓和流氓无产者纷纷跻身军队。甚至一些为非作歹的匪徒也混入军队，还有一些别有用心的人谋一份军籍，就要一个身份，却从未进军营扛过一天枪。到了北宋后期，人们普遍认为禁军“皆是坊市无赖及陇亩力田之人”，军队中乌烟瘴气。

常备军规模稳步膨胀，军费开支水涨船高，冗兵冗费成为北宋的一大财政问题。宋太祖开宝年间（968—976），常备军近 38 万人，禁军年俸 17 贯，厢军年俸 10 贯。这个俸禄水平在社会中居中上水平。当时每年官兵俸禄总额500多万贯。到宋英宗时，常备军在116万人左右，比宋太祖时增加了2倍多，禁军年俸涨到50贯、厢军30贯，每年俸禄总额已高达4800多万贯，比宋太祖时增加了9倍多。养兵支出伴随常备军规模扩张成倍增长，兵费增长幅度超过了军队规模的扩张速度。宋仁宗时，宰相富弼指出兵费支出："自来天下财货所入，十中八九赡军。"宋神宗时，大臣陈襄奏称："治平二年天下所入财用大数，都约缗钱六千余万，养兵之费约五千万，乃是六分之财，兵占其五。"① 他们两位的言论或许有夸张的地方，但是说北宋财政收入的七成以上都用来支付兵费了，应该是符合事实的。

如果说宋朝花大代价供养的常备军，纪律严明、保家卫国，也算是物有所值。遗憾的是，朝廷大力气、大代价培育的军队，却成了文恬武嬉、腐败横行、不堪一击的怪胎。

北宋初期，禁军还称得上训练有素、能征善战。据说每次禁军领饷，赵匡胤命令城北的士兵到城南去领军饷，城南的士兵到城北去领军饷。开封城是一座大都市，全副武装的士兵们扛着粮饷，负重一百多斤往来城市南北，把训练深入到日常。赵匡胤时期的禁军是战斗力最强的。国家统一以后，尤其是澶渊之盟达成之后，军队训练迅速荒废。又过了几十年，欧阳修说："国家自景德罢兵三十三岁矣，兵尝经用者老死几尽。而后来者未尝闻金鼓、识战阵也，生于无事而饱于衣食，其势不得不骄惰。"待遇优厚的百万大军，"或老卧京师，或饱食塞下，或逸处郡邑，或散居邮亭，未尝荷一戈也，而赏赉不削于太祖太宗亟用兵时，复且有加焉"，以致"无事而益贵""无功而多赏"。不苦练杀敌功夫，反而将优厚待遇当成了理所应当的事情。赵匡胤消灭了传统意义上的骄兵悍将，他创建的制度却培育出了另一种意义上的骄兵悍将。

举个例子。金军南侵的时候，梁方平率领的骑兵有的竟不能披甲上马，勉强上马的还有吓得伏在马背上的，浚州的百姓看到后只能苦笑。还

① 朱舸：《兵制对北宋国防开支及军事实力的影响》，载于《西北师大学报（社会科学版）》2013年5月。

有的官兵，射箭距离不过20步。考虑到边疆的驻军养兵费用太高，全仰仗后方输送，而厢军运输的成本又居高不下，甚至比养兵成本更高，大臣吕惠卿就想恢复历史上的屯田制度，让边疆驻军自给自足。他在河东抽调官兵屯垦2000余顷士地，质量奇差，入不敷出。没办法，北宋数十万边防禁军，基本上还要靠厢军从内地长途运输粮饷到边疆。骄兵悍将成了北宋卸不掉的麻烦。

宋徽宗时，熙河兰湟路转运使洪中孚说："惰游之卒，不复安于南亩。今一旦罢遣，强者聚而为盗，弱者转徙，则重为朝廷忧。不若使填诸营阙，无阙，听于额外收管。"常备军军备废弛，骄悍二气日增月长。官员一旦有指挥调遣，官兵们磨磨唧唧，效率奇差。而宋朝的官僚群体人浮于事，遇事只求安稳，更没有人去想办法改革弊端。禁军们一旦喧哗闹事，官员们只会因循守旧，息事宁人。而大部分厢军官兵同时为冗杂官僚体系提供杂役，舆论称作"役兵"。宋朝官员可以按照品阶高低，差使一定数量的官兵为自己服役，充当私人勤务兵或警卫员。最低级官员可差1人，知州可至200人，称为"白直"。但是文武官吏多出配额役使厢军，或指挥厢军贩运贸易、伐薪烧炭、织造绣艺、乐工书画等，也没有人追究。于是，大量由国家供养的厢军，成了官僚以公谋私的工具。渐渐地，这种风气扩散到了禁军之中。京师高官常常驱使禁军充当杂役，比如太尉高俅"多占禁军，以充力役。其所占募，多是技艺工匠……凡私家修造，砖瓦、泥土之类尽出军营"。这哪里还是一支征战沙场的军队，分明就是田间市井的包工队！

腐败现象一旦产生，如果不加以遏制纠正，就会朝着匪夷所思的方向发展。从宋仁宗时期开始，禁军"吃空饷"现象日渐增多。按律，禁军马军400人、步军500人为一指挥，当时各指挥编制不满员已相当普遍，马军一指挥仅有数十骑、步军一二百人，而粮饷却是按满员足额发放的。官员们"吃空饷"冒领军俸，中饱私囊。慢慢地，军队实际人数无籍可考，为相关人等"吃空饷"提供了便利，也给实际战斗埋下了大雷。宋徽宗崇宁五年（1106），枢密院的报告指出禁军缺额24万人，实际缺额或许更多。靖康之耻后，大臣李纲反思，禁军缺额严重，连一半的人都没有，是宋朝灭亡的重要原因之一。

可悲的是，北宋灭亡的教训，南宋并没有吸取，而是继承了北宋的军事制度和一系列弊病。南宋末年元朝大兵压境，兵部尚书汪立信“算兵帐见兵可七十余万人，老弱柔脆，十分汰二，为选兵五十余万人”，即南宋灭亡之前有70多万常备军，实际可用之兵有50多万人。可见宋朝三百余年始终供养着规模庞大的常备军。南宋第二位皇帝宋孝宗传位给儿子宋光宗时，特意叮嘱：“当今天下财赋以十分为率，八分以上养兵，不可不知。”可见，养兵同样是南宋巨大的经济问题。而养出来的军队战斗力如何呢？南宋屈辱灭亡的历史，给出了最后的答案。

宋朝的军事制度是为加强集权专制服务的，为此牺牲了效率和生命力。集权必然以效率为代价。过于繁复的军事制度设计，在烦冗复杂的宋朝政治制度中，很快不适应军事需要了。而宋朝的皇帝们只考虑皇位安全，宁愿牺牲掉军队质量也要维持弊政丛生的军事制度，最终葬送了两代王朝的生命。

李清照改嫁：中国古代的婚姻与离异

现在我们来讲宋朝另一位文豪的故事：李清照改嫁。通过李清照的改嫁风波我们可以了解宋朝的婚姻制度，进而了解中国古代社会对婚姻家族的思想观念和态度。

李清照的人生，因为靖康之变划分为前后截然不同的两段。她的前半生，过着优雅的生活，享受着宋朝社会发展的繁荣成果，更重要的是有一个深爱自己的丈夫——赵明诚。靖康之变中，女真人灭亡了北宋，李清照国破家亡，跟随丈夫赵明诚在南方颠沛流离。宋高宗建炎三年（1129）赵明诚病逝于建康，年仅48岁。当年李清照46岁，成了一个寡妇。

绍兴二年（1132）正月，南方局势稍稍稳定，宋高宗带领着他的流亡政府进驻临安城。之前跟随着流亡政府行动的李清照也迁居到临安。长期担惊受怕的逃亡生活，家庭财富在战乱中严重缩水，这些都导致李清照的生活质量大大降低，身体健康也出现了问题。刚来到临安的李清照，身心疲惫，一个人的生活遇到了诸多问题。

就在李清照最脆弱无助的时候，一个当地的官员走进了她的生活。这个人就是张汝舟。

张汝舟是浙江归安人，在宋徽宗时期考中了进士，当时的官职是右承奉郎、监诸军审计司，主要工作是审核、检查军队粮料院批勘的券历、支出的俸禄数目是否符合禄令法式。张汝舟有一定的身份地位，为人又温和儒雅，更重要的是对寡居的李清照嘘寒问暖，照顾起了李清照的病情。而且，张汝舟孤身一人，家里没有妻室。

日子一长，李清照当然明白张汝舟的“心意”了。她对张汝舟的情况也很满意。连续经历颠沛流离和丧夫之痛，又没有子嗣的李清照，也想重新组建家庭，重新收获温暖，给自己后半生找一个依靠。但是，当时毕竟是宋朝，李清照对于是否再婚，肯定经过了激烈的思想斗争。毕竟她也是有身份地位的人，而且上一段婚姻对她的影响很大。

李清照出身于书香门第，父亲李格非进士出身，官至礼部员外郎。母亲是状元王拱辰的孙女（一说是宰相王珪的长女）。前夫赵明诚的父亲赵挺之，官至尚书右仆射兼中书侍郎。李、赵两家都是朝廷高级官吏。李清照19岁嫁给了21岁的赵明诚，婚后感情和睦，更可贵的是夫妻俩共同喜好文艺，诗词唱和，其乐融融。赵明诚先后出任莱州知州、淄州知州、江宁知府，醉心金石学，喜欢收藏文物，是学者型的官员。李清照则是宋词大家，写作了诸多脍炙人口的词作，“当时文士莫不击节称赏，未有能道之者”，比丈夫的知名度更高。赵明诚、李清照夫妇就像是一对云端的神仙眷侣。

然而，前半生的婚姻生活有多么的幸福美满，逃难以后的丧偶岁月就有多么的孤独痛苦。面对巨大的落差，李清照更加渴望重新走入婚姻，找回往日的温馨与喜悦。她要避免老无所依，避免一个人终老。于是，李清照在当年的五六月之间，改嫁给了张汝舟。我们不能从结局出发，对李清照的选择说三道四。李清照的改嫁决定，是一位女性追求幸福的正常选择，发生在八九百年前的宋朝更加凸显了李清照的独立与勇气。

遗憾的是，第二次婚姻带给李清照的不是幸福美满，而是狗血剧情和严重创伤。

婚后不久，张汝舟和李清照都失望了。李清照很快发现张汝舟是一个市侩小人，他竟然是冲着自己的财产而来的。众所周知，李清照出生在官宦人家，前夫赵明诚又是著名的金石学者，收藏了许多金石碑帖、书画文物。舆论都盛传，赵明诚李清照夫妇手里有不少宝贝，就连皇帝都相信了。赵明诚去世之后的第二个月，宋高宗就指使其亲信医官来找李清照，提出用黄金三百两购买赵明诚的古器。张汝舟也觊觎孤独无依的李清照的“收藏”。可惜的是，赵明诚、李清照夫妇的财富和收藏，在战乱中早已经流散、失窃了绝大部分，财富早已经大大缩水。张汝舟结婚后就发现李清照并没有多少财物，大失所望。李清照手里仅存的一些书画文物精品，凝聚着往日岁月的美好回忆，坚决拒绝张汝舟染指。张汝舟婚前温文尔雅的伪装，立刻就撕了下来，不断与李清照发生口角，很快就发展为谩骂，甚至拳脚相加。李清照完全不能容忍张汝舟的野蛮行径。她不仅没有给自己的后半生找到归宿，反而羊入虎口了。

李清照决定离婚。在宋朝，一个女子要离婚，比她改嫁面临的障碍要多得多。我们先不说舆论的看法，单单在法律上，就不保障女性的离婚权利。法律是怎么规定的？李清照又面临什么样的艰难险阻呢？

宋朝离婚法条的核心内容是《宋刑统》的规定："诸妻无七出及义绝之状而出之者，徒一年半。虽犯七出，有三不去，而出之者，杖一百，追还合。若犯恶疾及奸者，不用此律。"

七出，是从丈夫的角度而言，可以休妻的七种情况，早在《大戴礼记·本命》中就有明文记载。分别是："不顺父母，为其逆德也；无子，为其绝世也；淫，为其乱族也；妒，为其乱家也；有恶疾，为其不可共粢（zī）盛（chéng）也；口多言，为其离亲也；盗窃，为其反义也。"显然，七出是丈夫单方面主张与妻子离婚的特权，在实践中认定的标准常常恶意扩大。比如，汉代的鲍永仅仅因为妻子在婆婆面前叱狗就休妻了；南宋文豪陆游的妻子唐琬，仅仅因为不讨婆婆喜欢，陆游就在母亲的压力下休妻了。因此，七出的提法与其看作是古代男女离婚的法定理由，倒不如看作是对无故休妻的限制。也就是说，如果女方没有触犯七出中的任何一条，丈夫不能无故休妻。

义绝，指夫妻对对方家族的亲人犯有殴、杀、奸等恶性罪行，或者夫杀妻、妻害夫等。义绝属于破坏伦常，是官府严厉惩治的刑事犯罪。法律上对义绝的男女强制执行离婚，有义绝的事实而不离婚的人，有罪。

三不去，是禁止丈夫与妻子离婚的三种情况：

一、"有所娶无所归"：指妻子的家族已经消亡，妻子离婚后无家可归；

二、"与更三年丧"：指妻子曾为公公婆婆服丧三年；

三、“前贫贱后富贵”：指的是贫贱夫妻发达后，丈夫主张与妻子离婚的。

三不去，虽然还是男子单方面的特权，但毕竟对女性多了兜底性的保护。当然，如果妻子存在恶性疾病，或者与人通奸，那就不受法律的保护了，法律支持丈夫离婚。

在实践中，还存在一种“和离”。《宋刑统》还规定：“若夫妻不相安谐而和离者不坐。”和离，最接近现代人常见的男女感情不和，和平分手。这是法律不干涉的。北宋年间，读书人章元弼娶陈氏为妻，陈氏端庄秀丽，章元弼是个书呆子，而且是苏东坡的铁杆粉丝。苏东坡《眉山集》问世后，章元弼废寝忘食地阅读，连续多日不回房睡觉。夫妻感情疏远，陈氏心生怨言，提出离婚。章元弼兴趣也不在妻子身上，答应了。夫妻俩“和离”。

那么，有没有女性掌握离婚主动权的法律条文呢？还真有。宋代法律允许女子在一定条件下离婚，即“夫外出三年不归”“不逞之民娶妻，给取其财而亡，妻不能自给”或“夫离乡编管者”。这里的第三种是政治因素，即丈夫有罪发配他乡了。其他两种怎么看，本质上都是丈夫已经在事实上单方面抛弃了妻子，妻子事后主张离婚。这种赋予女性的离婚主动权，本质上依然是男性视角的。“在家从父，出嫁从夫，夫死从子”这“三从”中妻子要附属于丈夫，同样丈夫担负有照顾妻子的责任。

唐州比阳有一个富商王八郎，在江淮一代经商，与一名娼妓勾搭成奸，每次回到家里就对妻子冷言冷语，一心要休掉妻子。妻子是一个聪明人，嫁给王八郎后生了四个女儿，三个已经出嫁，小女儿还是个孩子。她就对王八郎说：“我嫁给你二十多年了，我们的女儿都出嫁了，我们都有孙子了，为什么现在要抛弃我呢？”王八郎无言以对，但是接下来他做得更过分，他把情妇带回来，安置在家附近的旅馆里。妻子知道后，提前变卖了家里的器物，把钱藏起来。王八郎回家后看到家徒四壁，知道妻子在转移财产，生气地说：“我和你不可能再过下去了，今天必须离婚！”妻子也不客气：“如果真这样，非告官不可！”她拉住王八郎的袖子，告到了县官那里。知县判二人离婚，妻子分走了王八郎一半的财产。王八郎的妻子是一个奇女子，充分利用法律条文，在丈夫事实上已经抛弃自己的时候，维护了自己的权益，还给了负心人沉重的打击。

女方主动离婚的另一个情况是得到了长辈，尤其是有决策权的长辈的支持。北宋的太常寺太祝王雱（pāng），存在精神方面的疾病。他娶庞氏为妻，一年后庞氏生下一子。王雱疑神疑鬼，认为儿子的容貌不像自己，千方百计要杀死孩子，最后孩子还是被吓死了。此外，王雱每天都与妻子吵架。王雱的父亲王安石是当朝宰相，认为自己这个儿子精神不正常，不适合继续过家庭生活。王安石做得比较稳妥，先给儿媳物色了一位中意的男子，再勒令儿子和儿媳离婚，客客气气地把儿媳改嫁此人。当时开封多了一条谚语，“王太祝生前嫁妇”。

以上就是中国古代离婚制度的大致规定。中国传统社会是一个稳固的父权社会，妻子附属于丈夫，没有独立性，也得不到社会资源的支援。这种附属性表现在婚姻制度上，就是女性对自己的婚姻没有主导权。古代女性的婚姻，完全是一场赌博，嫁一个好丈夫还是一个“渣男”，都只能听天由命。实在受不了了，女性即便提出离婚，最终的决定权仍掌握在丈夫手里。相反，丈夫要抛弃妻子，几乎没有实质性限制。总之，古代女子离婚成功的通道很窄，成功的概率不大。

遗憾的是，李清照并不具备上述任何一条主动离婚的条件，既没有强有力长辈的支持，又不存在张汝舟编管或者抛弃的情形。如果李清照单方面提出离异，在宋朝是有罪的。宋朝女子擅离其夫，判徒刑二年；擅离改嫁的女子，罪加二等。

李清照的过人之处在于，她具有健康完整的人格和独立自主的能力。为了维护权益、追求幸福，李清照千方百计地利用法律武器与“渣男”离婚。张汝舟真的是一个小人，不仅在家庭生活中“渣”得彻底，而且在工作中营私舞弊、弄虚作假，甚至虚报举数骗取官职。李清照毅然举报张汝舟，并要求离婚。很快查实，李清照的控告属实，张汝舟遭除名、编管柳州。李清照的离婚申请也获准了。但是宋代法律规定，妻告夫要判处三年徒刑。李清照离婚的代价就是身陷囹圄。张汝舟流配的同时，李清照也被关进了监狱。

李清照的第一次美好婚姻存在了近30年，第二次狗血婚姻从再嫁到离异不过三个多月。

一代才女改嫁离婚事件，在舆论中流传得沸沸扬扬。关键时刻，李清照往日的人脉关系发挥了作用。宋高宗的亲信、翰林学士綦崇礼等亲友大力营救她，李清照幸运地在关押了9日之后获释了。李清照终于成功摆脱了这段不幸婚姻。

李清照是古代离婚事件中最著名的女主角。她的改嫁与离婚事件说明，在宋朝的上流社会，离婚依然是存在的，而且是可以接受的。之前，我们都认为古代离婚、改嫁事件主要存在于底层社会的女性身上。底层女性因为生活压力，独立维生很难，而且没有上流社会那样的道德和社会关系压力，所以底层的离婚和改嫁现象比较多。但是，离婚改嫁不是底层的专利，也是上流社会的人生选择之一。比如，南宋陆游与妻子唐琬因不为母亲所容，被迫离婚，唐琬改嫁给宋宗室子弟赵士程，就是一个大家耳熟能详的历史故事；南宋后期的女子黄定喜开始嫁给魏峻，后来再嫁给李仁本，第三次陪嫁给恭王赵与芮当小妾，生下了一个儿子，就是后来的宋度宗。宋度宗的生母，就是一个三嫁的女人。在宋朝，虽然法律限制女性离婚，但是女性离婚、再嫁的事例还是层出不穷，数量不少。人们对此也是认同的。

李清照的悲剧在于她生活在离婚再嫁现象事实上存在，可人们的思想观念向守节转变、社会风俗向保守转变的过程之中。与之前的时代相比，宋代开始推崇女性贞节，尤其是理学兴起后，逐步把女子的贞节与男子的忠君相提并论。女性“饿死者事小，失节者事大”的说法就出现在南宋。因此，虽然李清照不是再婚和离婚的特例，但针对她，“晚岁颇失节”“不终晚节”的负面评论很多，“传者无不笑之”。李清照追求幸福，换来的却是社会舆论的鄙夷。

遭遇国破家亡和个人生活的悲惨之后，李清照精神很痛苦。她的词作一改早年的清丽、明快，充满了凄凉、低沉之音。李清照后期的作品主要是伤时念旧、怀乡悼亡。坎坷与沧桑是时代对文学家的馈赠，但是文学家要承担悲惨的客观结果。

李清照的晚年，在浙江一带孤苦伶仃、流落无依，与她的改嫁有很密切的关系。她虽然自己没有子嗣，但是同父异母的弟弟李迒，曾经担任敕局删定官；第一任丈夫赵明诚的两位兄长也是官运亨通，赵存诚在绍兴初年曾任广南东路帅臣，赵思诚在绍兴年间任中书舍人。这些亲人完全有能力供养，或者起码接济李清照的晚年生活。但是李清照再嫁，得罪了前夫赵家和娘家李家的所有亲友，甚至可能得罪了整个上流社会的人脉关系。所以，后人找不到任何亲友接济晚年李清照的记载。人生最后，李清照在漫无边际的孤独、失望之中凄凉离世。由于晚年过于孤独，后人甚至不知道她明确的逝世时间，只能推断大约在绍兴二十五年（1155）。

通过李清照的遭遇，后人可以了解中国古代有关离婚的制度性规定，了解男性在婚姻中的主导权和女性的依附性地位。男性在中国古代离婚是相当简单的，女性想自主离婚却难于登天。李清照可能是最后一个自由追求婚姻幸福的女性名人。在她之后，“从一而终”的贞节观日益深入人心，成为中国古代社会普遍接受的道德标准。明清时期，关于离婚的法律规定并没有大的修改，但官府不支持也不提倡女性离婚，甚至人为设置种种障碍。对于守节、隐忍的女性，官府和社会都大力褒扬。关于李清照再嫁、离婚一事，宋朝人众口一词，没有任何不同说法。明清以来，李清照的崇拜者却开始为其“辩诬”，否认李清照曾经再嫁，甚至认为张汝舟这个人子虚乌有。明清这些文人所列举的理由，都是一厢情愿的推断之辞。这也从反面表明，明清婚姻制度的退步，女性在婚姻中的依附性、对男性的从属地位更加强化了。

社仓制度：古代基层社会治理的窗口

现在我们要讲南宋的一项赈灾救荒制度：社仓制度。表面上看，社仓制度是基层的民间救济制度，深入分析，它牵涉到中国古代的政府和民间关系，以及宋朝及以后的基层社会治理，在中国传统社会中发挥了重要作用。我们的故事，要从一桩南宋的灾荒说起。

南宋乾道三年（1167）秋天，本应该是一个收获的季节。可是，地处东南丘陵山区的建宁府崇安县（今福建武夷山）遭遇了水灾，许多农田颗粒无收，这直接导致了崇安县的饥荒。到了第二年的春夏之交，老百姓吃饭都成了问题，紧跟着社会上谣言四起，出现了不稳定的迹象。

辞任的国子监博士朱熹，当时正好在崇安县开耀乡闲居，对现状忧心忡忡。他急公好义，联系了同样在乡间闲居的朝奉郎刘如愚，又与崇安知县诸葛廷瑞不谋而合，大家都觉得身为官绅，应该在危机中挺身而出，赈济可怜的老百姓。在官府的支持下，朱熹带头出面，向崇安乡间的富豪募捐。他救灾的方案是，请富豪们降价出卖囤积的谷物，救济饥民。在富豪的支持下，崇安乡间的百姓幸运地熬过了饥荒。可是，饥荒并不是崇安一个地方的困难，乡间富豪的囤粮也是有限的，说服富豪们让利救灾，毕竟不是长久之计。果然，隔壁的浦城县也在大饥荒中出现了饥民骚乱。雪上加霜的是，当地富豪家也没有余粮了。

朱熹等官绅出面，向建宁府申请官粮。建宁知府“借”给了朱熹等人粟米六百石，指定只能用于赈济。这一次，朱熹对灾民也是采取“借贷”的方法，允许灾民自由借粮。借粮需要缴纳大约20%的利息，还贷时间是秋收之后。饿着肚子的建宁百姓们纷纷借粮，最后缓和了社会矛盾，化解了潜在的暴动。当年，水患过去，老百姓们迎来了丰收，在冬天纷纷归还了所借的粟米。朱熹他们不仅救济了饥饿的百姓，而且没有亏损建宁知府动用的官粮。

大饥荒过去了，朱熹等人创建的这套赈灾方法保留了下来，继续在乡间发挥救济穷苦百姓的作用。灾后，从南宋乾道五年（1169）起，穷苦百姓每年都可以借贷粟米，管理者每次收取20%的利息。乾道七年（1171），朱熹在建宁知府的支持下，又争取到了六万钱的专款，购买了一块废地，正式修建了“社仓”。朱熹花费四个月时间，建成仓廒三间。有了正式的办公场所，再用三年前知府出借的六百石粟米作为“谷本”，继续在青黄不接时救济穷苦百姓。建宁山区原本“小民好斗而轻生”“大家寡恩而啬施”的社会风气，有了专职专责的社仓机构后，也不担心遭遇灾害发生骚乱了。此后的四五十年时间里，即便遇到凶年，老百姓的生活有了兜底保障，地方局势依然长期稳定。

社仓建立后，起初只是崇安的地方办法，并没有普及到其他州县。淳熙八年（1181）秋冬，浙东也发生了饥荒。朱熹正好提举两浙东路常平茶盐公事，负责救灾。他将之前自己在崇安的实践上奏宋孝宗，陈述了社仓创建的经过及其管理措施、经验教训，得到了皇帝的准许。凡是愿意建社仓的地区，都可以仿照崇安的办法创建。至此，社仓正式成为宋朝的防灾备荒制度。

社仓制度从南宋诞生后，一直延续到民国，是中国传统社会的主要救济制度。后人一般将朱熹当作这项制度的创建者，事实上最早行社仓之实的是朱熹的同门好友魏掞之。早在南宋绍兴二十年（1150），魏掞之在同属建宁府的建阳县长滩铺设仓，在青黄不接的时候借贷百姓谷米，不收利息。《宋史》承认“社仓自掞之始”。

一项制度的创立容易些，如何运营好、发挥出创立的本意，是真正决定制度生命力的难题。社仓创办后，不断见招拆招、升级打怪，解决了一个个问题，才能延续千年历史。首要问题是，有人会对社仓收取20%的利息，觉得太高了，甚至认为不合理。为什么要向饥民收取利息呢？如果取消借贷的门槛，难免会有人中饱私囊，拿着没有成本的钱谷去转借他人，赚取差额。或者，那些人多势众、作风强悍的家族，就会蜂拥而上，多拿多占。不管出现哪种情况，最终吃亏的还是那些真正需要救济的穷苦百姓。真正踏实、勤勉的老百姓，是会接受有借有还的救济的。而20%的利息，比大灾之年的高利贷剥削要轻得多。做慈善，不是一件简单的事情。有时候，看似纯粹的施舍，反而可能偏离了慈善的初心，给需要救济的对象造成二次伤害。

事实上，社仓运行的实践中，管理者通常会在大灾荒之年主动降低利息，同时对那些确实支付不起利息的灾民也不会强迫，制度的执行有很大的弹性。

社仓运行的第二个问题是，如何既能救济灾民，又保障社仓的良性发展或者持续壮大，实现二者的和谐发展。毕竟，一项制度运行是需要成本的，慈善制度的成本压力可能更大。如果连自己都养活不了，救济他人就是一句空话。

社仓的财富有当地富豪乡绅的捐助，也有地方官府的资助，但一个成熟的社仓主要依靠自身的经济活动来维持壮大。大灾大荒之年毕竟不常见，平常年份各个社仓就各显神通，用各种方法为财富保值增值。他们会在丰收的时候，以较低的价格购入粮食储存，然后在歉收的时候以稍高的价格（但肯定比市场价低）抛售粮食。在赚取差价利润的同时，还一定程度上抑制了物价。这种行为其实起到了替政府调控物价的作用。还有一些社仓购买田地，赚取固定的出租收益，或者参与比较稳妥的商业活动，在乡间扮演了重要的经济活动角色。当然，为了预防意外发生，社仓往往会预留相当比例的谷本不动，其余的才用于经营。就算经营失败了，社仓遇到灾荒时赈灾能正常进行。多元化的经营，成了社仓运营的常态。如果不是遭遇大风大浪，社仓的财力是有增无减的。

社仓保值增值的另一大做法，是挑选当地的官绅或者头面人家作为管理者、经营者。他们的一大共同点，就是没有经济压力，家境殷实，也就不会为了蝇头小利丧失立场，更不会贪污侵占社仓的谷本。他们的另一大共同点，皆是有头有脸的人，深受儒家思想的教育熏陶，比较在乎名声，在意舆论，不会为了几十上百两银子把自己和家族的荣誉给卖了。社仓的这些管理者、经营者往往只领取象征性的微薄报酬，甚至分文不取。这就大大降低了社仓运营的成本。

朱熹等人创办的崇安县开耀乡社仓就是成功运营的典范。运行14年后，社仓储存的粟米达到了3700石，还给建宁知府600石的借米，还有3100石作为谷本可以继续借贷。随着实力的壮大，开耀乡社仓不再向借贷的百姓收取利息，只是每石加收3升耗米，作为正常的损耗，比例大约为3%。对于崇安百姓来说，这个负担很轻。社仓制度在中国存在800多年，说明他们在各种经营活动中基本是成功的。

社仓制度的第三个问题是，在它之前，中国有救灾的仓储制度，为什么之前的制度没有成功，而社仓制度成功了呢？早在西汉时期，朝廷就设置了常平仓，对粮食低买高卖，用来平抑物价；在隋朝的时候，朝廷下令设置义仓，用来救济陷入灾荒饥饿的百姓。常平仓、义仓、社仓构成了中国古代的仓储体系，但只有社仓持续发挥着积极作用。其中缘由，要从三者的差异中去探究。

常平仓由政府出钱、官府委任官员管理，是纯粹的官仓，目的是通过贱买贵卖来平抑粮价，而不是救灾。义仓在名义上是民间仓储，但谷本来自官府强迫百姓在正税之外加纳的谷物，官府深度介入义仓的管理。义仓的粮食，大部分用来无偿救济，出现亏空只能依靠官府强征的加税。从这个意义上来说，义仓类似于官仓。社仓是完全意义上的民仓，谷本由当地富豪提供或者由地方官府借贷而来，由本地的官绅士大夫管理，经营形式多样，经营方式灵活，更贴近社会实际和市场行为。或许由于性质的不同，常平仓和义仓大多设置在州县城池，发挥作用的对象也是城市居民，并不能触及广大的乡村。而当时绝大多数的中国人生活在农村，他们并不在常平仓和义仓的作用范围内。与之相反，社仓几乎都设置在乡村①，从广袤的乡村汲取资源供养，也反馈给了乡村。

---

① 许秀文：《浅议南宋社仓制度》，载于《河北学刊》2007年第4期。

北宋王安石也曾意识到现有仓储的不足，因此在变法的时候提出了“青苗法”。在百姓青黄不接的时候提供借贷，到期收取本金和20%的利息。但是，青苗法最终成了扰民之法。社仓没有成为“青苗法第二”，对于具体原因，朱熹曾分析说：“青苗法的立法本意，不可谓不好。但是青苗法借贷的物品是金钱而不是谷物，它的所有者是官府而不是乡里，它的管理者是官员而不是乡绅。青苗法运营的逻辑是聚敛财富，而不是救济穷困。”朱熹的分析是到位的。

人永远是制度的灵魂，是制度的核心因素和宝贵财富。社仓制度之所以成功，固然有许多原因，最核心的原因还是选择交给乡绅来运营管理。乡绅们熟悉官府的运营规矩，而且本身就是在乡闲居的官员或者拥有功名、将来会担任官员的读书人，同时又在本乡本土成长起来，祖宗父母的坟冢都在乡间，不出意外子孙后代也将继续生活在这里，所以他们一只脚站在官府里，一只脚牢牢扎根在乡村，天然就能够起到很好的桥梁和沟通作用。考虑到乡绅士大夫在政治、经济各方面的成功，考虑到他们在学问上取得的成就，再加上千丝万缕的地缘和血缘联系，本乡本土的老百姓也天然乐意接受乡绅士大夫们的管理。遇到问题，他们往往会自然地汇聚到乡绅身边。

由乡绅来管理运营社仓，人尽其才、才尽其用，而且可以避免官僚管理的种种问题。常平仓和义仓的管理者是官员，他们在意的是自己的前程，而不是乡土利益，他们为人处世追求的是安全。除非灾荒达到了非常严重的程度，骚乱迫在眉睫了，或者有上司的指示发令，否则他们是不会开仓放粮的。这就在绝大多数时候，让仓储闲置了。而且，官僚并没有经营好仓储财富的动力，不会思考如何保值增值。加上追求安全稳妥的行事作风，常平仓、义仓内部常常陈谷压陈谷、不可食用，而外面的老百姓可能正饿着肚子。社仓的乡绅就没有这些毛病，他们是最真心实意希望解决故乡饥荒、救助穷苦同乡的，也是最希望社仓能运行好的人。

一个成功的乡绅团队，意味着一座成功的社仓。同样，社仓的失败也是乡绅管理的失败。运营不善的社仓，通常是管理者以权谋私，丧失了赈济的初心，为自己的亲属关系户谋取利益；或者嫌贫爱富，放贷给不需要的人，甚至干脆中饱私囊。社仓最大的敌人不是灾荒，而是选错了负责人，挑选了一个自私自利的土豪劣绅。紧随其后的敌人是官府的觊觎，官吏贪图社仓钱粮，借用不还，掏空仓储发展的元气。

社仓制度之所以在南宋出现，与南宋社会发达、经济繁荣和民间力量壮大有重要的关系。社会的发达，为公共事业的出现提供了基础。南宋拥有慈幼局、居养院、养济院、施药局、惠民局、安乐庐、安济坊、漏泽园等名目繁多的公共救济机构。慈幼局是收养那些弃婴、弃儿的，主要设置在大城市里。官府将大街小巷中无人抚养、自生自灭的婴幼儿捡回慈幼局，雇佣专门的保姆来抚养。官府定期供给慈幼局钱、米和绢布，保证婴幼儿们正常成长。官府也鼓励民间来慈幼局收养这些婴幼儿，有人领养的，每个月给一贯钱、三斗米，连续供给三年。这个待遇相当于当时一个壮劳力一年的净收入。施药局是官办的慈善医院，为慈幼局等公共事业和社会上无钱医治的穷人提供廉价乃至免费的医疗服务。南宋的临安城还有恤贫救老的养济院，将那些孤寡衰老、生活无着的或者沿街乞讨的可怜人，登记在册，定期发放钱米养活他们。此外，临安城还有一二十处“漏泽园”，负责收敛那些死后无处下葬，或者暴尸荒野的人。漏泽园不是将这些人草草下葬，而是设置祭奠用的屋子，方便春秋祭奠，给予人们的身后事充分的尊重。许多后来人喜欢宋朝，或许就在于宋朝社会发达，公共事业发达，以及随之而来的民间宽松、自由和有保障。

南宋的这些社会公共事业，基本上是官办的，效果不尽如人意。到了明清时期，许多事业都延续了下来，转交到乡绅士大夫的手中，变为纯粹的民间事业。一方面也是明清的官府资源汲取程度减少，官府规模也缩小了；另一方面，社会空间持续发展，乡绅士大夫的势力稳步增长，也为接手公共事业提供了可能。社仓、慈幼局、养济院或者类似的事业，都由乡绅士大夫主持，持续补充官府力量的不足，为乡亲们提供服务。一些临时性的事业，比如造桥铺地、兴办教育、防匪防盗等，也由官绅士大夫们出面主持。明清时期，成功的地方官，都是与辖区乡绅群体关系融洽，默许、支持辖区社会公共事业发展的。古代中国始终存在一个官府势力之外的社会领域，存在诸多的社会公共事业。

社仓制度的本质是社会力量填补政府能力的不足，社仓运行成功的基础是乡绅阶层的存在，当然也离不开政府公权力的默许与支持。在任何社会任何时代，政府公权力都不可能包揽一切，也离不开独立且运行良好的社会公共事业。以社仓为代表的中国古代社会公共事业的成功，根源是中国特有的乡绅群体的存在。相对于官府强制性的治理制度，乡绅主持的社会公共事业注重基层治理中的自主性、主动协商和道德感化。古代成功的社会治理，离不开官府和民间力量的通力合作。两方面共同发挥作用，维持了古代中国基层社会的稳定与发展。公权力的强制性与乡绅群体的自主自治，双方互补，统筹处理基层各类事务，对于我们现在的社会基层治理具有一定启发。

社仓制度是我们窥探中国传统社会治理的一个窗口，可以加深我们对古代基层社会的认识。

真假锦衣卫：大名鼎鼎的治安机构

近年来，拜古装影视剧所赐，“锦衣卫”成为明清历史的一个大热词。谈起大名鼎鼎的锦衣卫，男女老少都能说上三言两语。在这些影视作品中，锦衣卫往往是那种不达目的不罢休、残害忠良的形象。那么，影视创作中的锦衣卫形象与真实的历史是否存在差异？历史上的锦衣卫是一个什么样的机构？我们的讲述从一则明朝初期的故事开始。

元末明初的著名文人钱宰，在明朝建立后出任朱元璋的大臣，负责朝廷的文章典籍。钱宰此时已经年逾古稀，身体有点吃不消，写了一首发牢骚的诗：

> 四鼓咚咚起着衣，午门朝见尚嫌迟。
> 何时得遂田园乐，睡到人间饭熟时。

整首诗带有古代文人特有的委婉，说不适应早起上朝，希望能退休回家养老，天天睡到自然醒。对于一个七八十岁的老人来说，这是完全可以理解的。谁知第二天朝堂之上，明太祖朱元璋对钱宰说，听说昨天你作了一首好诗，如果将第二句中的“嫌”字改成“忧”字就更好了。一个“嫌”字，说的是皇帝对大臣的严厉要求和责备；一个“忧”字，表达的却是大臣对自己的严格要求，和对迟到的愧疚。一字之差，体现出了皇权的傲慢，更表现了皇帝的无所不知，对信息情报的掌控。

这样的故事并非个例，同样的事情也发生在宋濂和宋讷身上。一天夜晚，翰林学士宋濂和几个朋友在府上夜宴饮酒，喝得酩酊大醉。第二天早朝过后，朱元璋问宋濂昨夜干什么了？宋濂如实回答，昨夜在家中与朋友酒宴聚会。朱元璋又问，都有谁参加？宋濂一一如实回答。朱元璋再问，席间都有哪些酒菜、大家谈了什么。宋濂不敢隐瞒，尽可能详尽地回答。听完宋濂的话，朱元璋满意地笑了，说："确实如此，你没有骗我。"说完，他拿出了一幅画，上面画着宋濂夜宴图，宾客、座次、菜肴及主客言谈内容都一一记录在旁。宋濂看着图画，汗如雨下，心有余悸。如果他刚才说错了一点内容，都可能犯了欺君之罪，导致严重的后果。

有一天，在朝堂上，朱元璋突然问大臣宋讷："宋爱卿，昨天你为什么生气啊？"宋讷大吃一惊，接着实话实说："昨天我的学生打碎了一个茶器，我深感惭愧，是我教导无方，所以自己生自己的气。这事，陛下是如何知道的？"朱元璋哈哈一笑，递给宋讷一幅画，画的正是宋讷"危坐有怒色"，活灵活现，仿佛昨天的情景重现。看到这幅画，宋讷赶紧跪下磕头。他一定也在庆幸自己刚才对皇帝没有隐瞒，不然后果不堪设想。宋濂和宋讷的故事并非野史传说，而是真真切切记录在《明史》两人的本传里面。

现在问题来了：朱元璋怎么会知道钱宰等人晚上在家里做的事儿？他不可能趴在窗外窃听，也不可能蹲在屋顶偷看，更不可能潜伏在大臣的身边监视着他们。那么一定有人在替朱元璋从事这些偷窥和监视工作。帮朱元璋完成这些工作的，就是明朝特有的机构——锦衣卫。洪武十五年（1382）三月，朱元璋改近卫仪仗机构——仪鸾司为锦衣卫，正式机构名称为"锦衣卫指挥使司"，为从三品衙门，两年后进一步提升为正三品。至此，居皇帝亲军卫之首，对明朝历史产生深远影响的锦衣卫正式登上历史舞台。

刚才举的三个例子，以及现在影视剧中描述的锦衣卫的作为，给人的感觉，锦衣卫是一个特务机构。它在人们心目中种下了两个鲜明而顽固的印象：第一，锦衣卫监视朝野官民，不经司法机关批准就直接逮捕、迫害官民，一副朝廷鹰犬、皇帝爪牙的嘴脸；第二，锦衣卫的成员未必人人武艺高强，但至少都是军队序列，一副赳赳武夫、穷凶极恶的模样。我们就来探究一下这两个刻板印象是否符合史实。

首先，锦衣卫脱胎于皇帝的近卫仪仗机构，近卫和仪仗功能始终是锦衣卫最基本的职能。从始至终，紫禁城大朝会或者盛大典礼，锦衣卫都承担皇帝的警卫工作。但是，如果只是为了警卫工作，大可不必成立这么高规格的专门机构。同时，亲密关系在政治权力扩张中发挥着重要作用。这两方面原因注定了皇帝会授予锦衣卫更多的职权。在成立初期，锦衣卫的创立者朱元璋确实是将它当作一个特务机构，所以才会有上述三则监视官员的故事。但是，锦衣卫充当特务机关的时间很短，因为新的皇帝更加信任与其关系更近的专门特务机关——东厂、西厂陆续成立了。他们迅速接手了锦衣卫的特务机关职权。东厂的全名叫“东缉事厂”，西厂的全名叫“西缉事厂”，直接听命于皇帝。其中，西厂只存在于成化、正德年间，而东厂存在很久，从永乐朝一直延续到明朝灭亡。东厂的首领称为“钦差总督东厂官校办事太监”，也就是影视剧中俗称的“厂公”。东厂跟锦衣卫的本质不同，前者由宦官统领，属于内廷机构；后者由朝臣统领，属于外朝机构。东厂成立后，锦衣卫就和他们纠缠在一起。事实上，现代人很多对锦衣卫的印象，都是东厂的所作所为。这里涉及的问题是：锦衣卫和东厂是什么关系？

东厂最初机构精干、人员稀少，需要从锦衣卫中挑选办事人员，初创之时东厂只负责侦缉和逮捕，由于没有自己的监狱，东厂人犯一般交给锦衣卫审讯处置。因此从一开始，东厂和锦衣卫在业务和人员上就紧密合作，人们也以“厂卫”并称这两个机构。由于东厂和皇权的关系更亲近，东厂首领往往由司礼监秉笔太监等权阉兼任，东厂的实权和地位很快凌驾在锦衣卫之上。明朝中期开始，锦衣卫会审大案，东厂都会派人听审；东厂对官府的渗透、对官员的监视，也比锦衣卫更深入，皇帝也会授意东厂监督锦衣卫。如此一来，东厂变成了锦衣卫的上司。加上一些锦衣卫指挥使投靠东厂实权太监，助纣为虐，带动锦衣卫与东厂狼狈为奸。但是，锦衣卫本身已经没有监视和特务职权了。

同时，锦衣卫的侍卫职权很大部分也移交给了勋戚。锦衣卫更多的是在朝堂上发挥象征性礼仪作用。明朝中期以后，锦衣卫剥离了特务和礼仪实权，缉捕谳狱及城市管理成为首要职掌。因为处理的案件以京师地区居多，它更接近于北京城的治安、司法机关。锦衣卫内部执行司法职能的机构是南北镇抚司。其中，南镇抚司管理锦衣卫内部法纪；北镇抚司管皇帝钦定的案子，有自己的监狱，不必经过刑部、大理寺等常规司法机关而自行逮捕、刑讯和处决嫌犯。北镇抚司监狱也称“诏狱”。锦衣卫官员也从明初的特务演变为中后期的首都治安官。

宣德年间，明宣宗微服私访大学士杨士奇府邸。杨士奇以“万一有冤夫怨卒窥伺窃发，诚不可不虑”为由，劝阻皇帝不要微行出宫。明宣宗不以为然。十几天后，锦衣卫抓住两名强盗。原来有一群杀人强盗，因为官府追捕得急，竟然谋划在皇帝车驾去玉泉寺的路上，挟弓矢埋伏在道旁林莽中作乱。幸亏有锦衣卫校尉乔装打扮混入盗群之中，获得了强盗的信任，把整个计划泄露给他。锦衣卫这才将这伙强盗一网打尽。成化六年，内阁大学士彭时奏：“近闻房山县强盗四五十人潜住金主陵内，不时出没。乞命锦衣卫密察虚实，早加缉捕，庶免贻患于人。”可见，影视剧中穿着飞鱼服、佩带绣春刀，威风凛凛的锦衣卫，更多的时候是在胡同里、山林中乔装打扮、秘密潜伏，与盗匪斗智斗勇。他们有一个专门的称谓——捕盗校尉。与他们相对的，还有巡捕校尉。

一天晚上，北京城明时坊朱段子家失窃了。朱家的金银细软全都不翼而飞，家里的门户扃（jiōng）钥却丝毫未动。面对这种无头案，巡捕校尉出场了。巡捕校尉负责城区巡逻，因为只在城内活动又称“坐城校尉”，还因为他们有事无事就穿着便衣在辖区内反复游走，又获得了“皮条”的绰号。巡捕校尉来到朱家调查后，没有破案头绪。朝阳门外东岳庙庙门南有一座石碑，高二丈余，文字乃赵孟頫所书。有一个白衣少年在石碑上嬉戏，上下自如，身手矫健。巡捕校尉开始打听这个嫌疑人的底细，同时跟踪他。一天晚上，少年出了酒家后进入东岳庙。一名巡捕校尉尾随进入，在大殿西庑忽然见不着人了。夜色昏暗，一群巡捕校尉找不到人，就出庙门坐在石磉上犹疑不决，偶然发现庙外西松林下有一个白衣男子出来，仔细一看正是那名少年，马上跟踪到东岳庙后一个娼家。锦衣卫逮捕白衣少年后，审讯朱家的案子，犯人一一承认。原来，当天晚上小偷倚仗身体条件，从朱家天窗下来，偷走了朱家的细软，再从屋上飞檐走壁而去，全程没有触碰朱家的门户。偷来的财宝，少年都藏在东岳庙中大殿内天花板上。

当然，锦衣卫的行动并不是严格局限在京城一地。有时候，他们也出京捕盗，或者随同钦差办理大案要案。总之，现代人很多对锦衣卫的理解，更多的是张冠李戴，转移到东厂身上更加妥当。我们从常理来理解，皇帝也不可能把一个集近卫警戒、司法监察和特务职能于一身“巨无霸”机构放在身边。为了维持和加强皇权，皇帝不可能让某一个机构职掌过多、赋予过大权力。所以，当今某些影视剧中那个大权独揽、高手如云的机构是最不让皇帝放心的。万一它造反怎么办？

第二，锦衣卫到底是不是高手云集的武装机构？古装影视剧中的锦衣卫校尉，可谓个个武艺高强，凶神恶煞。锦衣卫指挥使不是老奸巨猾、助纣为虐，就是城府深厚、以权谋私，总之是不公忠体国，不好好干工作。

事实上，锦衣卫也有忠厚老实、勤勤恳恳的好人。最著名的就是明朝中期的义士沈练，他坚持与权相严嵩作斗争。此外，明朝中期几位以仁义忠厚著称的大臣，恰好都是锦衣卫指挥使。其中一个是仁厚、刚正的袁彬。

当年明英宗听信宦官王振的谗言，要效仿先辈亲征瓦剌，带着60万人军，自信满满地出征了，袁彬也在其中，当时的他还只是一个不起眼的锦衣卫小校尉。明英宗本以为，征讨瓦剌是手到擒来，结果土木堡一战，明朝60万大军被合围歼灭，就连堂堂的皇帝，也成了瓦剌的阶下囚。俗话说兵败如山倒，明军溃败之后，文臣武将死的死，逃的逃，哪里还顾得上明英宗？在此危难之际，有一人留在了明英宗的身边，他就是袁彬。明英宗被瓦剌带回了大漠，从一国之君变成了俘虏，在这里没有宫殿，没有仆从，只有一顶破旧的帐篷。看着只有袁彬寸步不离，明英宗心中五味杂陈。

大漠的气候和中原不同，白天和夜里，就如同酷夏和寒冬一般，气温差距非常大。每每到了晚上，明英宗都只能躲在帐篷里瑟瑟发抖，他哪里受过这样的苦。袁彬见状，赶忙抱着明英宗的双脚，用自己的体温为皇上暖身子。俗话说患难见真情，落难之后明英宗才看清，谁才是真正的忠义之士。

在大漠的这段日子，明英宗也放下了架子，把袁彬视为骨肉兄弟。有一次，袁彬得了风寒，瓦剌既没有医生，又没有药物。风寒虽然不是重病，可如果不能及时医治，也会危及性命。明英宗心中焦急万分，就在这时，他想到当初袁彬用身体暖自己双脚的事情，于是，明英宗先把帐篷里的被子都盖在了袁彬身上，自己又压了上去。身体逐渐暖和过来的袁彬，出了一身汗，这才挺了过来。两人就这样相互扶持，度过了好几年。

明英宗复辟后，袁彬荣升锦衣卫指挥使，谨慎低调、清心寡欲，一点都没有皇帝宠臣的样子。当时，锦衣卫指挥使门达深受明英宗宠信，恃宠骄横，得罪他的人都遭逮捕拷掠。面对势倾朝野的门达，袁彬偏偏不屈服。门达于是诬陷袁彬，在明英宗的援助下，袁彬调往南京锦衣卫赋闲。明英宗驾崩后，门达获罪，被贬充军，袁彬则恢复原职，仍掌管锦衣卫。门达充军的时候，袁彬还设宴送别并赠予金钱。

还有一个人是明孝宗年间的牟斌。牟斌掌管锦衣卫时，司法刑狱公正、宽厚，他对待诏狱里的犯人都很人道，凡是案件有疑点的都发回刑部重新审理。当时，大臣李梦阳不畏权势，大胆上书揭发外戚、张皇后的兄弟招纳无赖、横行霸道、欺压百姓等罪行，因此招来杀身之祸。外戚陷害李梦阳，将他解职关入诏狱，急欲除之而后快。牟斌不畏外戚权势，公正治狱，对李梦阳这样“麻烦”的罪犯也一视同仁。当时朝野公认牟斌是忠厚之人。

锦衣卫脱胎于军事建制的卫所，其大多数人员除军官外，还有文官、工匠等。明中后期锦衣卫额定人数大约 3 万人。正德时，约有 6 万人，这大抵是锦衣卫人数的最高峰；后经裁汰，至崇祯二年（1629）有 29955 人。锦衣卫人员中，军匠占多数，明朝国家工程层出不穷，全国卫所抽调军匠营建北京。这些军匠长期在京供役，一部分归锦衣卫管辖，保守估计军匠至少占锦衣卫总人数的三成。军匠以外，人数较多的是力士。朝廷招募民间孔武有力的人充当力士，专领金鼓旗帜，随驾出入及守卫四门，大约有 5000 人。作为锦衣卫管理层的官员，嘉靖中叶以后均经考试选拔，许多人来自士大夫家族，与其说是武官，毋宁说是法吏，其司法素养不一定逊于三法司文官。儒家仁政和慎刑思想也得到他们的认同，在多起冤案、党狱中，许多卫官不仅没有充当鹰犬，反而尽力保全受难者。研究表明，明朝后期，文臣掌握了锦衣卫，锦衣卫趋于文职化了。考虑到锦衣卫真正的一线缉捕人员不多，办理的案件数量并不会太多。崇祯三年（1630）北镇抚司类奏档案显示，该司平均每年审理案件不到30起。这在百万人口的北京城里不能算多，我们不能高估锦衣卫的缉事能力。既然锦衣卫处理的案件数量很少，那么他们所谓迫害忠良、残酷暴虐、破坏司法秩序等指控也就不太站得住脚了。

所以，当今人们对于锦衣卫的两大刻板印象都不是历史真相。明朝的锦衣卫是以近侍警卫、北京治安为主的军事机构，内部人员以工匠为主，其官员逐渐文职化。锦衣卫不是明朝黑暗残暴的特务机关，而是从近侍军事机构演化而来的文职治安司法机构。锦衣卫的演化，正是明朝统治从洪武、永乐时期的严肃冷酷走向正常发展轨道、中后期偏向文治的典型案例。

锦衣卫一直延续到明朝灭亡。南明时期，锦衣卫依然存在，直到1661年，南明永历皇帝时的锦衣卫指挥使马吉翔、掌卫事任子信等人在缅甸咒水之难中遇难，才正式结束。不过，清初也仿效明朝，依然设立锦衣卫，顺治二年（1645）改称銮仪卫。锦衣卫在清朝只存在一年。

锦衣卫从明朝早期的大权在握，发展到明朝中后期成为北京的文职治安司法机构，伴随明朝近300年。由于在很长时间里锦衣卫和东厂、西厂沆瀣一气、狼狈为奸，受到了当时和之后的谴责。这是它恶有恶报，应该承担的。可在制度上，我们不能简单地把锦衣卫看作是一个一成不变的机构，不能将锦衣卫早期曾经承担的特务职能看成是它的主要职能，更不能将锦衣卫看作是明朝政治黑暗残暴的代名词。

贞节牌坊：中国古代旌表制度[①]

中国传统建筑中有一类特征鲜明、饱含中国特色的样式——牌坊。牌坊是古代官府为表彰功勋、科第、德政及忠孝节义所立的建筑物，肇源于汉阙，成熟于唐宋，在明清时期遍地开花，发展到登峰造极的程度。如今，我们行走在江南的乡野村镇，徜徉在一座座牌坊之下，可以见证一个个主人的功名成就，更多的是看到一个个主人的贞节妇德。那么，牌坊是什么制度的产物？为什么其中大多数是所谓的"贞节牌坊"？

我们从清朝人沈起凤所著《谐铎》中"两指题旌"的故事说起。

明朝中期，书生赵文华科举落第，在东城陆家当教书先生。陆家女主人新寡，有一个七岁的儿子，跟从赵文华读书。一天晚上，赵文华秉烛夜读，突然听到叩门声，打开一看是陆家女主人。他迎女主人进来，问所来何事，女主人含笑不言。正常的男子深夜遭遇这样的情景，心里就有了一个大概。可是，赵文华是个单纯的书呆子，不明所以，一再追问。女主人就将话挑明了："先生离家久，孤眠岑寂。今夕好风月，不揣自荐，遣此良宵。"面对女主人共度良宵的邀请，赵文华非常严肃地予以拒绝："妇珍名节，士重廉隅。稍不自爱，交相失矣。汝请速回，人言大可畏也！"赵文华的态度很明确，可女主人不死心，坚持要留宿，不愿意离开。赵文华最后不得不用力把女主人推出门外，女主人又反身溜进门内。赵文华赶紧把大门给合上，结果把女主人的两根手指夹在门隙里。女主人大声呼痛。

---

① 本文参考了王传满：《妇女节烈旌表制度的衍变》，载于《西华大学学报（哲学社会科学版）》2008年10月；李丰春：《社会评价论视野中的旌表制度》，载于《河南大学学报（社会科学版）》2007年9月；秦永洲、韩帅：《中国旌表制度溯源》，载于《山东师范大学学报（人文社会科学版）》2007年第6期。

赵文华稍稍松了一把劲，女主人抽出手指，仓皇而逃。逃回房间后，女主人深深后悔了，觉得自己“清门孀妇，何至作此丑行”。她躺在床上辗转反侧，在羞愧与悔恨交加之下，急火攻心，抽刀砍断了扒门的两根手指，顿时，血流如注，女主人痛得死去活来。死而复苏，女主人最后偷偷把两根断指收起来，拌上石灰珍藏起来。赵文华对这些一无所知，只是感觉不方便再在这家教书了，第二天就辞职而去。前天晚上的小插曲，渐渐消逝在岁月的长河之中，除了两个当事人无人知晓……

多年之后，陆家的孩子长大成人，考中进士，入部院为官。他为母亲申请旌表。什么是旌表呢？旌表是中国古代王朝为倡导道德、美化风俗、教化百姓，对德行突出者通过树立匾额、碑石、牌坊等物化标志进行表彰和标榜的一种制度。它直观而准确地折射着中国古代社会的道德精神，是弘扬中国古代社会文化导向的有效方式，也是弘扬仁、义、忠、孝、节、廉等封建道德的社会回报机制。陆某的母亲寡居几十年，含辛茹苦，独自将儿子抚养成才。现在，他申请表彰寡母的“贞洁”。

奇怪的是，陆某的申请屡申屡驳。按说，陆母守寡几十年又教子有方，是符合旌表的标准的，但到了部院长官那里就是通不过。陆某很不解，回家和老母亲倒苦水，说现在的长官故意刁难人，而且这个长官还曾经是自己的老师呢！老母亲问这个长官难不成是小时候曾经教过你的赵文华吗？陆某回答：“是的，恩师现在已经是朝廷显贵了，正是赵大人屡次驳回了母亲的旌表申请。”陆母说：“我知道原因了。”她拿出一个密封的小檀盒，交给儿子：“你拿去给赵老师，应当很快就有结果了。”儿子奉命照做。赵文华打开小盒子，发现里面有两根断指埋在灰土里。赵文华恍然大悟，迅速通过了陆某的申请，请求皇帝旌表陆母。

陆某为什么要屡次为母亲申请旌表，如此看重这种事情？赵文华为什么严格行事，旌表存在什么样的程序？我们就简单梳理一下旌表制度的历史。

早在先秦时期，君主就表彰仁人志士、孝子节妇，引导一种社会风尚。秦始皇为了褒奖巴寡妇清，修筑怀清台以劝导贞节。“怀清台”便是后世“贞节牌坊”的雏形。秦汉、魏晋南北朝及隋唐时期，旌表制度不断发展，旌表的记载越来越多，奖励也从荣誉表彰扩大为赏赐财富、减免徭役等实质性的奖励。

旌表的对象非常有意思。首先，旌表的对象都是平民百姓，极少有统治阶层的人。这个问题可以从两个方面来解释。第一，王公贵族和文武百官如果有忠孝节义等突出事迹，属于行政奖励的范畴，朝廷可以通过提升官衔、待遇等措施给予奖励。除非贵族官员有特别突出的事迹，否则极难获得旌表。第二，旌表制度设计之初，就是视野向下的。先秦将表彰地点选择在闾里，选择在最贴近中国人日常生活的场所进行表彰。公权力通过旌表来介入社会。综上所述，旌表的目的是在基层社会中普及意识形态，引导社会风气，巩固王朝统治。

其次，旌表的对象不仅仅是如陆母那般守节妇女，大体有四大类型：旌表节妇（妇德）、旌表孝行、旌表义门和旌表隐逸。前两者都容易理解，所谓“义门”是以血缘关系为纽带，以地域为依托的大家族。旌表义门是古代重视家族、提倡家族和睦的体现；所谓“隐逸”是与世无争、隐居世外的高人，通常在声望、学术或者道德方面有突出的表现。旌表隐逸表明朝廷推崇高风亮节，也表明朝廷试图将影响扩展到世外桃源。那么，在历史长河之中，为什么其他三类旌表没有发展起来，最终旌表节妇一支独大呢？

第一，旌表的目的是服务于王朝统治，义门和隐逸是与集权统治存在本质冲突的。义门通常是地方上势力庞大的士绅大族，隐逸之人通常是与现行政治体制交恶的人，他们二者都是朝廷潜在的政治威胁。对他们的旌表，有利有弊，操作不当便有可能培养壮大自己的敌人。随着传统王朝集权程度的加强，潜在的威胁越来越得不到公权力的加持。比如，朱元璋《大诰》直言不讳：“率土之滨，莫非王臣。寰中士大夫不为君用，是自外其教者，诛其身而没其家，不为之过！”可见，义门和隐逸越来越不会受到旌表了。

第二，孝行与义门、节妇存在很大的交集。一方面，“割股疗亲”和

“毁身葬亲”等近乎违背人情的孝行在明朝以后已经得不到朝廷的旌表了；另一方面，孝顺日益融入中国人的日常生活，不需要额外的旌表。所以，孝行的旌表记载就相对萎缩了。

第三，节妇是切入中国社会的绝好角度。在男性掌握各方面话语权的古代中国，旌表节妇是极少数妇女可以发声的政治领域，对于底层妇女来说甚至是唯一的领域。而在人生和家庭中，妇女发挥着不可或缺的重要作用。旌表节妇可以将朝廷导向输入千家万户，也可以稳定社会的基本细胞，进而按照朝廷的意志塑造基层社会。综上所述，旌表节妇就将其他三类表彰远远甩在了后头，成为古代旌表制度的主要内容。后人一看到牌坊，首先想到的也就是贞节牌坊了。

旌表节妇的真正繁荣，是在宋朝。隋唐及以前，虽然也表彰节妇，但记载不多，且统治者对妇女的贞洁并不像后世那般苛责。汉唐的皇室女性都有改嫁的记录，社会风气相对比较开放。汉武帝的生母王氏就是离异后改嫁给汉景帝的；唐代公主改嫁甚至三嫁的，不在少数。宋朝在男女关系观念的转折期。单从贞操观念来说，汉唐虽然提倡贞洁，但基本停留在理论空谈；宋朝中叶以后，中国人对妇女贞洁的要求陡然严格起来，而且迅速落实到实践中。贞洁成了中国女性安身立命的根本，从而终成为女性婚姻的常态。旌表节妇的记载迅速增加，对贞节妇女的旌表奖励也迅速增加，除赏赐财富、免除赋役之外，还有旌表门闾、封爵赠号、立祠祭祀、在墓上表记等。宋朝以后，官府每年都会拨出专款，大量印发妇德文献：《内训》《训女宝箴》《古今列女传》《母训》《女四书》《女诫》等，这些都是与社会风尚的变迁密切相关的。

元代正式形成一套完备的旌表制度：“诸义夫、节妇、孝子、顺孙，其节行卓异，应旌表者，从所属有司举之，监察御史廉访司察之，但有冒滥，罪及元举。诸赐高年帛，应受赐而有司不以实报者，正官笞四十七，解职别叙。”旌表忠孝节义成为官员们的义务。具体到节妇领域，元朝规定了明确的标准、程序和奖惩内容：

> 今后举节妇者，若三十以前夫亡守志，至五十以后晚节不易，贞

正著名者，听各处邻佑社长明具实踪，重甘保结，申覆本县，牒委文资正官体覆得实，移文附近不关碍官司，再行体覆，结罪回报，凭准体覆牒文，重甘保结，申覆本管上司，更为核实保结，申呈省部，以凭旌表。仍从廉访司体察。

元朝规定的节妇标准是：30 岁以前守寡，至 50 岁以后不嫁，其间没有言行不当，便具备了申请旌表的资格。申请程序比较烦琐：先是地方社会认可、申请，经过官府层层上报，由中书省再发文地方复核，最后由皇帝汇总旌表。整个流程漫长，可能会耗费数年之久。一些年迈的旌表对象可能在复核过程中逝世，因为只有在世者才能旌表，她们因行政烦琐而丧失了旌表奖励。

明清两朝非常重视旌表节妇。明太祖朱元璋规定："凡民间寡妇，三十以前，夫亡守志，五十以后，不改节者，旌表门闾，除免本家差役。"在继承元朝旌表制度的基础上，明朝准许旌表者的家族可以免除徭役。老百姓在言行获得肯定，行为世范、名垂青史的同时，还可以获得实实在在的物质收益。民间社会对旌表更加看重。旌表节妇现象在明清出现了井喷。在实际操作上，明清旌表制度日益严密而规范化。原先元朝烦琐的申请流程，在明朝中期大大简化。原本的申请关键程序掌握在礼部手中，礼部反复审核导致流程既长又增加变数。明朝将旌表的实际权力下放给了申请者所在的地方官府或者部院衙门，他们负责审核，而礼部按照所奏名单奏报朝廷旌表。明朝一个普通的节妇旌表大致是这样的一个流程，首先是基层乡绅里老等发现并推举，州县核实后，通过府道上报省里。一省的巡抚、按察使、学政等长官复核达成一致意见后，上报朝廷请求旌表；礼部走流程奏闻；皇帝恩准，朝廷赐匾额或者建造牌坊的银两进行旌表。地方官府出于彰显文化教育成就、表彰地方典型人物的考虑，在申请旌表问题上积极性很高。这又带动了民间女子追逐旌表，主动用主流意识形态的贞洁标准来要求自己。

清朝进一步规范旌表制度。顺治十二年（1655）题准："各直省孝子顺孙义夫节妇，各该督抚于每年十二月照例核实具奏，礼部复核分别题请旌表。”这是将旌表工作作为一项年度常规性工作了。康熙十四年（1675）题准：“凡节妇已经核实到部者，虽病故亦准汇题旌表。”已经病故的贞女节妇也有旌表的资格了。雍正皇帝进一步放宽了旌表的标准：“节妇年逾四十而身故，计其守节，已逾十五载以上者，亦应酌量旌奖。”总之，清朝旌表的门槛不断降低，旌表对象的范围不断扩大，旌表的手续不断简化，最直接的结果是清朝获得旌表人数急剧增长，高达数十万人。最高的数据出现在同治十年（1871），当年有 25347 人获得旌表。对于未能获得朝廷旌表的人物，明清还有地方表彰，地方官府对本地忠孝节义人物进行公开肯定、赐匾捐钱。这又扩大了旌表的范围。

明清时期旌表对象的范围不断扩大，表明统治者在主观上利用旌表来维护家庭乃至社会稳定的意识不断强化，也表明社会上弥漫着对旌表荣誉的追逐。清代安徽徽州富商鲍漱芳，不惜花费万金，就为了赢得一座“乐善好施”牌坊。他留下一句名言：“生不能封万户侯，但愿死得一旌表。”尤其是在旌表节妇的指挥棒挥舞之下，贞洁观念弥漫了明清社会。妇女从一而终，“饿死事小，失节事大”。不知道有多少女子将美好的青春年华耗费在了青灯黄卷之中，有多少女子压抑了个人的幸福来迎合日益严苛的贞洁标准。主流意识形态成功地借助旌表制度渗透到了民间生活之中、老百姓的思想深处。比如，明朝天顺年间（1457—1464），山西的一位正五品官员刘翀娶了一位再婚的妻子，被人检举。虽然大明律法没有明文规定官员不能娶再婚女子，案子还是一直告到了京城，最后由明英宗亲自干预，将刘翀削职为民。

旌表或许是对古代社会影响最深刻的制度之一。它助推了贞洁观念在中国的普及与深入，塑造了古代父母的婚恋和人生，进而影响了中国古代的社会生活。它像空气一样，弥漫在古代社会之中。旌表节妇从目的而言，是相当成功的，成为宣扬主流意识形态的重要措施，而且成功地将贞洁观念与其他思想观念有机融合在一起。清代俞樾《右台仙馆笔记》中记录的一则故事，就很典型地反映了清朝时中国人的贞洁观念，以及贞洁观念与其他意识形态的接洽与融合问题。

松江乔氏，生育不满一年丈夫就去世了，选择独自抚养幼子阿九。乔氏守节的态度坚定，加上家境小康，孤儿寡母的日子还算过得下去。不久，太平天国运动风起云涌，太平军攻占苏、杭，松江城危在旦夕。乔氏担心成为太平军俘虏、贞节不保，想自杀保存名节，但是小儿子正是呱呱叫的年纪，离不开母亲，所以对殉节一事很犹豫。在这里，贞节观遭遇到了对中国人而言同样重要的子嗣传承问题。如何在贞洁和子嗣之间取舍呢？一天夜里，乔氏梦到亡夫告诉她："吾家三世单传，今止此一块肉，吾已请于先亡诸尊长矣，汝宁失节，毋弃孤儿。"亡夫的态度很明确，宁可失节，也要保证子嗣绵延。乔氏醒后，觉得丈夫言之有理，但是妇女以贞洁为重，失节事大。她又犹豫起来。当夜，乔氏又梦见亡夫和公公、婆婆来做她的思想工作："为汝一身计，则以守节为重；为吾一家计，则以存孤为重。愿汝为吾一家计，勿徒为一身计。"贞洁是私人品格，延续子孙是宗法义务，是更宽泛、优先级更高的义务。经过一番思想斗争后，乔氏坚定了子嗣第一、贞洁第二的信念。妇女的贞洁原本就要求妇女服务于夫家，确保夫家血统纯正且绵延流长。在更重要的宗法子嗣面前，贞洁要退居其次。

不久，太平军攻占松江一带，乔氏母子的悲惨遭遇开始了。乔氏为了在乱世烽火中保存幼子，先是委身于太平军将领为妻，后来脱离太平军，逃到扬州，又被人卖入妓院，乔氏不得不卖笑为生。无论是再嫁他人，还是在风月场中，乔氏坚持的前提都是不能伤害她的儿子，而且要允许她抚养儿子。等到战乱平息，乔氏返回松江故乡，含辛茹苦地抚养儿子长大成人，然后自尽而死。严格按照贞洁观念，乔氏并非节妇，但儒学大师俞樾完全肯定乔氏，赞誉她"不失为完人"。

在历史长河中，中国古代旌表制度日益面向平民百姓、着眼于基层社会，且越来越聚焦到节妇上，对中国社会及思想观念产生了重大影响。

张居正夺情：孝治、丁忧与例外

张居正改革是明朝历史上最深刻的全面改革，也是中国古代史上最著名的改革之一。这场改革是大明王朝轰轰烈烈的自我革新与救亡图存运动，张居正由此奠定了大改革家的地位。接下来，我们从一个小的制度切口去观察张居正改革。

万历五年（1577）九月，张居正已经担任内阁首辅大学士五年了，他所主持的改革也运行了五年时间。五年间，张居正不畏艰难、攻坚克难，徐徐拉开一场改革大幕。改革先从政治领域入手，他推行“考成法”刷新吏治，对官僚群体进行严格管理，优胜劣汰；重用戚继光、李成梁等将领，改革军事，明朝的京畿、辽东等边关局势一改之前的困顿，大为好转。同时，张居正开始筹划经济改革，将变法图强的矛头伸向经济领域。已经延续两百多年的大明王朝，在政治上呈现昂扬向上的势头，大明国运似乎枯木逢春、中兴有望了。然而，历史的吊诡之处，或者说魅力所在，就是它并非线性的，而是充满难以预料的变数。

就在张居正改革欣欣向荣之时，一场偶然变故让他迎来人生最大的挑战；大明王朝也不会预料到，一场汹涌澎湃的政治风潮即将吞没整座朝堂。

九月，张居正得到家信，父亲张文明在老家江陵去世了。按照制度，张居正要丁忧守制。张居正及其改革一下子陷入了危机。为什么这么说呢？这要从丁忧制度的设计说起。

丁忧制度是中国古代最基础的政治制度之一，有着深厚的社会基础和越来越严格的制度要求。重视家族和孝道，不仅是中国古代政治也是传统社会的主要原则。秦汉以后，历朝历代无不宣称“本朝以孝治天下”。忠孝相连，与儒家政治思想紧密融合，成为中国主流意识形态的重要组成内容。官员遭遇父母之丧，必须立刻去职，回乡守制三年（实际上是接到讣闻后的27个月）。如果父辈已故去，祖父母去世时，嫡长孙也要丁忧守制。早在周朝，子女便有为父母守丧三年的习俗。《礼记》云“三年忧，恩之杀也”，“丁”字是遭遇、遭逢的意思，因此有了“丁忧”一说。官员遵守制度要求，居家守孝，称为“守制”。

汉朝以后，丁忧成为正式的法律。官员丁忧期间，不得娱乐，不得行房事，不得远游，子女不得婚娶。违反者，轻则复官无望，重则追加牢狱惩罚。如，《唐律疏议》载：“诸闻父母若夫之丧，匿不举哀者，流二千里。丧制未终，释服从吉，若忘哀作乐，徒三年。”《三国志》作者陈寿丁忧期间服药，被认为有违孝礼，服满后长期不能复官；唐代监察御史皇甫镈丁忧期间游玩，贬官詹事府司直。大诗人白居易作《赏花》及《新井》诗，政敌攻击其母因看花坠井而死，白居易作品甚伤名教。白居易被贬为江州司马。

明朝继承了丁忧制度，张居正按照制度必须立刻离职守制。即便贵为内阁首辅，即便壮志未酬，张居正也不得不立即上疏，申请丁忧。

制度的实际执行情况，永远不会像纸面规定那样平滑顺利，反而因为人事、局势等因素的干扰呈现出千奇百怪的景象。张居正主动申请丁忧，并没有意味着事情的结束，而只是投入看似平静的水面的一颗石子。

张居正的上疏，出现在了14岁的万历皇帝朱翊钧的案头。一个14岁的孩子，肯定不可能独立自主执掌一个庞大的王朝。那么，谁在帮他掌舵呢？张居正！张居正不仅是万历皇帝的授业恩师，还是隆庆皇帝临终前给儿子朱翊钧挑选的托孤大臣。执政五年来，张居正长期陪伴在万历皇帝左右，大多数决策是张居正借小皇帝之手作出的。14岁的万历皇帝对张居正“深切依赖”，后者才是万历朝前期的真正决策者。当时的改革史称“张居正改革”而不是“万历改革”就是明证。

李太后和万历皇帝高度信任、依赖张居正，在明朝大权在握的宦官势力也支持他。张居正和大太监冯保在残酷的权力斗争中结下了“深厚友谊”，两人通力协作，配合默契，一个主外一个主内，保持最高统治层的稳定。冯保也不愿意张居正突然离职，担心会破坏政治稳定。此外，还有一个现实原因：万历皇帝即将在来年大婚。皇帝婚礼是国之大典，张居正是这场婚事的主要操持者，甚至连婚期都是他定夺的。张居正不可能在这个忙碌的关键时刻甩手不干，李太后、万历皇帝也不可能临时换人筹办。这也是张居正不能返乡守制的一大原因。因此，小皇帝、老太后、大太监罕见地都站在同一边，整座紫禁城内达成了一致意见，那就是不同意张居正回乡守制。

从这个案例可以看出，现实永远比制度复杂，制度不可能像纸面规定的那般顺滑落地。那么，紫禁城怎么突破丁忧的制度规定呢？万历皇帝下诏张居正“准过七七，不随朝”，给予一定的时间办理丧事，也就是依照习俗做满七七四十九天丧事，但是不许张居正离职守制。这种做法是一项充分体现了中国政治制度灵活度与柔情的变通，称为“夺情”。

夺情，又称“夺哀”，顾名思义是夺去人员在父辈去世后哀伤和回乡守制的“待遇”，在整齐划一的丁忧制度上划开了一道“小口子”。经过皇帝特旨允许少数位高权重或者关键要害岗位的官员因为行政需要，不必离职，留任办公，但是要穿着素服，不能参加吉礼；或者允许少数人提前结束守制，复出工作。夺情没有统一标准，完全操于皇权。汉文帝时，重臣晁错，父亲去世十天后就被起复，以后唐朝房玄龄、宋朝寇准等宰相也都为皇帝夺情。必须说明的是，夺情毕竟是特例，获得夺情许可的始终是极少数人。

获得夺情恩准的官员，通常不能立刻接受，要再三推辞，以表示哀伤与孝道。张居正接到夺情的圣旨后，随后又上了《再乞守制疏》，第二次申请丁忧。在上疏中，他动情地说道：“是臣以二十七月报臣父，以终身事皇上”，以表示自己要做到忠孝两全。李太后和冯保等人把持下的紫禁城，第二次拒绝了张居正的申请。圣旨也动情地说：“朕冲年垂拱仰成，顷刻离卿不得，安能远待三年？”小皇帝一天都离不开张居正的辅助，哪里熬得住三年啊？这里的“垂拱”是垂衣拱手的意思，表示万历皇帝基本无为而治，仰仗于张居正。

张居正又上了《三乞守制疏》，第三次申请丁忧。万历皇帝第三次颁下圣旨，说："朕学尚未成，志尚未定，先生既去，前功尽隳（huī）。"圣旨先是用事业来挽留张居正，如火如荼开展的改革大业很可能因为主持人的离职而前功尽弃，接着圣旨又用感情挽留张居正，"连日不得面卿，朕心如有所失"，"七七之期，犹以为远，矧回三年"。万历皇帝最多只能给张居正七七四十九天丧假，不能再长了。而且，小皇帝还对另外两位内阁大学士张四维、吕调阳说，即使张居正再奏百本，也不会准许他回乡守制。

几天时间里，张居正在紫禁城完成了三请三驳。这也是面对重大事件，君臣推辞谦让的一贯流程。那么，张居正真实的想法是什么呢？他到底是在例行公事般的申请丁忧，然后等待驳回，还是坚定地屡次申请守制呢？

接到父亲去世的噩耗，张居正震惊且悲伤。他第一次申请丁忧，既是遵守制度规定，也是真心流露。很快，政治家的本性开始显露出来，张居正从政治角度思考丁忧与守制的问题。首先，毋庸讳言，权力是张居正推行改革、实施政治抱负的必要手段，丧失了权力，张居正改革就成了无源之水无本之木。而职位是权力的载体，一旦丁忧，张居正就丧失了职位和权力，这是一个政治家不得不慎重思考的大问题。其次，权力还是政治人物的护身符，是张居正的安全保障。张居正宦海沉浮几十年，入内阁也有十多年，陪伴了三朝皇帝，目睹了从夏言到高拱的最高层明争暗斗，深深知道斗争失败者的悲惨下场。而他在推行改革的五年多时间里，尤其是推行"考成法"刷新吏治之后，得罪了不少官员。万历四年（1576），御史刘台上疏弹劾张居正"专擅威福，结党营私，排斥言官"，最终因为万历皇帝的坚定支持，张居正有惊无险。大权在握之时，他的安全是有保障的；一旦离职回家，远离朝廷，安危就两说了。他个人安危，又关系到整个家族和追随者的荣辱，不由得他不好好思考。最后，丁忧官员复出的官职，通常差于先前的职位。这对处于仕途上升者，或者谋官不易者，绝对是负面打击；对于纵横捭阖的大政治家而言，更是巨大的打击。如果张居正回湖北老家三年，再回到北京，未必能成为内阁首辅大学士。三年足够改变很多东西，也足够产生新的强权人物了。尤其是已经铺开的改革大业，能否自动运行三年，等张居正复出后再加速前行，连他自己心中都不断打鼓。以上种种因素，很快让张居正对丁忧产生了深深的焦虑。

来自紫禁城的态度是明确的，主张夺情。万历皇帝对张居正的支持，也是一如既往的。顺着他们的态度，张居正虽然没有主张夺情，但也不反对夺情。为此，他四处给夺情寻找“理论依据”，比如，大义重于伦理，而为国改革、为民造福自然就是大义；比如，忠孝难以并重，干大事者要审时度势、便宜从事等。朝野之中也不乏支持张居正的官员。户部侍郎李幼孜上疏说：“皇帝冲龄，天下不可一日无首辅。”主张夺情的还有致仕尚书潘晟、御史曾士楚、给事中陈三漠等人。这些人大多是张居正的门生故旧和坚定支持改革、担心改革夭折的人。

然而，反对张居正夺情的官员更多，他们从纲常伦理出发，高举“尽孝”的大旗攻击张居正恋栈不去。这种攻击的杀伤力是很强的。在儒家纲常之中，孝道是优先级很高的思想要求，“国而非此不可以为国，家而非此不可以为家，人而非此则禽兽矣”。源于孝道的丁忧制度，执行的优先级也非常高，对违反者的惩罚严厉而明确。明英宗时期明确：“官员匿丧者，俱发原籍为民。”至于夺情，明朝早期出现得比较多，是给少数内阁大学士和尚书的恩赐。明武宗时，内阁大学士杨廷和拒绝了皇帝的夺请恩准，坚持丁忧回籍。杨廷和是三朝重臣，在明朝中期有崇高的政治地位。他坚持丁忧之后树立了“前车之鉴”，直到张居正时期几乎没有人再夺情了。因此，无论是意识形态，还是规章制度，或者人事惯例，官员们纷纷上疏，从各种角度反对张居正夺情。

十月十八日，翰林院编修吴中行上疏，指出张居正之前忙于政事，已经十九年没有回乡探望父母，已为不孝，如今不回乡守制，更是违背伦理。吴编修认为张居正应该回老家参加葬礼后再回来，不应该连父亲棺柩都不见一面就夺情留任。第二天，翰林院检讨赵用贤上疏，直言皇帝不让首辅回家为父亲奔丧，是违背公议而徇私情，建议遵循之前的惯例，让张居正回乡处理丧事后再召回朝堂。这些意见，还是比较温和的。二十日，刑部员外郎艾穆、主事沈思孝联名上疏，表达就非常尖锐了。他们认为内阁首辅维护纲常伦理责无旁贷，如果身居高位而带头不顾名节、违法乱纪，何以表率群臣、垂范后世？如果真的为张居正考虑，就应该成全他，让他忠孝两全。无论是吴中行、赵用贤，还是艾穆、沈思孝，都把张居正是否丁忧守制和社会风气、社稷安危联系到了一起。贯穿起来的逻辑关系就是，丁忧关系到孝道，而“孝”是王朝意识形态的重要根基。

反对张居正夺情的人，不排除有少数乘机进攻的反对者，但更多的是真心觉得张居正应该丁忧。上述四人之中，赵用贤、吴中行是张居正的门生，艾穆是张居正的同乡，和张居正的关系比较亲近。他们的弹劾让张居正既尴尬又被动。

好在万历皇帝对张居正的支持非常强硬，很快给四个人扣上“攻击辅臣”的罪名，拉下去施以廷杖。吴中行、赵用贤只是提议张居正奔丧，没有明确要求守制，挨了六十大板廷杖后，逐出京城；艾穆、沈思孝明确要求张居正回乡守制，廷杖增加到八十大板，然后发配充军。仅仅是上述议事，处分太重了！大臣们纷纷表示同情，并施以援手。礼部尚书马自强跑到张居正家中，希望他向皇帝替赵用贤等四人求情。可是张居正竟然跪地说：“公饶我，公饶我！”吓得马自强仓皇逃走。翰林院掌院学士王锡爵也找张居正为四人求情，张居正搪塞道：“圣怒不可测。”结果，十月二十二日赵用贤四个人在紫禁城午门前受刑，虽然无一人死亡，但受伤严重，几乎残疾。

四个人在挨板子的时候，刑部观政官邹元标刚好怀揣着一封奏疏入宫，入宫递给宦官请求呈递。宦官问他：“这不会也是反对张相公的奏疏吧？”邹元标淡定地回答：“这是我请假的奏疏。”结果，万历皇帝看到的是一封最激烈的攻击张居正的奏疏。

邹元标一上来就攻击张居正“才虽可为，学术则偏；志虽欲为，自用太甚”，接着对张居正改革进行了全面批判。他批评张居正限制学校生员的名额，“进贤未广”；在刑狱判决上，“断刑太滥”；控制舆论，导致“言路未通”，并且把黄河泛滥导致灾祸等事都归结于张居正身上。邹元标抓住张居正上疏中的一句话“世有非常之人，然后办非常之事”，指出张居正“以奔丧为常事而不屑为”，并激烈抨击道，人只有先遵守纲常伦理才能是一个人。张居正“亲生而不顾，亲死而不奔，犹自号于世曰我非常人也，世不以为丧心，则以为禽彘，可谓之非常人哉?”邹元标从张居正拒绝丁忧出发，完全否定了他的事功与人品。

邹元标在明史上以疾恶如仇、刚直不阿而著称，一生大起大落、屡遭贬谪而性情不变，民间有“打不死的邹元标”之称。因为弹劾张居正，邹元标遭遇了人生第一次大挫折。上疏两天后，邹元标“领”廷杖八十，发配贵州都匀卫。施刑后，他拖着断腿，前往僻居万山之中、夷汉杂居的都匀卫。张居正对邹元标恨之入骨，派遣御史前去取他的性命，结果御史在途中暴死。邹元标侥幸活了下来。

邹元标挨打的时候，北京街道上已经出现了攻击张居正的传单。就在张居正即将被唾沫星子淹没之时，皇权亲自下场支持。万历皇帝下旨称赞张居正为人中正，批评总有小人要害他。攻击张居正实际是欺负皇帝年幼，以为皇帝不明事理。皇权主动与张居正捆绑在了一起，将张居正置于皇帝的强力护佑之下。万历皇帝还警告如果再有“奸党怀邪，欺君无上，必罪不宥”。万历皇帝一锤定音，要求张居正在职辞俸守制，七七之后回内阁照常办事。

张居正遵照而行，开始筹划更大规模、更深层次的改革。而各种批评和流言，也随着时间的推移，渐渐散去。

夺情风波是张居正政治生涯中最大的一道“坎”，对张居正的性情和执政风格产生了重大的影响，进而影响了明朝历史。张居正在皇权的掩护下取得了表面的胜利，但名声丧尽、威望全无。事后，许多大臣不齿于张居正的所作所为，甚至公开拒绝配合。礼部尚书陆树声为人端介恬雅，在朝野威望很高，张居正多次邀请他入阁，陆树声都称病辞职。张居正一改宽松开放的执政风格，变得偏执，提拔罢黜大多出自个人爱憎。张居正改革的效果因此大打折扣。张居正夺情不仅是他个人的污点，也成了改革的污点。

张居正夺情风波，表现了孝治思想在古代政治中的巨大影响，表明了丁忧制度对官员仕途的巨大影响，以及制度设计与实践之间的复杂脱节。

孝子杀人：礼与法的平衡史[①]

我们通过一起明朝的孝子杀人案来观察中国古代的情理与国法之争，归纳孝子复仇相关事件及其处理的历史脉络。

万历九年（1581）二月的一天，浙江省婺州府（今浙江金华）武义县城外蝴蝶山的山脚下，该县百姓王俊晃晃悠悠地行走在山脚下的乡间道路上。王俊喝了酒，有点醉醺醺的，摇摇晃晃地走过山岭，突然前面出现一道黑影。有个人突然蹿出，大声喝道："还我父亲的命来！"王俊猝不及防，大吃一惊，还没反应过来就被黑影砍了一刀。王俊头上中了一刀，倒在地下哀号抽搐。那黑影扑上前来，按倒王俊，再一刀砍下了他的首级。

一场恶性凶杀案就此发生了。此事经过层层处理，最终载入了《明史》，并且成为文人咏叹的文化事件和学者解读的司法案例。那么，杀人凶手是谁？一起看似普通的乡间凶杀案为什么能成为标志性事件呢？

本案的凶手不是一般作奸犯科的凶犯，而是武义县的一个秀才、王俊的族弟王世名。王世名自幼苦读诗书，平日手无缚鸡之力，杀人时却胆大力大，毫不犹豫。这是因为王俊是王世名的杀父仇人，王世名为了复仇已经准备多年了。

王世名的父亲王良，与王俊发生过财产纠纷，并恶化为双方斗殴，结果，王良被王俊打死。当时王世名 17 岁，是一个未成年的文弱书生，而王俊是身强体壮的大汉。王世名想报仇，但是心有余而力不足。况且，父亲王良死后，只剩下王世名和母亲相依为命，王世名觉得自己不能为了复仇

① 本文有关历史回顾参考了徐清《慎赦：法外施仁的正当程序》，载于《检察日报》2020 年 8 月 15 日。

而抛下母亲不管不顾。所以，王世名按下了复仇念头，想先让父亲入土为安、安顿好家事再图报仇。刚好，王俊央求族长出面“私了”。于是，王世名接受了王俊“赔偿”的几亩田地，和母亲一起向官府申请尸体免检，再由族长出面作证王良是正常死亡的。王俊殴打王良致死一事就这么“私了”了。此后，王世名不提父亲的死，还和王俊礼尚往来。王俊赠送给王世名母子的礼物钱财，王世名也一一收下。杀父之仇似乎就这么被时间冲淡了。

但是暗地里，王世名把王俊赔偿的田地的收入都封存起来，分毫不动。他还偷偷绘了父亲的画像，悬挂在密室里，把自己画在父亲的画像旁边，带刀侍立。王世名每天早晚一次，来到密室里泣拜父亲画像，表示不忘杀父之仇。王世名还偷偷购买了一把利刃，上面铭刻“报仇”二字。这些事情他做得很隐秘，连母亲和妻子俞氏都不知道。白天里，王世名谈笑如常，夜深人静的时候就抚心恸哭。

就这样过了六年，王世名考中了秀才，妻子俞氏生下了一个儿子。王世名很欣慰，自己给王家留下了功名，王家也有后了，即便与仇人王俊同归于尽，王家也不至于绝嗣。家人的生活也没有问题。因此，在儿子诞生几个月后，王世名对母亲和妻子说：“我已经有后了，可以去死了。”母亲和妻子都很奇怪，不知道王世名何出此言？几天后，就发生了王世名伏击王俊的复仇杀人事件。

王世名杀人后，颇有豪侠之风。他提着仇人的首级往家里走，一路上宣扬自己替父报仇的事情，到家后郑重禀告了母亲，接着取出王俊赔偿的田地和赠送礼物的账簿；最后左手拿着凶器和账簿，右手提着首级，到武义县衙自首。

王世名光天化日手刃仇家，算得上是轰动性大案了，武义县又是一个山区小县，很快县城内外就传得沸沸扬扬了。浙江属于古越地，自古就是报仇雪耻之乡，加上又是“孝子替父报仇”，武义县满城轰动。王世名在前面自首，后面跟着亲友和百姓。很快，县衙门前亚肩迭背，喊声震天，等到开堂的时候已经是万人空巷，衙门口水泄不通了。

时任武义县陈知县升堂问案。王世名把首级、凶器和账簿放在地上，陈述了前因后果，主动说："生员特来自首。"陈知县之前看到人声喧嚣，了解了事情的大概，如今看到衙门前群情激奋，早有了心理倾斜。他说："王秀才，你这是至孝之举，不应该拘泥于法律条文。你先去旁边的馆舍暂时安歇，我将禀明上司再来定夺。"

陈知县在给婺州府的申文中，介绍了案情，同时附上一份为王世名求情的禀揭。在禀揭中，陈知县用八个字来定性王世名杀人案件："孝义可敬，宜从轻典。"婺州知府面对陈知县的公文和求情，有两个选择：王世名杀人案情清晰、供认不讳，按照法律规定应该核准上报浙江省。明朝法律对孝子复仇杀人有减轻处罚的规定，但需要层层申报且由皇帝裁决。但是，婺州知府没有这么做，而是将此案转给金华县知县汪大受，要求汪知县和陈知县会审，共同拟定处理意见。案情清清楚楚，为什么还要重审呢？因为，知府想对王世名网开一面，不愿意他受刑罚。金华知县汪大受赶到武义县后，也是一心要保全王世名。可见，府县两级官员都不愿意把王世名案按照正常司法程序审结、上报，而是非常明显地要赦免王世名。为什么会出现这种情况呢？

这就要从思想观念说起。宗法伦理关系是中国古代政治观念的重要来源，而宗法伦理的核心产物就是讲求孝道。子女要孝顺父母，如果父母被杀，替父母报仇就是子女的义务。儒家经典《礼记·曲礼上》说："父之仇，弗与共戴天，兄弟之仇不反兵。交游之仇不同国。"杀父之仇不共戴天，子女在市集上遇到杀父仇人，等不及去取兵器，就要与之相斗。虽然这样的行为在现实生活中极少发生，但是王世名这样激烈的复仇行为是符合儒家主张的，在观念和逻辑上是没有问题的。很多人认可这样的行为。同时，对父权的孝和对君王的忠是相通的。忠孝观念被合并在了一起，相提并论。历朝历代都标榜"以孝治天下"。孝，就从社会层面的思想观念上升到了国家层面的政治主张。汪大受等明朝官员，生活在这样的大环境中，自然就同情王世名，甚至有点佩服王世名。

汪大受接手此案后，决心能轻判就轻判。他和陈知县商量："我们重新检验王良的尸体，如果的确是因伤致死，王俊就应该抵命。那么王世名杀王俊，一命抵一命，罪就轻了。”陈知县点头同意。

会审时，王世名主动请死。汪大受开导他说：“我们可以将你父亲开棺验尸，如果检尸有伤，你可免死。”想不到王世名激烈反对验尸。他说：“当初，我就是不忍心父亲尸骨暴露在外，才忍辱负重，把他入土为安的。不然，我何必要等待六年？”王世名当年答应私了，而不是报官，一个核心的考虑就是不希望父亲尸骨停留在外，更不希望官府差役、仵作对遗体动手动脚。如今，父亲都已经入土为安六年了，他更不会答应开棺验尸了。

这里面又和古人的“孝道”有关。古代人对身体很看重，讲究“事死如生”，人们要遵守种种的丧葬禁忌和丧仪规范，绝不能违逆亡灵的意愿和爱好。开棺验尸，在古人看来是对亡灵的巨大惊扰。而且，验尸过程中，尸骨被人折腾来折腾去，在古人看来是对亡灵的巨大侮辱。王世名复仇杀人，是为了尽孝，假如为了自己活命，使得父亲入土六年后还要开棺验尸，“尽孝”反而成了“不孝”。所以，他坚决反对。

汪大受一想，也怪自己没有想仔细，王世名这样的孝子怎么可能同意开棺验尸呢？可验尸是关键环节，不验尸就不能证明王世名是“为父报仇”。这是宽恕王世名的必要环节。汪知县还想挽回一下，就对王世名说：“你是孝子，杀人自首，我放你回家，和老母、妻子再好好商量。倘若你愿意检验父尸，我就好从轻发落你了。这是我和陈知县的好意，不可错过。”

王世名主意已定，坚决不同意将父亲开棺验尸，又不愿伤了两位知县的好意，就回家去了。母亲和他抱头痛哭。王世名说：“我的身体，是父亲给的。我用父亲给的身体替父亲报仇了。虽然要离开母亲了，但可以见到父亲了，我也没有什么遗憾的了。”

那一边，武义县有数以千计的百姓，向汪大受替王世名求情。汪大受没有经过王世名同意，下令把王良的棺木给抬过来，要开棺验尸。王世名知道后，大哭着赶到现场，一头撞到石头台阶上，顿时血流满地。他是要以死阻止官府给父亲开棺验尸。汪大受和旁观者都非常感动，甚至有泪流满面的。汪大受下令再把棺木抬回去安葬。他告诉王世名，要禀告上司，免于开棺检尸，成全孝子的心愿，同时要给王世名从轻判决。想不到，王世名还是不答应。他说："大人这么做是非法的，非法则无君。我因为个人缘故，导致各位大人无法无君，我活着还有什么意思呢?"王世名决心绝食，几天后绝食而死。

消息传来，人们更加敬佩王世名，官民纷纷捐钱捐物，汪大受还写了祭文，将王世名的葬礼办得很隆重。王世名的遗孀俞氏，抚养幼子三载后，也自缢殉夫。消息传出，又轰动全县。远近闻之，人人称叹。武义县把王世名一家的事迹层层上报，万历皇帝下诏褒扬王世名夫妻，赐王家"孝烈"名号，修建牌坊，大为宣传。王世名事迹列入《明史·孝义传》。

王世名案的事实并不复杂，但此案引出了一个严肃问题：当孝道和法律产生冲突的时候，法大，还是情大?

中国人常说：天理、人情、国法，把天理、人情放在国法之前。天理是终极价值，是古代官员执政的首要标准和手段；人情是重要的手段，标准虽然模糊，可人们用得最广。古人相信，天理也好，人情也好，国法也罢，三者名字不同而已，本质是相同的，都可以把社会导向一个道德的世界。几乎每件事情都可以和天理、人情发生联系，纯粹的"法律事件"是不存在的。因此，古代政治会出现"合情合理但不合法"的案例。具体到孝子复仇事件中，尽管孝子的行为直接违法，宽宥孝子会破坏法律面前人人平等的原则，会降低司法权威，但情和理坚定地站在孝子一边。孝子复仇拥有比法律规定更优先、更本质的"合法性"。如何处理情理与法律冲突的案件，非常考验司法者的智慧。古代人把一丝不苟执行法律，只有原则性缺乏灵活性的官员叫作"酷吏"。成功的官员应该是用天理、人情协调国法，循天理、顺人情又守国法，多头并举地解决问题。

古代中国对孝子复仇案件的处理经历了一个从宽容到禁止的过程，这个变化轨迹是与专制集权程度的强化大致趋同的。集权专制政治天然要求提高控制程度，公权力能够完全控制的只有法律。法律的立法者和裁决者都是统治者。而天理和人情，是不受公权力控制的，相反会限制政权胡作非为。因此，随着中国古代政治的集权专制程度的增强，法律的分量越来越重，对情理的考量在削弱。

秦汉时期，为父母复仇者经常被赦免刑罚，而且声名鹊起，得到舆论的支持。比如，东汉建武末年，房广为父报仇杀人，入狱后得知其母病死而哭泣绝食，县令钟离意允许房广回家办理丧事。房广处理完丧事后主动回到狱中，钟离意认为房广有悔改之意、服刑之行，上奏请求减免处罚，光武帝赦免了房广刑罚。房广、光武帝双方都得到了舆论的称赞。到了唐朝，是否赦免复仇的孝子，不再是理直气壮的事情，而是需要君臣们的讨论，甚至面临反对或批评。比如，同州下邽县徐爽被县尉赵师韫所杀，徐爽的儿子徐元庆改名换姓，伺机接近并杀死了赵师韫，自首请罪。武则天有意赦免徐元庆的死罪。注意，仅仅是赦免死罪，而不是像秦汉时期那样免除刑罚。结果，陈子昂等人强烈反对。陈子昂认为："杀人者死，画一之制也。法不可二，元庆宜伏辜。"这就是要求维护法律的权威和标准的整齐划一。到了晚唐唐宪宗时期，富平县人梁悦杀死杀父仇人后投案自首，唐宪宗犹豫不决，交给尚书省讨论。韩愈指出了孝子复仇案的两难困境：既不能剥夺梁悦替父报仇的权利，何况这也是他身为儿子的义务，否则就违背了情理和孝道；又不能放任人们不顾法律而去杀人，否则法律就威信扫地，形同虚设了。如何调和这个矛盾呢？韩愈建议相关复仇案件由地方逐级上报到中央，经尚书省集体商议后报皇帝权衡决定是否法外施恩。既然是权衡决定，那么复仇的孝子就未必能够得到赦免。据统计，唐朝 14 例复仇案中，共赦免 6 个、不予追究责任的 1 个、减刑 2 个，另外 3 个被判处死刑；宋朝 14 例复仇案中，1 个被判死刑，其他均被赦免或减轻处罚。

明清时期针对孝子复仇案件，延续了层层上报、由皇帝仲裁的判决程序，并且由专门的法律，规定孝子复仇可以减轻处罚，如《明律》规定："祖父母、父母为人所杀，而子孙擅杀行凶人者，杖六十。其即时杀死者勿论。其余亲属人等被人杀而擅杀之者，杖一百。"回到王世名替父复仇案，只要证明父亲王良确实是王俊杀害的，王世名大概率会减轻处罚为杖责六十。王世名案件的特殊之处在于，要证明自己是为父复仇，就需要将父亲开棺验尸。这又是一道“人情”和“国法”之间的矛盾难题。汪大受等官员的解决方法，先是不顾人情，要开棺验尸，证明王世名确实是为父报仇；遭到王世名拒绝后，他们在感动之余，计划置国法于不顾，保全王世名。但王世名主动绝食自杀，反过来保全了汪大受等官员，可谓是牺牲自己，找到了一个平衡天理、人情、国法的解决方案。

清朝司法在同情孝子和杀人偿命之间，更倾向后者。乾隆时期，陕西人赵宗孔的父亲在械斗中被赵秕（bǐ）麦所伤，伤重身亡。赵秕麦判绞监候，后来遇赦减为流放，服刑期满后回到原籍。赵宗孔为父复仇，将赵秕麦杀死。地方官府拟判赵宗孔杖一百、终身流放，刑部否决了初判，加重为绞监候。乾隆皇帝在核准的时候，很反感赵宗孔的复仇行为。他指出，赵秕麦杀害赵宗孔之父的犯罪行为已经受到了法律的惩罚，赵宗孔杀死正常释放回家的仇人是藐视法律报私仇；“若尽如赵宗孔之逞私图报，则赵秕麦之子，又将为父复仇，此风一开，谁非人子，皆得挟其私愤，借口报复，势必至仇杀相寻，伊于何底?”如果肯定孝子复仇的行为，那么冤冤相报何时了？但是赵宗孔的行为与孝道相贯通，乾隆皇帝又不能将他与寻常杀人犯相提并论。最终，乾隆下令将赵宗孔列入缓决，永远监禁，也就是判处了无期徒刑。他既反对孝子挟私报仇，又从宽处理。乾隆皇帝还下令“嗣后各省遇有此等案件，俱照此办理”。也就是之后所有的孝子复仇杀人都判处无期徒刑。这个判决标准，与秦汉时期相比已经非常严厉了。

遏制宦官：明清太监制度比较

宦官是古代服侍皇室家族的奴仆群体，又称太监、中官、内官、内侍等。他们虽然是奴仆，因为与皇权联系密切，常常得到皇帝的授权，在国家的政治生活中发挥了不可或缺的作用。宦官势力是能够与皇帝、外戚、官僚集团并驾齐驱的政治势力。宦官干政问题，也就成了古代政治的一大顽疾。历朝历代都严防死守，但真正杜绝此患的朝代非常少。秦朝、汉朝、唐朝、明朝等朝代，都出现了严重的太监干政问题，败坏了政治生态。相比而言，清朝几乎不存在太监干政问题，皇帝把身边的太监管得相当好。那么，清朝是如何管理好太监的呢？

同治八年（1869）八月初，圣眷正隆的大太监安德海沿着大运河南下，一路招摇，终于在山东省泰安县被山东巡抚丁宝桢逮捕。安德海宣称自己预备同治皇帝大婚，受委派前往江南置办龙袍等婚礼用品。丁宝桢质问他有没有圣旨，安德海拿不出圣旨。丁宝桢毫不留情，迅速上奏请求处斩“擅自离宫”的太监安德海。那么，紫禁城能同意处斩正得宠的大太监吗？很快，圣旨就返回了，命令丁宝桢对安德海“毋庸审讯即行就地正法”。八月七日，丁宝桢将安德海就地正法于济南。此时，距离安德海被抓不过五天。

安德海之死，是清朝宦官势力微弱的典型例子。堂堂一个大太监怎么就这么轻而易举地身首异处了呢？这是否与清朝的制度有关？清朝防范宦官干政又有哪些思想认识或者政治举措呢？

真正奠定清朝政治格局的康熙皇帝，明确定位宦官是：“今宫中使令，无太监不可，故使之耳。朕岂肯以权假次辈。”他认为，太监“不可假以威权，事发即杀之耳”。这也是清朝历代皇帝“高度重视”的共识。但是，只有“高度重视”，没有具体措施，事情是达不成目标的。所以，制度建设必须跟上。

历代宦官揽权，都有制度保障。明代太监气焰嚣张，就得益于制度：一是太监秉笔，帮皇帝在公文上批红；二是太监掌握东厂、西厂，监督百官；三是太监外出监军、监税、监矿。从汉朝、唐朝到明朝，允许宦官直接从政，甚至授予他们军事和财税大权，是导致混乱的制度根源。清朝吸取历史教训，早早就竖起了禁止太监干政的铁牌。太监不得担任外朝官职，不得插手政务。

顺治十一年（1654）冬至大典，顺治皇帝按照惯例宴请群臣。宴会当天，当时设置的十三衙门的宦官们延续明朝太监的作风，抢在满族诸位王爷的前面入殿参拜。这在明朝等宦官势力强大的朝代，再正常不过了，表示太监和皇帝关系近。乾清宫执事官太监孟进禄跪拜时还自称“老臣”。有文官向顺治皇帝提醒太监祸国的恶劣先例，顺治皇帝非常认同，将孟进禄等十三衙门掌印太监交刑部处理，并规定从此以后朝贺大典太监不得参与，更不用说和王公大臣们同列了。顺治皇帝还下令，太监品级不能高过四品，“不许擅出皇城”，“职事之外，不许干涉一事，不许招引外人，不许结交外官，不许使弟侄亲戚暗相交结，不许假弟侄等人名字置买田屋”。顺治十二年（1655）六月，顺治专门铸立铁牌，强调太监“但有犯法干政、窃权纳贿、嘱托内外衙门、交结满汉官员、越分擅奏外事、上言官吏贤劣者，即行凌迟处死，定不姑贷”。这铁牌，被很多戏曲和传说演绎为“严禁太监干政”的金牌。金牌不存在，但禁止太监干政确实是之后清朝皇帝恪守的“祖制”。据说乾隆初年，奏事太监为秦、赵、高三姓。奏事太监是和朝廷政务发生关系的主要群体，乾隆皇帝这么做，是为了提醒自己牢记秦朝太监赵高指鹿为马、揽权乱政的教训。乾隆皇帝待太监极严，之后凡是可能参与奏事或者沾染政务的太监，事先都强令改姓为王。“王”是一个大姓，太监改个大众姓氏，让其他人分不清此“王太监”和彼“王太监”到底谁是谁，增加相互勾结的难度。（徐珂《清稗类钞·阉寺类》）

统一了思想认识以后，清朝还设计了实施细则，最主要的就是内务府制度。康熙皇帝继位后，立刻裁撤了十三衙门，以上三旗包衣组织内务府。内务府主管宫廷事务，是清朝中央政府的组成部分，总管大臣、郎中、主事等官员和书吏，都是正常的男人，属于文官序列。内务府下辖十几个司局，还有诸多的派出机构。管理太监事务只是它的一项职权而已。内务府仪掌司下设敬事房，管理太监。敬事房全部由太监组成，是内务府下属的司局级衙门；首领太监是正四品，也相当于府道长官的级别。敬事房是与清朝太监关系最密切的一个衙门。与太监关系密切的另一个衙门是内务府慎刑司。在清宫戏里，太监、宫女犯了错，就拉到慎刑司挨打。该司的确是负责惩治太监、宫女的衙门，长官也是正常的文官，而不是太监。该司的司法权非常有限，只限于笞刑、杖刑，徒刑以上就要移咨刑部。因此，刑部拥有插手太监事务的合法权力。在理论上，朝臣可以将犯错的太监"先斩后奏"；大臣们可以通过刑部与慎刑司的渠道，把看不顺眼的太监直接拉出去杀掉。紫禁城里的首领太监就是强烈反对也没用，因为这是朝臣的合法权力。相比明朝太监动不动就把朝臣往死里整，清朝文官在制度上则可以置太监于死地，有天翻地覆的变化。

太监受制于内务府制度，要害是让朝臣凌驾于太监之上。太监干政，揽的是原本属于朝臣的大权。太监专权，即意味着朝臣势力在与太监势力的竞争中处于劣势。阉患严重的王朝，无不上演了太监势力压制乃至杀戮朝臣的惨剧。当然，皇帝往往有意利用太监来压制外朝。清朝则旗帜鲜明，让太监在制度上受制于朝臣。

宦官问题的复杂之处就在于，皇权既要限制太监干政，又在治国理政实践中离不开太监的帮助。宦官存在的根源，就是皇帝不可能一个人处理政务，又不可能完全委托给外戚、宰相等外人。因此，完全不让宦官接触政务、杜绝他们对外交往，是不切实际的。如何在变化的日常行政中，随时做好防范，这才是最考验一套制度优劣的事情。

清朝对太监的限制制度已经非常森严了，可也不得不保留了太监传递公文、上传下达等功能。为防太监趁机舞弊干政，清朝设内外两个奏事处。内奏事处由太监组成，在宫门口接转公文；外奏事处由中央各部院选拔的文官组成。一般公文，统一由外奏事处收纳、整理后，再交内奏事处传递给皇帝。只有军机处奏折和高级官员的密奏，才直接交给内奏事处，直接传递。内外奏事处其实可以合并，之所以同时存在，是为了最大限度地限制太监的权力。此外，为了防止奏事处太监反过来羁绊内务府，清朝规定，内务府奏事，一律由外奏事处转交。

为了打压太监干政的苗头，清朝在各个方面明确规定：太监要低大臣一等。清朝在政治生活和日常言行各个方面，刻意地打压宦官群体，时时刻刻地防止宦官干政的苗头。

举个例子：明朝时，大臣与太监相见，相互行礼致敬。遇到大太监或者关键岗位的太监，朝臣们往往抢先行礼，甚至卑躬屈膝，表示孝敬，内阁大学士也不例外。张璁担任内阁首辅大学士时，文书房太监看到张大人进朝，都主动打躬致意。夏言继任内阁首辅入朝，太监们平眼看望。等到内阁首辅大学士换成严嵩时，严大人入朝，先拱拱手向太监们致意，然后再入左顺门。清朝的情况就完全不同了。清朝太监与朝臣相比，可以说是卑微至极。清朝官员入朝遇到太监，无任何礼节讲究。清代太监看到朝臣进内，必须起身肃立；行走之际双方相遇，太监必须无条件让路，垂首恭敬侍立道旁。即便是年过花甲的太监总管遇到一位年方弱冠的九品小官，也依此执行。乾隆皇帝有一次看到，乾清宫外廊下，有两个朝臣自南而北行走，一个太监自北而南行走，双方擦肩而过，都没有打招呼，也没有相互行礼。乾隆马上把总管太监叫来，规定凡太监与朝臣相遇，不管双方品级高低，太监都要主动低头、让道。“再不谨遵，当将总管太监一并治罪。”这就是乾隆皇帝有意打压太监的典型案例。

还是乾隆年间，一个太监在谈话时直呼大臣梁国治的名字。当时梁国治并不在场，但路过的内务府大臣和珅听到了，勃然大怒：“大人是朝廷辅臣，你们这些人怎么能这么轻视！”立刻杖责太监数十棍，命令他向梁国治磕头认错，这才饶过他。乾隆朝的奏事太监曹进喜，资格老、地位高。到嘉庆初年，一次吏部月折交纳逾期，曹进喜在殿陛之间斥责吏部延宕，又警告兵部按时交付月折。此事曹进喜的态度有些过激，但他说的是奏事太监的分内事，按理说无可厚非，不是什么大事。但嘉庆皇帝听到了曹太监的高声话语，大怒，立刻加以斥革，将曹进喜廷杖二十，贬到端门去看大门，永远不许外出。

光绪年间，内阁学士溥顾来迟，首领太监贺进喜大骂出口。内务府大臣福锟立刻逮捕贺进喜，严加审讯，并不顾贺进喜“溥顾向我徒弟辱骂”的辩解，便革去其首领太监职务，杖一百枷号一个月，分拨下贱处当差。

这一桩桩一件件的事情，逐渐在朝臣和太监之间形成了条件反射。大家都觉得太监低人一等，太监遇到大臣就要让道致敬，甚至不能直呼大臣的名字。长此以往，在政治斗争时，双方的心理优劣就可想而知了。

清代太监犯错，细微小过由各宫殿自处，其余由敬事房报内务府处理。太监只有在购买私人用品、亲属丧事等少数情况下，经过严格审批才能请假出宫。御前太监出宫，内务府派两人随行，并设立档册，将太监出入时刻、去处、随行人员等详细列名，存档备查。嘉庆十八年（1813），部分太监参与了天理教造反，内务府对太监的监控更加严苛，严禁太监随意请假，即便批准还常常缩短请假天数。太监告假回家期间，内务府派官役到门口监视。

为了釜底抽薪，清朝还严限太监读书认字。明朝宫廷设立内书堂，选十岁上下的小太监二三百人入内读书。内书堂有专门的老师，教导太监们读书认字。不少明朝太监书读得不错，还留下了不逊于士大夫的诗文作品，政治能力随之提升。清朝初期，也委派专门的汉教习，教育年幼太监。乾隆皇帝认为此举无益：“内监职在供给使令，但使教之略知字体，何必选派科目人员与讲文义。”太监认识几个字就可以了，没有必要读书。明朝宦官干政，就是因为他们通文解意，借机谋私。而且文官教导太监读书，容易内外勾结，交结营求。“此等弊政，急宜痛绝。”所以，乾隆下令“派用汉教习之例永远革除”，只派内务府的笔帖式给太监们扫盲，只准教认字不准讲解文意。

虽说政治能力和读书没有必然关系，但书读得少，太监们的政治素养的确一落千丈。清代太监少有杰出者，与乾隆此举有莫大关系。对于识字太监，乾隆也很提防，严禁太监泄露信息。乾隆三十九年（1774），奏事太监高云从泄露档案信息，事关人事任免。乾隆震怒，将高云从处以磔（zhé）刑，也就是分尸。受牵连的大学士于敏中、军机大臣舒赫德、礼部尚书蔡新、总管内务府大臣英廉等高官受到严厉申斥，从高云从处获得消息的官员一律革职。高太监因为不小心"多看了一眼"，结果酿成一桩大案。

有人可能对清朝管好太监一事存疑，最大的反驳论据就是李莲英。的确，晚清太监势力抬头，大有扬眉吐气的态势，但离颐指气使的地步还很远。慈禧太后对太监管理严格，"宫中内侍过误辄杖殪，一岁不可数计；次给杖谪弗少贷"。慈禧太后用太监办事但不加权，实权始终掌握在自己手中。

安德海、李莲英等人的做派，在明代太监和朝臣看来简直是小儿科。安德海私自出宫，被山东巡抚丁宝桢轻松斩首——这是明代官员不敢想象的。李莲英突破了敬事房总管四品的限制，最后加衔二品。但是在安德海伏诛后，"敬事房掌印太监"的官职就闲置不授了，李莲英终其一生本职都是"宫殿监衔宁寿宫五品大总管"，并非法定意义上太监首领，更没有行政职务。他虽被人尊称为"李大总管"，但不是前朝的大太监，和王振、刘瑾、魏忠贤等前辈相去甚远。后来有很多人以为李莲英统辖宦官群体，其实这个权力一直掌握在慈禧太后手中。晚清太监势力有所抬头，本质上是慈禧太后掌权，缺乏依靠力量，不得不有所借力的结果。

醇亲王奕譞出巡检阅北洋海军，慈禧派李莲英随行同阅。按说，李莲英是居次席的"钦差大臣"，北洋水师也是如此安排接待的。但是，检阅的时候，醇亲王和众官员落座，李莲英就是不敢同坐，而是站在奕譞身边，主动端着水烟，垂首伺候着。整个过程，他愣是没正眼看军舰一眼。检阅完，接待官员给醇亲王和李莲英都安排了小院住宿。李莲英没要小院，坚持在醇亲王安歇的院子里的厢房中临时搭床睡了一晚。当然，整个过程有李莲英权谋之处，但他做足表面文章，不给他人留下口舌的做法，折射出清代太监地位之低。

李莲英盘踞太监群体的金字塔顶端，但任何行业，顶端人物的状态都不能代表整体。整个清朝，太监处境普遍悲惨，居无定所，食无定时，工作压力极大，稍有疏忽就要受到责打、流放甚至处死。难以计数的太监，在一声“拖出去乱棍打死”之后就消失在了深宫暗处。而他们辛勤劳作一个月，不过月银六钱六分，后来因为宫廷财政紧张，每人只给制钱六百文。光绪朝，有官员进宫，亲眼见到四十八处总管太监“形容枯槁，衣服褴褛，个个与穷寡妇无异”。这还是总管太监的状态，底层太监的处境可想而知。清朝太监地位低下、处境艰难的一个佐证是：太监员额空缺，一直招不满额。据记载，清代太监定额为3300名。乾隆五十八年（1793），宫中、外围等处实际有太监2605名，相当于定额的79%。道光二十二年（1842），又减至2216名，只占67%了。咸丰末年，再次确核太监人数，定额为2500名，结果仍不能足额。光绪十三年（1887），实际只有1693名，也不到新定额的80%。

回顾古代宦官制度，凡是出现宦官干政的，都不是某个太监的个人行为，而是制度性安排。比如，明朝是太监滥权的一个典型朝代，宦官批红和外派办事，可以减轻皇帝的压力；东厂、西厂侦缉人员四出，太监与朝臣关系恶化。但是，皇帝始终可以盘踞在争议的顶端行牵制权衡之术。皇帝打开了宦官专权的制度大门，明代太监只是循着这套制度自然发展而已。如果皇权强盛、皇帝想要有所作为，作为皇帝身边附属品的太监是掀不起大风大浪的。清朝就给我们树立了典型案例。内务府综理与宫廷有关的一切事务，事无巨细，无所不管。太监的职权被压缩到了最低的程度。再加上皇帝自始至终刻意地压制宦官，太监完全仰仗皇帝的鼻息而活。总之，如果皇帝一心要抑制身边人，哪里还有他们折腾的机会？

官复原职：古代官员复出制度

古代典籍和现代的古装剧中，常常有官员因为各种原因被罢免官职，过一段时间后又“官复原职”了。这些官员为什么能够复出当官？他们又是如何成功复出的？有哪些制度性的规定？接下来，我们讲清朝的官员起复制度。狭义的起复指的是官员罢官后重新获得起用复出；广义的起复还包括官员撤销行政处分，恢复原来的状态。我们讲的主要指狭义的起复制度。

明清时代，犯罪的官员或者皇帝厌恶的官员，被关押在刑部大牢。这些人都被摘掉了乌纱帽、扒去了官服，戴着枷锁镣铐，和普通的囚犯看起来没有区别。不过，除了极个别第二天就要押赴菜市口斩首的人，狱卒们都不敢得罪这些官员囚犯，还要客客气气地伺候着。今天他们是囚犯，说不定明天就又是老爷大人了。即使不能复出，也保不定他们出狱后当个士绅，依然是狱卒们的老爷。典型的例子发生在明朝的天牢囚犯海瑞身上。海瑞上书痛骂嘉靖皇帝，嘉靖皇帝大发雷霆，下令缉捕海瑞，要把他千刀万剐，幸亏宰辅大臣极力周旋，才把他暂时关在大牢里。按说，海瑞得罪了皇帝，几乎没有什么官运可言了。但是，狱卒们也没有为难他。嘉靖皇帝驾崩，尚未发丧时，提牢主事赶紧办了酒菜来款待海瑞。因为海瑞痛骂嘉靖皇帝，让他在士大夫群体中声名鹊起，复出声音高涨。现在换皇帝了，海瑞复出在即。果然，他很快官复原职，紧接着就是一连串的升迁。

比海瑞传奇的是明朝早期的官员李时勉。李时勉两度入狱，两次官复原职。第一次是他反对明成祖朱棣营建北京城，不久被谗下狱，关了一年多才在其他官员的营救下官复原职。明仁宗时期，李时勉又上疏言事，得罪了明仁宗。君臣两人在殿上吵了起来，明仁宗下令武士用金瓜打他。李时勉肋骨都被打折了三根，拖出去的时候奄奄一息了。李时勉被关进了锦衣卫监狱，锦衣卫千户秘密让医生认真治疗李时勉，他才得以不死。等明宣宗继位后，问明了事情原委，第二次让李时勉官复原职。

古代官员被罢官免职，原因很多，有因为违规犯错革职除名，有因为年龄、丁忧等客观原因离职的，也有陶渊明那样挂冠而去的。不管是主动还是被动，都是离开了岗位，不再为官理政，但也都拥有丰富的行政经验和社会阅历，是可以利用的人力资源。因此，创立官员起复的通道，是人尽其才、官员统筹配置的重要组成部分。同时，也是安抚罢官离职官员群体，免得他们绝望怨恨，走向政权对立面的重要措施。因此，官员起复早已有之，只是不如清朝这样制度化、普遍化而已。

在有“官员天堂”美誉的宋朝，朝廷对官员极为优待。对于免职官员，宋朝发展出不少虚职进行安排。比如，安置一些前官员掌管宫观、去监督一些官办工程或者文化事业。朝廷还给免职官员制定了复出制度。沈括《梦溪笔谈》记载：“律云：‘免官者，三载之后，降先品二等叙。免所居官及官当者，期年之后，降先品一等叙。’”意思是免职的官员，三年以后可以在原来品级上降两等起用；免职及用官员身份抵罪的官员，一年以后可以降一等起用。这样的制度几乎让所有的免职都是暂时的。当然，宋朝的官员起复太泛滥了。

明清时期也有不少官员起复的例子，不过局限在上层的王公重臣，发生在朝廷急于用人之际。比如，刚才说的海瑞，并没有形成明确的规章制度。真正制定起复制度的是在雍正朝。雍正皇帝根据公罪、私罪将免职官员分为两种：第一种是因贪赃枉法、亏欠帑项、规避怠惰、行止不端、旷班等私罪革职的官员；第二种是因公诖（guà）误、衰老有疾、才力不及而被革职的官员。第二种官员才是起复的重点对象。地方督抚可以将因公罪罢官但确实声名卓著的官员“秉公保题，赴部引见”。当时起复的流程是地方督抚保举、都察院核查、皇帝面试。官员起复至此形成了制度。

当时的起复官员主要留在地方使用，各省督抚通常先委任他们在当地效力，做出成绩了再向朝廷举荐；也有因为某项事务急于用人，各省督抚会直接奏请皇帝批准。在这个过程中，官员的德行和才能是关键条件。比如，广东省南安知县涂基因没有及时制止旗人在米厂斗殴，以及失察军官用人，部议革职。这个涂基为官廉洁，业绩突出，在任期间督率民工修固水堤，当地人感恩地称为“涂公堤”。因此，广东总督鄂弥达、巡抚杨永斌向雍正皇帝奏请起复涂基，送部引见。再如，广东总督鄂弥达、巡抚杨永斌还举荐了前任罗定州知州王植，原因是鹤山县需要建筑城垣、安插开垦贫民，以及新宁县的荒地也需要招民垦种，迫切需要一个熟悉政务且能干的人来专门负责。当然，如果保举的官员起复后行事不端、办事不力，督抚通常要负连带责任，有可能被参劾或受到皇帝的训斥。

除督抚举荐这个规范化途径外，官员还可以向公共工程捐资助力来赎罪，得到皇帝的恩准，送部引见、赏赐职衔等，但这并不是常规途径。

乾隆朝以后，官员起复制度日益扩大化、制度化。皇帝会发布特旨或遇到万寿盛典加恩大规模起用罢职官员。官员自行向都察院或吏部、兵部呈请起用，各衙门查明确实是因为公罪被废的，奏明引见皇帝。引见在整个起复程序中是关键环节，皇帝面试决定是否起复，以及如何使用。清代官员免职，专有名词称为“革职”。革职又分革职留任、革职、革职永不叙用三种。革职留任处罚最轻，而革职永不叙用处罚最重，等于判处了官员仕途的死刑。那么，都“永不叙用”了，还能起复吗？

乾隆前期的内阁大学士李侍尧，长期担任两广总督，还担任过湖广、云贵总督和户部、工部、刑部的尚书，中央六个部他主管过三个。李侍尧在云贵总督任上，被云南粮储道海宁指证贪纵营私。李侍尧供认不讳。乾隆皇帝下诏痛骂李侍尧忘恩负义，将他革职，押赴北京治罪，和珅等人审理后，建议将李侍尧“斩立决”。乾隆念及几十年的恩情，想网开一面，改判“斩监候”。李侍尧住进了刑部大牢，还被抄家。第二年，甘肃回民起义，乾隆特旨赏给李侍尧三品顶戴，赴甘肃作战。罪犯李侍尧一下子恢复了官员身份，不久甘肃冒赈案发，乾隆又让李侍尧接任总督。第三年，李侍尧便恢复原来品级，还加太子太保。

奇迹是怎么发生的呢？首先得益于李侍尧和乾隆皇帝的关系极为“紧

密”。《清史稿》说他“见知高宗”，和乾隆皇帝的关系很好。其次，李侍尧的罢官和复出，都与和珅有很大关系。之前李侍尧与和珅同为大学士，李侍尧自恃年纪大、资历老，平日在言行上对和珅不尊重，得罪了和珅。同时，和珅也需要通过扳倒一两个前辈大佬来扬名立威。李侍尧罢官抄家，和珅的目的达成了。李侍尧也降低姿态，主动向和珅示弱。和珅得饶人处且饶人，决定放李侍尧一马。甘肃的乱局正好给李侍尧、乾隆皇帝、和珅三方都提供了一个和解的机会。李侍尧就奇迹般地复出了。

在鸦片战争中“臭名远扬”的琦善上演过一幕反复“革职—复出”的活剧。在鸦片战争中，琦善私自答应割让香港给英国，私自商订通商章程。道光震怒，将琦善革职抄家。琦善被逮捕入狱，按律当斩。可是没几天琦善就被释放了，只是发配军台从军。一年多后，琦善奇迹般地复出，被授予四等侍卫，充任叶尔羌帮办大臣。第二年，琦善被赏赐三品顶戴，授热河都统。这一下，清流党不干了。御史陈庆镛上疏，要痛打一批误国殃民的落水狗，其中就有琦善。道光皇帝不便违背清议，再次把琦善革职。这是琦善的第二次免职。没几天，琦善第二次复出，被授予三等侍卫，担任驻藏大臣。之后，琦善历任四川总督、协办大学士、陕甘总督兼青海办事大臣。这时有言官弹劾琦善在剿匪时滥杀无辜。琦善第三次被革职，发配吉林效力赎罪，不久释放。太平天国运动爆发后，朝廷手忙脚乱。正是用人之际，琦善第三次复出，代理河南巡抚，不久死在了军中。

鸦片战争中和琦善一道革职的还有林则徐。不过革职后第二年春天，林则徐就闪电复出了，被授予四品卿衔，到浙江镇海前线协防。不过到五月，道光又下诏斥责林则徐在广东办事不力，导致战争爆发对中国不利，林则徐第二次被革职，发配新疆伊犁。林则徐复出比琦善要晚一些，但到1845年也被朝廷召回，候补了一段时间后，就代理了陕甘总督，第二年实授陕西巡抚，第三年升任云贵总督等职。咸丰皇帝继位后，林则徐因年老体弱，告病还乡，但因为太平天国起义出任剿匪钦差大臣，并代理广西巡抚。这是林则徐第二次起复，接任不久就病逝了。

鸦片战争期间和林则徐并肩作战的闽浙总督邓廷桢也同时被革职，一同发配伊犁。他比林则徐复出要快，但起点要低，三年后复出为三品顶戴、甘肃布政使，又过了两年擢升陕西巡抚，代理陕甘总督，死在了任上。

鸦片战争期间，战和两派被革职的重要人物，最后都复出了。他们为什么能成功复出呢？首先，他们各自有皇帝看重的优势。琦善世袭一等侯爵，久膺疆寄；林则徐历任江浙、湖广，是朝野公认的能臣干将，都深得道光皇帝器重。其次，鸦片战争的失利，是中国国势糜烂的后果，不是个人能够挽回的。不论是和是战，清朝都不能抵抗强大的英国的入侵，注定要丧失权益。但是当时社会已经严重分裂，主战派与主和派的声音都很强，党同伐异，势不两立。鸦片战争中，两派官员交替指挥，对最后的惨败都有责任。琦善、林则徐、邓廷桢三人，“朝廷皆不得已而罪之”。道光皇帝因为权力斗争不得不暂时将三人革职，两三年后等风声过了，琦善等人就纷纷起复了。

清朝后期，最普遍、最值得议论的起复制度是捐复，也就是花钱捐款复出。雍正年间就有官员为公共工程捐资起复的规定，嘉庆、道光以后捐复成为起复的主要方式。

捐复最特殊的地方是放宽了官员起复的条件限制。官员起复的条件远远超出公罪的范围，因为私罪罢官的官员也可以通过钱财复出。为了防止泥沙俱下，道光元年（1821）曾制定“捐复准驳条例”，对捐复的对象进行了细致的区分。因失防失察，因公获咎的官员，都可以捐复原官；科道、编修被革职后，分别准其捐复部属、中书；奉特旨革职之人，不可捐复原官，但可以降级捐复；犯有情节轻微私罪的官员可以捐复，但如果是作奸犯科、营私枉法的，革职永不叙用的，或者“近京五百里内疏防盗案，特参革职者”等类型官员不准捐复。另外，任职于绿营中的八旗军官也不准捐复。乾隆皇帝解释是为了惩创八旗子弟怠惰之风，八旗官员罢官后还有其他出路。此外，皇帝认为旗人捐复原官有财力不及之虞，捐职候补又需时日，于旗人生计之道，甚属无益。可见，皇帝也意识到了捐复可能存在各种弊端，为了防止捐复沦为花钱免罪、花钱买官的途径，最后都交由皇帝裁决。

晚清大臣崇厚在光绪四年（1878）出使俄国。崇厚到俄国后，私自和沙皇签订《里瓦几亚条约》，割让大片新疆领土，开放商埠，允许沙俄势力入侵西北。条约传到国内，朝野哗然，清流党轮番上阵，弹劾崇厚。光绪大怒，逮捕崇厚，判决斩监候。因为俄国人施加压力，崇厚才免去死罪，但仍旧被羁禁在大牢。五年后，中法在西南交战，崇厚捐出三十万两银子支援国家，得以释放。不久又逢慈禧太后五十岁生日，崇厚随班祝嘏（gǔ），讨得太后欢心，得以依原官降二级，赏给职衔，算是成功复出。

琦善第三次复出代理河南巡抚后，也花钱给自己买过官。他“捐饷”赞助镇压太平军，被加都统衔，授钦差大臣，专办防务。

皇帝对捐复的官员其实是不放心的。乾隆皇帝就曾说：“从前曾有捐复之例，复经部议删除，第念此等人员内，未尝无可及锋可用之人。若以微眚淹滞多年，亦觉可惜。”可见，朝廷和乾隆对捐复一事也是犹豫的，无奈人穷志短，为了筹钱应对内忧外患，不得不将官职当商品卖。晚清财政窘迫，大开卖官鬻爵的大门，一般人花钱就能买官当，前任官员自然可以花钱重回官员队伍。康熙年间，朝野还以捐复为耻，捐复的官员不好意思公开言说。乾隆之后，捐复成为惯常做法，“捐复一项，几等恒河沙数，人皆视作固然，不以为耻矣”。

综上所述，清朝的官员起复，由最初的因人而异、因事而起，经过雍正乾隆年间发展成系统的、大规模的制度行为。通过对起复案例的大量分析，可以发现起复的对象主要是四品及四品以下官员。这些中下层官员几乎没有机会与皇帝直接接触，一旦罢官免职后很难复出，甚至有冤屈也无法申诉。起复制度给予他们重新进入仕途的机会。三品以上官员多系近臣，且具有高层人脉关系，与皇帝的关系亲密，加上所担任官职位高权重，所以通常由皇帝特旨钦定，并不遵循惯常的起复程序。

客观评价官员起复制度，有其合理的一面。随着行政法网络越织越密，官员的行政压力越来越大，很容易因为各种原因遭到处分乃至罢官。行政处分当然是必要的，可也存在打击面过大，闲置行政人才的弊病。起复制度给了还有能力的罢官官员自新的途径和再就业的可能。这项制度也有利于重新挖掘前任官员中的人才。过去人们对官员人事中的选拔、任用和处分等制度关注比较多，对起复制度的关注可以更全面地了解古代官员的兴衰浮沉。当然，清朝官员起复渠道过多、尺度越来越宽，让行政处分和官员问责的效果大打折扣。尤其是那些真正有问题的官员轻易可以复出，犯罪的成本大大降低，久而久之对规章制度的敬畏心就大为降低，甚至恬不知耻、为所欲为。乾隆皇帝就担心："（官员）若即被严参，于获罪受震之后，审明复职，而靦（miǎn）然不以为耻，则后此之荡检踰（yú）闲，恐不可问。"遗憾的是，清朝后期由于捐复等制度的大规模施行，问题官员轻松复出，行政处分有形同虚设的趋势。官场风气趋向恶劣，部分官员不以贪赃渎职为耻，不惧朝廷王法，甚至大贪巨恶层出不穷，不能说与过于泛滥的起复制度没有关系。

捐纳奇闻：卖官鬻爵为何禁而不绝？

中国古代政治制度中最承受道德批判的就是卖官鬻爵了。清朝是卖官鬻爵现象最为严重，演变为制度化普遍现象的时代，还有一个中性的专有名词——捐纳。我们的故事从清朝笔记合集《清俾类钞》中的一则故事谈起。

清朝浙江山阴（今绍兴）人蒋渊如，梦寐以求的就是当一个知县，可惜经济能力不允许，即便倾家荡产也拿不出买知县的巨款。他的过人之处在于创造性地发明了“众筹买官”：一个人不行，多找几个人凑钱不就行了？于是，蒋渊如找来唐文卿等四个人，合资购买了知县。五个人约定，出钱最多的蒋渊如出任知县，聘请出钱第二多的唐文卿担任刑名师爷，聘请其他三人担任不同职务。上任后，五个人贪赃枉法，以权谋私，每年贪污挪用公款二十余万两白银。由于劣迹斑斑、声名狼藉，蒋渊如遭到弹劾罢官。但是五个人毫不在乎，拿着搜刮来的巨款满载而归，回乡去当富豪了。

清朝为什么会允许百姓捐纳买官，为什么会闹出“众筹买官”的奇闻来？这里面既有中国古代财政的普遍问题，也有清朝发展的特殊情况。

捐纳（纳赀、捐输、报效）制度，相当于政府出面、制度化的卖官鬻爵。它与官员上下级之间的买官卖官行径的区别在于，捐纳是补充国家财政的合法制度，买官卖官是违法的、中饱私囊的腐败行为。但是，官爵为国家名器，本不该买卖。制度化的卖官鬻爵，都是在国家财政窘迫之际的无奈行为。中国传统王朝的国家财政，是非科学的、缺乏柔性的、抗打击能力弱的管理制度。一旦遭遇天灾人祸，国家财政完全承担不了额外的大宗开支。比如，黄河决堤、粮食绝收、整军备战等都可能造成国家破产。

早在秦始皇时代，中国就“以爵换粟”，筹措资金对抗蝗灾和瘟疫。不过，那个时候朝廷还只是“鬻爵”，交易的是爵位，购买者获得爵位没有实际职事官，不掌握实权。汉武帝时期是中国古代卖官鬻爵的第一个高潮，但刘彻也坚持鬻爵不卖官，出售爵位来筹措对外战争的军费。不过，到了刘彻的不肖子孙汉桓帝时，朝廷开始真正“卖官”，出售职事官，上自三公下至百石小吏都可以讨价还价。曹操的父亲曹嵩，便是花了一亿钱买来了太尉一职。曹嵩的前任崔烈才花了五百万钱。汉灵帝得知崔烈很有钱后，还后悔了，觉得太尉属于三公，本来可以卖一千万钱，才卖五百万，卖便宜了。

文官系统对捐纳制度是排斥的，历代都有反对捐纳的言行，也断断续续停止过捐纳入仕。但捐纳依然顽固地与王朝命运共始终，主要是因为文官集团实在找不出应付财政难题的好方法。天下太平、府库充盈之时，文官集团反对捐纳的声音最盛；反之，文官士大夫睁一只眼闭一只眼，乃至三缄其口。文官中的理想主义者，也不以废除捐纳立论，而是要求限制捐纳规模，希望局限在交易品位性官衔或者荣誉称号上，不让捐纳者染指职事官。

清朝的财政制度也继承了前代的僵化和脆弱的特点，朝廷财政一直不宽裕。第一个开捐的清朝皇帝是康熙皇帝。他为什么要开放捐纳？因为三藩作乱，军费开支就成了大问题。康熙皇帝不得不允许百姓捐纳。这一放开，就收不回来了。之后治河、赈灾、平定边疆，都通过开捐筹钱。几乎每个皇帝登基之初，都宣布要禁绝捐纳，但几年后又默默地放开了，直到频繁“开闸放水”。越来越多的官员来自捐纳。职事官京官郎中以下，外官道台以下，都可以直接购买；二品衔、布政使衔等荣衔，也可以直接购买。太平天国运动后，捐纳出身的文官数量超越了科举官员。晚清的财政缺口越大，捐纳入仕的官员比例越高。户部专门设置“捐纳处”，主管全国的买官卖官的收入。买官者，到此处交钱。

清朝是捐纳范围最广、花样最多的朝代。清朝几乎将文官制度的方方面面都开发成了可以交易的“产品”：捐官，就是买官；捐复，革职或者罢职者花钱官复原职；捐升，花钱升官；捐补，去职者花钱重新当官；捐级，捐加级；捐衔，购买荣衔；捐监，购买国子监的入学资格；捐正，副职花钱转正；捐减，花钱减免或减轻罪责；捐典，购买死后的封典哀荣。每一个“产品”又有若干花样。比如，捐官，因为捐纳者太多，花了钱还要陷入漫长候补，无官可做。朝廷便开发出了捐免候补，又开发出捐插队，逢缺即补；捐指省，即花钱指定为官省份。

随着供给大增，捐纳进入买方市场，“产品”价格持续走低。清朝前期，买一个知县大概要花四五千两银子，差不多可以购买千亩良田。殷实人家也要掏空家底才能承担。知府的售价差不多要两万两白银，价格是很高的。坦率地说，买官者如果不贪不占，在任期内是不可能“回收成本”的。这还真有把钱财无偿报效国家的意思。随着买官卖官的规模越来越大，标价逐渐走低。到清朝后期，同治、光绪年间，差不多一千两到一千二百两银子，就能买到一个知县，七八千两银子就能买到知府，上万两银子都能买到道台。光绪二十六年（1900），郎中捐纳价格降至 2073 两，道员 4723 两，知府 3830 两，知县 999 两，县丞 210 两。再考虑到通货膨胀的因素，官职售价的下降幅度更大。稍微像样的小康人家，都能承担得起知县的售价。清朝人能够买到的最高官职是道台。苏南的盐商盛行买道台，因为价格对他们来说不算大钱。

那么，清朝人为什么要买官呢？对于富豪来说，捐纳的价格不高，如果看子弟资质平庸、前途不明，给买个知府或者知县，也算是给子弟谋一个养家糊口的饭碗。当然，还有更深层次的原因。首先，主流的入仕途径——科举考试，成本昂贵，而且时间漫长，很多人对科场望而却步。当知县的售价降到了一千两白银以下时，已经低于通过读书考试获得知县的成本了。与科举相比，这是更直接、更保险、更稳妥的做法。于是，富裕家庭，甚至是一般的人家，都愿意掏出这笔钱直接获得官职。富豪人家，更是将捐纳官衔作为送给子孙的人生礼物。其次，官本位思潮的泛滥，使得一些人热衷于追逐官位。《寄园寄所寄》载明朝山西人乔廷栋从御史中丞的位置上退休后，在家里“每晨必具衣冠，升堂高坐，命仆役呵唱开门”，每天不升堂办公就不舒服，还要其他人配合他演习。这算是职业病，可以理解。《清代野记》记载，光绪年间，安徽人张传声花钱买了一个候补道台，分到河南候补，因为没有实缺在开封等着。这位张大人“每日晨起盥漱早食毕，即冠珊瑚冠、孔雀翎，数珠补服，由内室而出，中门置一云板，出则击之，仆则高呼大人下签押房矣。既就坐，一仆进茗碗，一阍者持手版十余如折扇式，口称某某等禀见，其实并无一人也”。想来，这位张大人想过过当老爷的瘾，没轮到只能在家里摆谱。

捐纳制度最显而易见的缺点是无法保证当官者的“职业素养”。捐纳入仕的官员中，也有能臣干吏。比如，西汉理财名臣桑弘羊、循吏黄霸、法官张释之、大文学家司马相如都是捐纳入仕的。这些既给朝廷输入财富，又贡献忠诚和才能的官员，应该是政治体制欢迎的。清朝也有李卫、胡林翼等捐纳买官的人，当官后一心为国为民。不过，这样的人凤毛麟角，捐纳队伍中充斥着尸位素餐的庸才、贪赃枉法的贪官。这些人对政治风气的负面影响是显而易见的。这个道理，朝野都清楚。朝廷也三令五申要取消捐纳。比如，道光皇帝对捐纳之弊看得很清楚，他曾对大臣张集馨说，捐班“将本求利，其心可知”“廉之一字，诚有难言”。即便有这样的认识，道光皇帝在捐纳上格外“卖力”，年年卖官、年年收钱。道光年间（1821—1850），仅卖地方官即得 3388 万两白银，接近一年的国家财政总收入。为了“薄利多销”，中央和各地“忍痛大甩卖”官帽，出现了“打八折知县”“四折州同”等匪夷所思的名目。八国联军侵华期间，朝廷财政极端困难，官帽售价更是大大打折：“光绪辛丑，为赔洋款，以二三千金而得道府者有之，以千余而得州县者有之，以四五百金而得同、通、大使、州判者有之，以二三百金而得府经，县孟者有之，以一二百金而得巡检、典史、主簿、吏目者有之，以百八十金而得教官者有之。”（《退想斋日记》）八国联军侵华后，朝廷鉴于政治败坏导致国家不振，明确禁止官爵买卖，严禁百姓“捐纳”“报效”钱财而得官。上有政策，下有对策，户部很快奏请“报效巨款在数万以上者，应请特旨给奖”，得到批准。这就等于给卖官鬻爵留下了一个口子，只是需要“奏请特批”而已。到了宣统二年（1910），这个形式也省了。当年年底盛宣怀奏请，将“巨款”的认定标准降低到五千两，捐款五千两即可奖励实官，而且将“奏请特批”作为通行事例予以实施。朱批允准。这一变更表明，因捐款而获实官就成了例行公事，而不再是皇帝的特许，也无须万两以上这一硬性规定。捐纳由小范围到大范围、由虚衔到实官、由涓涓细流到泛滥成灾，于晚清终至积重难返。

清朝后期，捐纳广开，买官者众多。一般人家只要能承担得起买官费用，都舍得为子弟买个官职，进入体制内部。社会上“官多如鲫”，出现了惊人的冗官冗员现象。光绪初年，全国仅捐纳一途，“统计候补人员自道府以至佐贰，大省辄二三千员，即云、贵边省亦有千余员”。买了官却当不了官，只能候补，成为一种常态。于是，候补的顺序也被开发为商品，进行买卖。获得当官资格后，买官者还要花钱将自己候补的顺序往前挪，不然就得长年累月苦等着。为官地点后来也被开发为商品，可以买卖。光绪二十七年（1901），户部奏准的捐项中就有“捐分发指省”一项。这可苦了那些家境并不殷实的买官者和那些凭真才实学科举得官的读书人，造成了庞大的候补官员队伍的悲剧。一般的小康人家或者中等偏下人家，为了子弟生计常常倾家荡产捐纳，可他们那点钱只能换来低品级的小官或者佐贰杂职。荡尽家产后，全家人都寄希望靠当官的收益生活，不想分配到各省后就被塞进漫长的候补队伍，开始无望的等待。其间没有俸禄，没有收入，只有支出。时间一久，许多候补官员衣食无着，处境悲惨。一些候补者典当衣物，无处举借，带着妻子儿女啼饥号寒，坐以待毙。欧阳昱在《见闻琐录》中记载，某候补知县分配到省二十年，没有任何差委，最终冻饿而死。临终时，身上衣衫褴褛，床上破席一张，地上稻草中躺着奄奄一息的老仆人。该省布政使知道后，动了恻隐之心，给了30串钱殡殓，又以10串钱救济其仆人。四川总督骆秉章奏报朝廷，一个旗人候补知县到四川十年得不到差委，饥寒交迫，吞食鸦片自尽。

有人敏锐地发现了候补官员身上的价值，从中看到了参与分肥的可能，于是面向候补官员的贷款应运而生。清朝中期后，卖官鬻爵盛行，买官的人得到实职越来越不容易，候补的人越来越多。很多人从候补到实任，往往遥遥无期，生活无着，只好靠借贷过日子。放贷者被称为“赌子”。为什么叫“赌”呢？因为他们放贷给生活无着的候补官员，对方没有资产可以抵押，而且放贷者的收益也是不明确的，类似于赌博。谁都不能保证候补官员什么时候能得到实缺，得到的是肥缺还是瘦缺。一般“赌子”的做法是，先对候补官员进行考察，探听候补的顺序，顺序靠前的就给予银子；如果顺序不靠前，但候补者有其他关系的（比如有亲缘权力、地缘权力），也贷给银两。放贷的时候，“赌子”和候补官员签订合同，注明候补官员一旦得到实职后，要“聘请”自己当随从，并且说明掌管衙门某事。他们就靠做随从的预期收入，来弥补借贷的成本和风险。社会上将聘请这类随从上任的官员叫作“带肚子”或“带赌子”。“赌子”行当的行情是：“有放银三四百两，议为稿案门上，管一县讼狱者；议为钱漕门上，管一县征税者。其次放银一二百两，议为签押门上，管一县案卷者；议为办差门上，管一县杂役者。”门上就是看门的差役，在清代官员幕僚中代指某方面的负责人。还有一些“赌子”为了降低“投资”风险，宁愿多花几百两，帮候补官员的候补顺序向前挪，争取帮他早日获得实职，收回投资成本。这类随从在晚清时期特别普遍。江苏巡抚丁日昌于同治年间承认：“即如江苏一省言之，道员可由外补之缺，不过二三员；府、州、县、同、通可由外补之缺，亦不过十余员，而候补道约有六七十人，候补同、通、州、县约有一千余人。夫以千余人补数十员之缺，固已遥遥无期，即循资格而求署事，亦非十数年不能得一年。”残酷的竞争迫使候补官非借贷不可，到任后“赌子”如约而来。如果该名官员候补时间长，借债多，则衙门中几乎全是“赌子”：师爷，门上、签押、管事、办差、跟班……表面上看，这些人是官员聘请的幕僚和随从，实际上是官员的债主，是得罪不起的“上帝”；表面上看，这些人都是来任职地造福百姓的，实际上他们是来做买卖的。

此外，各省年终对长期得不到职务、生活困难的候补官员进行救济。各省布政使出面筹资救济。候补官员被分为极贫、次贫两个等级，极贫的官员得到的救济银较多，谋取不易。结果，候补官员之间为了谋得救济，走后门、使手段、请托成风。如果有人被评为极贫，同辈都纷纷祝贺："恭喜老兄，今年又得极贫。"如何安顿越来越多的候补官员，反而成为长官们需要重点关注的难题。这就形成了一个悖论：一方面，捐纳卖官可以解决政府的财政难题；另一方面，又增加了新的人员安顿难题。

总之，冠名为捐纳的卖官鬻爵是一个非常复杂的历史现象。在清朝，它是整个政治体制和社会环境问题凝结而成的恶果，虽然对官府财政起到了重要的补充作用，但是带来了政治环境恶化、大量候补人员需要安置等更多更严重的问题。一直到清朝灭亡，捐纳都是一个无解的难题。

上书房读书：明清皇子教育制度

200 多年前，年轻的内阁中书赵翼进入紫禁城，在军机处值班，凌晨四点左右就赶到隆宗门外办公室值早班。在灰蒙蒙的天际线下，黑暗中值夜的太监们偷懒倚靠在栏柱上打瞌睡，赵翼的同僚们还在赶赴宫城的路上，只有少数苏拉杂役奔走在宫苑之间。隐隐之中，赵翼发觉办公室外有一点点纱灯进入隆宗门而去。他揉揉眼睛，仔细观察，发现是一位位小皇子们。早班同僚见怪不怪地告诉他："皇子进书房了。"赵翼大为感慨："我辈寒窗苦读，皓首穷经，是把读书当作衣食饭碗，尚不能早起。而这些天皇贵胄、金玉之体，却能日日如此！"由此，赵翼认为："本朝家法之严，即皇子读书一事，已迥绝千古。"接下来，我们就来讲讲明清时期的皇子教育制度。

随着君主专制政权的强化，皇帝已经成为明清时期政治体制的核心与灵魂。皇帝素养的高低，关系到体制的健康与否，关系到天下黎民的衣食住行。因此，对皇帝接班人——皇子的培养，不仅攸关一家一姓的兴衰利害，还是天下大事，于公于私都不能怠慢。所以，紫禁城建立了一套完整的皇子教育制度。

明太祖朱元璋起自草莽，从小没有接受过任何教育，建立大明王朝以后一心要给子孙提供古代中国能够创造的最好的教育。经过朝廷层层选拔的精英文人，进入皇宫成为皇子皇孙们的家庭教师。明代皇子皇孙开始上学，称为"出阁"。现在紫禁城外东路南部的文华殿，就是明代太子出阁读书的场所。明代太子出阁的年龄通常在 8 岁左右，每日早朝退朝后，太子就要开始读书了。东宫官属先在文华殿参拜太子，宦官再带领皇太子到主敬殿就座、奉书，教授太子的讲官进入后殿、分成东西两班站立。东班侍读官员先陪伴太子读“四书”十余遍，叩头退出；西班侍读官员再陪伴太子读“五经”或者史书十几遍，也叩头退出。诵读完毕，侍书官员陪伴太子练习书法。皇太子书法春夏秋三季每天写一百字，冬季写五十字。如此，太子读书功课就算完成了。侍读内容，皇太子三天复习一次，要达到背诵成熟的程度。复习当日不再讲新内容。午膳后，太子需要学习骑射，但明代要求不严，也可以自由游玩。

普通皇子也在紫禁城中出阁，接受系统教育。崇祯时期，皇子在太和门外的右厢房读书。据史料记载：“诸王出阁，一早到达右顺门（熙和门）的北书堂，面东而坐，宦官把本日讲读的图书翻开在桌案之上，然后宣‘先生进’；讲读官入门，向诸王行四拜礼；讲读官站在书桌旁，陪诸王读书十数遍，再行礼告退。万历以后，亲王书堂陈设发生变化，分设左右两边书桌，左边书桌读书，右边书桌练字，由侍书官侍奉。一个上午时间，亲王也是先读书再练字，中间以传令‘先生吃酒饭’作为分隔。”

明朝的皇子皇孙们在这样的严格教育之下，理论上会成为满腹经纶的文人皇帝。遗憾的是，事实上并没有。原因很多，首先，紫禁城的老师们刻板照搬儒家经典来塑造学生，不幸落入了乡间老塾师的窠臼。朱元璋曾经问儿子们：“汝等闻修德进贤之道乎？”皇太子朱标诚实地回答：“每闻儒臣讲说，知其略矣，未领其要。”所学非所用，甚至可能朝着实践相反的方向前进。从明英宗时代起，皇子的教育内容逐渐固定僵化为读书、听讲、写字，朝着训诂句读的方向发展。明代皇子们既没有杰出真实的社会情况和人际关系，又得不到处理大局的实际锻炼，死读书读不出能干的政治家来。其次，因为皇子皇孙们的身份尊贵，学习缺乏有力的监督。“东宫讲学，寒暑风雨则止，朔望令节则止，一年不过数月，一月不过数日，一日不过数刻。是进讲之时少，辍讲之日多。”皇太子真正学习的时间很少，就是在不多的授课时间里，老师们也不过讲授寥寥几段，教学效果不言而喻。

最重要的原因是明朝皇家的父子隔阂、内廷权力争斗，导致多位太子甚至连正常的教育都不能保证。明武宗是明孝宗的独子，父母的溺爱加上生性顽劣，从小不好好读书，登基之初甚至连大臣的奏章都看不懂；明光宗子以母贱，生父万历皇帝甚至不愿意承认这个长子，导致他二十岁还没有受过正规教育；明光宗自身难保，对儿子明熹宗的教育既无心也无力，恶性循环，儿子十五岁了还不识字。这些人的治国能力就更谈不上了。明英宗“南宫复辟”之后，对皇权尤为敏感，连皇太子读书都不愿意设置专宫。天顺年间（1457—1464），明英宗将文华殿改为皇帝的便殿，将太子讲学移到文华殿东边的本仁殿。明朝皇太子从此失去了与朝臣接触的专宫。嘉靖皇帝进一步将文华殿改作皇帝斋戒、经筵之所。嘉靖皇帝本人迷信“二龙不相见”之说，后期对事实上的继承人、唯一存活的儿子朱载垕（hòu）极为冷淡。朱载垕始终没有被册立为皇太子，而且出居藩邸。紫禁城在漫长的嘉靖朝并没有皇子生活。万历朝则是朱常洛、朱常洵两位皇子争位，争端不断。万历二十一年（1593），万历皇帝不情愿地立朱常洛为太子，此时的朱常洛已经十九岁了。朱常洛的太子位并非出自万历皇帝本意，他长期得不到父爱，并未享受出阁讲学待遇。

由于教育缺位，其他“老师”就会乘虚而入，他们就是与皇子朝夕相处的太监、保姆、奶娘等人。明朝作恶多端的大太监王振、刘瑾和魏忠贤等人，就是靠陪伴、教育皇了皇孙起家的。王振在明英宗咿呀学语时就陪伴左右，英宗继位后，任命王振掌管司礼监，开启了明朝宦官揽权的先例；明武宗出生七个月即被立为皇太子，由太监刘瑾等人在深宫中服侍长大，日后刘瑾也成了“九千岁”；魏忠贤的崛起更为典型，一个无人看顾的小孩，一个年近半百的老太监，两人一起饮食、一起数星星、一起担惊受怕。后来，小孩幸运地成为明熹宗天启皇帝，老太监成了令人闻风丧胆的魏忠贤！明朝的太监专权问题，失败的皇子教育难辞其咎。明朝后期，各个皇帝不是恣意妄为，就是举止失措，皇室乱局要对当时的政治黑暗负重大责任。而教育失败，又要负根本责任。明朝皇子教育是失败的。

清朝的爱新觉罗家族高度重视子孙教育，入关前就主动吸收汉族先进文化。万历十七年（1589），女真军队在辽东战场上俘虏了一位年轻的浙江绍兴商人龚正陆。努尔哈赤尊龚正陆为师傅，掌管文书、处理外事，同时教导儿子们读书。龚正陆滞留关外三十多年，褚英、莽古尔泰、阿巴泰及皇太极等清朝开国勋贵，都是他的学生。成为紫禁城主人后，清朝皇帝制定了全面、严格的皇子教育制度。

首先，紫禁城的皇子们集中居住，严禁与大臣交游。清朝皇子们居住在乾东、乾西五所和南三所等地。乾东五所和乾西五所最大的特点是交通不便，地处紫禁城最北侧，东西北三面都没有门户，只能汇总到五所南侧共有的夹道出入。乾东五所向南通过东二长街沟通东六宫，乾西五所向南贯通西二长街连接西六所，最终都汇总到后三宫主体区域。“深宫”一词，形容东西五所，再恰当不过了。如此设计，客观上是给小皇子们提供一个安静的环境，确保安全。同时防止皇子与朝臣勋贵们联络勾结，威胁皇权。乾隆十一年（1746）又在外东路中部修建了三所院落，作为皇子居所。为了与北五所相呼应，称之为“南三所”。这三处院落也都只能通过南边的大门统一出入，门禁严格，除了皇子师傅、御医、侍卫外，常人不许擅入。

其次，清朝制定了严格的上书房读书制度。皇帝在内廷乾清宫东南庑房设立了上书房，作为皇子读书的地方。皇帝出居皇家园林，皇子必须随驾前往，所以皇帝行宫中也常设读书场所。清朝皇子入学年纪是六岁，真实年纪才五周岁左右。每日学习时间是“卯入申出”，早晨五点至下午两点半，中间只有一两次休息，每次不超过一刻钟。全年只在皇帝万寿、本人生日、春节、端午、中秋五个时节，皇子才能休息。另外，还有类似暑假寒假的“半功课”，前者是每年的酷暑期，大约有一个月时间，后者是春节前后“封印”至“开印”期间，时间将近一个月。半功课期间，每天课程减半，午前十一点就放学，并不完全是放假。

清朝皇子在上书房一般要学习十年以上。皇子出宫独立之日，原则上就应该从上书房“毕业”了。但是即便在宫外自立门户，甚至结婚生子，如果皇子年纪尚轻而且没有差事在身，仍然需要留在上书房读书，而且每天上下学路途更远、更辛苦。咸丰五年（1855）三月，二十五岁的惇亲王奕誴因为“失礼”，降贝勒，罢去一切差使，勒令回上书房读书。七月，二十三岁的恭亲王奕䜣的生母静太妃病重，奕䜣请求咸丰皇帝晋封生母为皇太后，咸丰皇帝含糊其词未置可否，奕䜣随即传旨册封静太妃为皇太后，引起咸丰皇帝不满。在生母入葬的第二日，被革去军机大臣并罢免一切职务，勒令回上书房读书。当时咸丰皇帝没有儿子，上书房就变成了两个弟弟回炉读书的场所。

上书房教学内容主要有两种课程：一是经史子集诗书辞赋。嘉庆皇帝六岁入上书房读“四书五经”，十三岁学写诗，十七岁开始长篇文赋。内容看起来与明朝相同，但清代皇子的学习效果更好，培养出了不少书法家、画家和学者。二是“国语骑射”。清朝以骑射得天下，爱新觉罗家族视骑射为“立国之本”，追求娴于骑射彰显民族身份。国语自然是用满族语言文字学习，骑射包括骑马、射箭、枪械、武术等。清朝前期几位皇帝都擅长拳脚，戎装画像有模有样。即便是看似瘦弱，甚至有点弱不禁风的道光皇帝，也颇精通武术，曾经自创了一套“二百连环刀法”。

上书房设“总师傅”二三人，全面负责皇子皇孙的教育。皇帝通常在进士出身的大学士、尚书等王公重臣中挑选，不是声望卓越，就是学有专长的宿儒名臣。总师傅不能亲自授课，但每月都要亲临稽查。总师傅可以稽查每个学生的功课，也可以询问任课师傅的教学。雍正元年（1723）正月，雍正皇帝命朱轼、张廷玉、徐元梦、嵇曾筠等为上书房师傅，传谕“皇子见师傅礼当拜”。开学那天，朱轼等人坚持不受礼拜，改行揖礼。之后，皇子皇孙见上书房师傅作揖致敬。

每位皇子都有专门的老师负责教育，汉文师傅一般从品学兼优的翰林中挑选，满蒙师傅从进士出身、民族语言娴熟的大臣中遴选。满洲、蒙古师傅也称“谙达”（满语伙伴的意思）。“谙达”又分为内谙达与外谙达。内谙达教导满语和蒙语，外谙达教授弓箭和骑射，并且管理鞍马、弓箭。每位皇子都有三五名谙达。谙达之上有负责稽查的“总谙达”，由满族八旗大员出任。谙达普遍是在旗的官员，是皇家的“奴才”，不能称“师傅”，与宗室学生相见时要自称奴才，并长跪请安。看似上书房八旗官员的地位低于汉族师傅，但是主仆称呼表示大家是一家人，师生反而是外人。所以，皇子皇孙们心理上应该和谙达们更亲近。

最后，学习效果好，离不开严格管理督导。皇子们读书，仅靠老师督导肯定是不行的，关键看皇帝本人。清朝皇帝都非常重视上书房教育。康熙皇帝、乾隆皇帝几乎天天都去上书房巡视，视察子孙们的功课。康熙皇帝尤其在意，几乎每天上午九点准时到上书房听孩子们背书，有时下午四五点再来一趟。他本人就是严苛教育的成果。小玄烨五岁就和大臣们一道随朝站班，宫苑门槛太高迈不过去，侍卫们就把他抱过去；散朝后他要赶到书房学习经史子集，每天老师要求每篇文章要念 120 遍，直至把《大学》《中庸》《论语》《孟子》完全背下来；回宫后祖母孝庄皇太后又指派侍女苏麻喇姑手把手教他满文。高强度的读书，累得玄烨咳血，咳完了继续读书。玄烨成为康熙皇帝后，对皇太子胤礽（réng）的教育督导同样严格，不仅重复自己的儿时路，而且带着小皇子一同出巡狩猎。不满十岁的胤礽骑马跟着父皇行进在队伍前面，从小耳闻目睹一切政务、观察社会。

乾隆皇帝的督导，主要是“抓纪律”。一次得知皇八子永璇未告知师傅外出办理私事，不仅严厉训诫永璇，还惩处了失察的总师傅、专职师傅；皇长孙、定郡王绵德与部员秦某交结馈赠，乾隆皇帝不仅革去绵德的王爵降为闲散宗室，还将他的师傅革职、逐出上书房，毫不留情；乾隆皇帝八十岁时，从门卫记录发现上书房七日内竟无一位师傅入值，大怒之下连发两道谕旨，自总师傅刘墉以下，降职、降级、革职留任十数人。

相比之下，明朝皇帝的表现就差得多了。弘治年间（1488—1505），太子朱厚照出阁读书，宦官屡次滋事干扰讲读，官员们上疏抗议，明孝宗没有采取任何改正措施。吏部尚书马文升忧虑太子耽于游乐荒废了学习，建议皇太子每月三次御文华殿讲学，明孝宗依然没有亡羊补牢。明孝宗的溺爱最终害了朱厚照。

更难能可贵的是，爱新觉罗皇帝并不要子孙读死书、死读书，教育理念求真务实。上书房悬挂雍正御题的“立身以至诚为本，读书以明理为先”。读书明理，而不该沉迷于句读、计较于词句，后者自有文人大臣去钻研。宗室子弟是要治国理政的，宫廷教育也要为此展开。乾隆三十一年

（1766），擅长书法的皇十一子永瑆在给弟弟永琰（嘉庆皇帝）题写扇面时落款“兄镜泉”。乾隆皇帝看到后，认为“非皇子所宜”，先归咎永瑆的师傅书生习气，以取号为美，妄为皇子取字；接着斥责永瑆“鄙俗可憎”；最后严肃申明皇子读书要正心立身，不能崇尚虚名，更不应该追求寻章摘句。对于辞章书画，在皇帝看来是“末艺”，正道人心、天下大势才是宗室子弟应该在意的。

清朝皇子教育制度内容全面、执行严格、理念务实，教育出来的皇帝的素质比明朝的老朱家高出许多，这是清朝皇子教育成功的明证。甚至可以说，古代皇室数以十计，爱新觉罗家族是其中平均素质最高的。上书房教育功不可没。成功的皇子教育制度不仅保障了皇帝的素质，而且挤压了太监、后宫亲近皇子的机会，对捍卫皇权同样功不可没。

秘密建储：中国古代皇位继承制度

西周时期，中国就确立了嫡长子继承制，为之后的朝代作为国家最高权力继承的基本的或理想的形式。这套权力继承制度有合理的一面，但随着岁月变迁，弊端表现得越来越突出。我们举清朝前期康熙皇帝晚年的“九龙夺嫡”事件为例。

康熙一生妻妾众多。他曾有过4位皇后，51位妃嫔、贵人、常在、答应等。康熙一生有子、孙、曾孙共150多人，是清朝帝王中子孙最多的一位。其中，儿子35个，女儿20个。儿子中成年者20人，女儿中成年者8人。[①] 有这么多子孙，康熙晚年本可以享受天伦之乐，但我们却看不到父子情深，展现出来的都是为皇权继承而纠缠争斗。

帝制时代的皇位继承人，称为皇太子。在康熙之前，清朝是没有立太子传统的。康熙是第一位预立皇太子的清朝皇帝。1675年，21岁的康熙按照嫡长子继承原则，册立方满周岁的皇二子、嫡长子胤礽为皇太子。之后，康熙为了培养胤礽，投注了巨大的关注、倾注了无限的父爱。在康熙皇帝的精心培养下，皇太子满、蒙、汉文皆娴熟，精通“四书五经”，5岁时就在狩猎中射中过一鹿四兔，10多岁时就写出了“楼中饮兴因明月，江上诗情为晚霞”的名对。皇太子成年后，康熙皇帝几次出征时都曾委托他留京代理政事，对他的表现大加赞扬，说他“办理政务，如泰山之固”。对于胤礽犯的差错，康熙也都及时指正，督促改正。按照正常的事态发展，胤礽文武双全，是继位的理想人选。

---

① 张国元、杨国庆：《康熙的多子与多忧》，载于《渝州大学学报（社会科学版）》1999年第1期。

然而，胤礽满岁时就被立为皇太子，养尊处优，逐渐变得骄横跋扈。他长到10多岁后，宫廷斗争频繁，胤礽周围逐渐出现了一股依附力量。这些人处处显示太子的地位，一有机会就抬高太子，并有意无意弄得太子与皇帝在排场、气势上不相上下；另外，众多大臣见风使舵，纷纷有意无意地与太子套交情、拉关系。这是康熙皇帝不愿意看到的。于是，太子和皇帝之间、太子和其他皇子之间开始产生矛盾。一些人和其他皇子对胤礽添油加醋地进行造谣，也使康熙皇帝对太子开始产生反感。康熙四十七年（1708）九月，终于爆发了“帐殿夜警”事件。

这件事情发生在康熙皇帝进行木兰秋狝（xiǎn）的时候。为了保持八旗子弟的尚武精神，从康熙二十年（1681）开始，木兰秋狝成为一项国家大典，在康熙、乾隆两朝盛行。木兰秋狝时皇帝驻跸的营帐，就叫帐殿。康熙四十七年（1708），朝廷又举行了木兰秋狝。康熙皇帝带着才8岁的十八阿哥同行。十八阿哥是康熙皇帝爱嫔王氏所生，被康熙皇帝所宠爱。而其他成年的皇子，包括太子在内都只能跟随前行。遗憾的是，北方秋天的昼夜温差很大，8岁的十八阿哥适应不了，半路上就发了病，病情日益严重。康熙皇帝只能搂着爱子，祈祷说宁愿以自己的寿命来换取十八阿哥的生命。八月底，十八阿哥一度病情好转，康熙皇帝欣喜若狂；但到九月初二早晨，十八阿哥就夭折了。康熙皇帝悲痛欲绝。

就在这个关键时刻，有人告发太子夜里在康熙皇帝的营帐四周徘徊，还不时窥探帐中情况。此前康熙皇帝与太子的关系已经逐步恶化，康熙皇帝联想到胤礽在十八弟重病时冷漠的表现和平时的不良行为，他那颗本因幼子之死而悲痛欲绝的心受到更重的打击。康熙皇帝对胤礽的愤恨程度急剧上升，做出废黜决定。[①] 九月初二凌晨，康熙皇帝同王公大臣和供奉于朝廷的西方传教士，愤怒地讲述对胤礽的不满，特别是胤礽在幼弟十八阿哥病重父皇焦虑万分的情况下，竟然无动于衷，毫无忠孝节悌。康熙皇帝说，胤礽除了他早已发现的种种不肖之外，每夜透过帐殿的裂缝向内窥

---

① 刘心武：《红楼望月——从秦可卿解读〈红楼梦〉》，书海出版社2005年版。

视，对自己居心叵测。说到伤心处，康熙皇帝痛哭倒地，吓得大家措手不及。两天后，胤礽被废了。

实事求是地讲，皇太子胤礽有没有在夜里悄悄地站在康熙皇帝的帐殿外，透过缝隙窥探老父亲的行踪和身体情况，后人不可能知道真相。就算是他有这样的行为，更多的是“被窥视欲的心火烧得癫狂的一个可怜虫”①罢了，构成废太子的理由有点牵强。等愤怒的情绪过去后，康熙皇帝也冷静了下来，连续梦见祖母孝庄皇太后和已死的胤礽生母、皇后赫舍里氏，两人在梦里都面有不悦之色。其间康熙皇帝又查出庶出的大阿哥利用蒙古喇嘛以巫术镇魇了胤礽。四个月后，康熙复立胤礽为太子。此后，太子再立又再废，各位皇子为了皇位大打出手。康熙皇帝为继承人问题愤懑抑郁，难以定夺。1722 年，康熙皇帝病逝。之前并不被看好的四皇子胤禛即位，这就是雍正皇帝。

一般认为，胤禛当皇帝后大肆修改康熙朝的档案。关于“帐殿夜警”的资料说是康熙曾在夜半觉得有人逼近帐殿里的御榻，还发出了声音。胤礽被囚禁在宫中上驷院临时帐篷内时，为自己申辩说：“皇父若说我别样的不是，事事都有，只是弑逆的事，实无此心。”“帐殿夜警”事件恐怕是有人向康熙告发太子，康熙在情绪激动的情况下缺乏冷静的思考做出了过激举动。

康熙皇帝与胤礽之间的矛盾是逐步积累发展起来的。康熙皇帝一开始溺爱胤礽，甚至达到荒谬的程度。比如，他任命胤礽奶妈的丈夫为内务府主管，不是因为此人有品德才干，仅仅是为了方便胤礽取用各种物资供应。康熙后来后悔地说：“皇太子服御诸物，俱用黄色，所定一切仪注，与朕无异，俨若二君矣！”太子渐渐长大，对于自己继承人的地位意识越来越自觉、越来越深化，在康熙皇帝出征时期留守京城当“代皇帝”很是过了把瘾。太子的党羽也越来越多，往往表现得更急迫，这又强化了胤礽“何日继位”的心理。但康熙皇帝身体健康、精力充沛，是个长寿之君，

① 刘心武：《红楼望月——从秦可卿解读〈红楼梦〉》，书海出版社 2005 年版。

胤礽隐忍的接班欲望，与康熙皇帝不到寿终绝不放权的明显态势，导致了他们父子君臣关系难保平衡的悲剧性结局。这才是康熙皇帝废立太子的根本原因，这也是古代皇位继承制度、皇太子制度最大的内生矛盾。

那么，建立在嫡长子继承原则上的古代皇位继承制度是如何设计的，又是如何实践的？如果说它存在根本性缺陷，为什么能延续那么长时间呢？

嫡长子继承制，指由君王正妻所生的长子继承皇位的制度。正妻，又称嫡妻，其子为嫡子；其他伴侣所生儿子为庶子。按照周制，继承人必须是嫡妻长子。如果嫡妻没有儿子，就立其他伴侣中级别最高的贵妾之子，至于被立者是否为庶子最年长者，则不在考虑之内。《春秋·公羊传》中将其概括为："立嫡以长不以贤，立子以贵不以长。"这套设计能在古代奉行将近三千年，是有它的合理性的。首先，嫡长子继承制维持了尊卑贵贱体系，适应了尊崇君权和君主集权的需求。而尊卑贵贱引发的身份区别、等次秩序是中国传统社会的核心特征之一，所以嫡长子继承制是和古代社会相互契合和交融的。其次，孔子生活的时代，礼崩乐坏，权力继承方式混乱导致最高层斗争不断。孔子迫切要求恢复周礼，重建政治秩序。嫡长子继承制具有"息争""笃亲"之功，因此被视为由乱返治的起点，并且符合家族本位的伦理要求。因此，这套制度被儒家奉为正统，历代都有饱读儒家诗书的士大夫拼命维护嫡长子继承制。最后，嫡长子继承制把继承者的候选范围降到最低点，能在某种程度上减少继承竞争和冲突。而且，相比其他继承方式，比如才华、功劳或者选举等不可控的方式，嫡长子继承方式标准明确、可操作性强，可以避免诸子相争、骨肉相残的局面，以保证政局稳定、统治者万世一系。正是因为嫡长子继承制具有相当高的合理性，西周之后的历朝历代统治者才把它奉为正统的传承制度。

但是，这套制度执行得并不顺利。秦朝，秦始皇嬴政、秦二世胡亥、末帝子婴都不是嫡长子继位；西汉十几位皇帝，除汉高祖刘邦为开国皇帝，汉平帝为王莽傀儡外，只有惠帝、景帝、元帝、成帝 4 位皇帝是以嫡长子继位的，比例不到一半；东汉有 12 位皇帝，刨除光武帝刘秀是创业皇帝，只有章帝、顺帝、冲帝 3 位皇帝勉强算是嫡长子继承，比例是 1/3；魏晋南北朝政权更迭频繁，以嫡长子身份继位的皇帝仅占总数的 1/3 左右。大多数皇帝是凭借势力获取权力的。比如，西晋司马炎的继位，是由于他富有谋略且得到大臣贾充等人支持。相反，凭借嫡长子身份继位的皇帝中，反而出现了两个“白痴”。西晋第二位皇帝、晋惠帝司马衷是“何不食肉糜”的著名“白痴”皇帝；东晋倒数第二位皇帝、晋安帝司马德宗愚笨，不擅长说话，甚至连冬夏都无法区别，因为是晋孝武帝的长子而登基。隋朝，隋文帝杨坚废长立幼，隋炀帝杨广依靠阴谋诡计继承皇位。隋朝仅两代就灭亡了。唐朝的 20 多位皇帝中，只有德宗、顺宗 2 位皇帝是嫡长子继位。宋朝 18 位皇帝，只有 3 人是嫡长子。元朝受到草原风俗的影响，没有形成明确、稳定的皇位继承制度，争夺皇位引发的战乱频繁发生。元朝的迅速衰落和灭亡，和皇位争夺有关。明朝有 16 位皇帝，仅有 5 人是嫡出。[①] 有人做过统计：在中国从秦至清两千余年的历史长河中，只有 2/5 的皇帝是依靠嫡长子继位制登上皇位的。[②] 考虑到常见的皇帝改立皇后带来皇子嫡庶身份的转变，嫡长子继位的比例应该更低。可见，虽然有嫡长子继承的规定，但中国古代皇位继承还是相当混乱，制度并没有得到很好的执行。

嫡长子继位制度并没有落实好，皇太子不好当，根本原因是埋在这套制度深层的弊端。主要有两大弊端。

第一，嫡长子过早明确了继承人身份，不仅引发了与在位皇帝的权力冲突，还将嫡长子（皇太子）本人长期置于危险之中。在古代，皇太子始终是一个高危的岗位。皇帝和皇太子的冲突，我们在开头康熙皇帝与胤礽的故事中已经有所认识。即便是亲生父子，这种冲突也会在日积月累中爆发出来。如果遇到一位作风强硬的皇帝，皇太子的日子就更难过了。这样

---

① 史卉：《简析中国古代的皇位嫡长子继承制》，载于《聊城大学学报（社会科学版）》2007 年第 2 期。

② 谭平：《中国古代皇位嫡长子继承制的计量分析》，载于《成都大学学报（社会科学版）》1998 年第 4 期。

的问题同样存在于嫡长子和他的手足兄弟之间。大家都是同胞兄弟，为什么就变成了君臣，而且子子孙孙都要成为君臣？其他兄弟就会想：我能不能在你当上皇帝之前拼一把，为自己和子孙改变命运呢？这是一个正常人的想法。皇帝的一生，要解决一个紧接着一个的难题，最大难题莫过于如何处理与皇太子的关系。皇帝出于江山牢固、血脉绵延的考虑，必须培养一位文武全才、深得人心的皇太子，这是符合逻辑的。同时，皇帝担心皇太子结成游离于皇权之外的势力团体，威胁到当下统治，必须防止皇太子坐大，千方百计加以限制。这也是符合逻辑的。从巫蛊之祸到玄武门之变再到绍熙内禅，从曹丕、曹植相争到杨勇杨广争位再到唐肃宗逼唐玄宗为太上皇，皇太子惹的祸历代皆有、流的血弥漫江河。血的教训表明，皇太子制度存在设计悖论。

第二，嫡长子继承不能确保继承者的素质。即便有更合格的人选，也不能撼动嫡长子的继承权。前述晋朝出了两个嫡长子继位的白痴皇帝，就是最好的例子。明太祖朱元璋建政后，很快就立长子朱标为皇太子，忠实执行了嫡长子制。他还给朱明皇室规定：“朕惟昔帝王之子，居嫡长者，必正储位。”但是在内心，精明的朱元璋也有过怀疑。太子朱标早逝，朱元璋又立年幼的嫡长孙为皇太孙，预备接班，但心底更属意“英武类己”的皇四子、燕王朱棣。他曾对廷臣说：“国有长君，社稷之福。朕第四子贤明仁厚，英武似朕，朕欲立为太子，何如？”翰林学士刘三吾进谏道：“陛下言是，但置秦、晋二王于何地？”朱元璋无言以对，只好作罢。（《明太祖实录》）在强大的制度和僵硬的观念面前，皇太孙最终继位，四年后靖难之役爆发。朱明皇室同室操戈，才决出了第二代君主。朱元璋要对自己身后的骨肉相残负责。之后的明朝皇帝，既不敢违背嫡长子继承制，又知道这个制度隐藏的重大弊端，在犹犹豫豫之中只好搁置册立皇太子。明世宗嘉靖皇帝就“讳言储贰，有涉一字者死”，长期不立太子。嘉靖三十九年（1560），大臣郭希颜上书建言立储，触怒嘉靖皇帝，惨遭处斩。他们执行这种“鸵鸟”政策，并没有从根本上解决继承问题，反而加剧了明朝后期的高层政治斗争。

清朝皇位继承的传统，最初是由王公大臣公推。康熙皇帝效仿明代，册立了皇太子胤礽，这是皇太子制度在清朝第一次，也是唯一一次落到实处。可惜，倾注康熙皇帝半个世纪心血的胤礽，还是在康熙四十七年（1708）、五十一年（1712）两次废立。其中，固然有胤礽自己的问题，但不可忽视的是皇太子制度的弊端在他身上的投射。胤礽这个太子，并没有保证康熙后期牢固、稳定的继承秩序，反而引起了激烈的九子夺嫡风波。

雍正皇帝继位后，总结前代和父亲的教训，认为之前皇位继承风波的根源在于“明立皇太子”。继承人为什么要公开呢？而且为什么要在皇帝还活得好好的时候公开呢？思路一打开，制度创新就来了。雍正皇帝亲手埋葬了皇太子制度，创建了“秘密建储”制。雍正元年（1723），雍正皇帝公开宣布：“今朕特将此事（皇太子人选）亲写密封，藏于匣内，置之乾清宫正中世祖章皇帝（康熙）御书正大光明匾额之后，乃宫中最高之处，以备不虞。诸王大臣咸宜知之。”同时，皇帝随身携带一道同样谕旨，驾崩之后王公大臣公开验看两道谕旨，核对无误后，迎立新皇帝。皇太子由明变暗，每个皇子都有可能是人选，每个皇子都不敢有丝毫怠慢，反而有助于皇子发愤图强、努力表现自己。一切明争暗斗都是冗余，皇帝也随时可以更换更合适的人选。野心家篡改谕旨的难度极大，贸然为之便会惹祸上身。雍正朝之后，清朝从来没有出现过皇子争位的传闻。我们看到，清朝的皇子皇孙们基本上是规规矩矩，没有出现阴谋家和骄横跋扈的败类，不能说和秘密建储制没有一点关系。

雍正皇帝首次用这种制度选立了乾隆皇帝。乾隆皇帝曾经两次秘密建储。一次是刚继位不久写上皇次子永琏为储君，永琏夭折后再写上立皇十五子永琰为储君，也就是后来的嘉庆皇帝。此后，嘉庆、道光皇帝也依此选定接班人。到了咸丰朝以后，皇帝只有一个儿子或者干脆没有儿子，选择接班人的问题就不存在了。秘密建储制度也就自然停止了。

一个小小的技术改变，换来了大大的制度进步。“秘密建储”制就是最好的例证。中国传统王朝在最后一朝，终于找到了最好的继承人制度。

皇帝的鸡蛋：内务府的进步与贪腐

前文中我们提及清朝的内务府。在限制宦官专权方面，内务府起到了积极的作用，有效遏制了清朝太监形成恶性势力，但是内务府还有另一个面貌。在清朝中后期，内务府是腐败的代名词。有北京民谣为证："房新、树小、画不古，此人必是内务府。"说的是如果哪天皇城根下出现一户暴发户，房子是新盖的、院子里新栽了树苗、墙上挂着现代人的画，那这户人家肯定是内务府的官吏。那么，内务府到底是一个什么机构？它为什么又会成为腐败的渊薮呢？我们从一则野史小故事讲起。

清中期的道光皇帝是一个吝啬到要把一个铜板掰成两半的主儿，看到龙袍上有个窟窿都要补上。所以，那时候紫禁城的龙椅上坐着一个穿补丁龙袍的皇帝。一天，道光皇帝发现绸裤的膝盖上破了个小洞，就让内务府去缝补一下。补完了，道光皇帝问花了多少钱，内务府回答："三千两白银。"道光皇帝听了差点背过气去，一个补丁竟然比一件龙袍的价格还要贵！内务府解释说："皇上的裤子是有花的湖绸，剪了几百匹绸才找到对应相配的图案，所以贵了，一般的补丁大概五两银子就够了。"道光皇帝咬咬牙，默记在心里。

话说，朝臣们看到龙椅上坐着一位打补丁的皇帝，上行下效，纷纷找出旧官服打上补丁。一次，道光皇帝看到军机大臣曹振镛朝服的膝盖上打着块醒目的补丁，突然问道："外面给破衣服打个补丁需要多少银子啊？"曹振镛一愣，看看周围的内务府官员，发现一道道目光紧张地瞪着他。曹振镛头皮发麻，只好往多了说："外面打一个补丁需要三钱银子。"其实，三钱银子当时都可以买一整套寻常衣服了，曹振镛心想这下大概和内务府报给皇上的“工价”差不多了吧。谁想，道光皇帝闻言惊叹道：“外面就是比皇宫里便宜，我打个补丁需要五两银子呢。”曹振镛一下子就蒙了。

谁想，道光皇帝继续问：“外面的鸡蛋多少钱一个啊？”曹振镛赶紧回答：“臣从小有病，不能吃鸡蛋，因此不知鸡蛋市价几何。”

那么，内务府给道光皇帝吃的鸡蛋，到底多少钱呢？我们可以从光绪年间的“鸡蛋价格”佐证一下。光绪皇帝很喜欢吃鸡蛋，当时一个鸡蛋大概三四个铜板，但内务府的采购价格是三十两银子一个。一次，光绪皇帝和老师翁同龢闲谈，突然说：“这鸡蛋虽然好吃可太贵，翁师傅你能吃得起吗？”翁同龢吸取了曹振镛的教训，赶紧推脱说：“臣家中只有遇到祭祀大典才吃一两个，平时不敢多买。”光绪终生都以为鸡蛋很贵，连朝廷大官都吃不起。为此，他每年仅是鸡蛋就要“吃”掉上万两白银。

从上面的故事里，我们能得出一个直观的结论，那就是内务府是管理皇帝衣食住行的机构。内务府是清朝特有的机构，它的执掌大致有三块。第一块是负责皇帝的衣食住行，皇帝从出生到死亡的生活保障工作都由内务府负责。一言以蔽之，一个皇帝从在娘胎里开始到死后定期领取子孙后代的冥钱，都离不开内务府。第二块是负责管理服务皇帝的人，包括太监、宫女等。内务府对太监的管理，在制度上将宦官势力置于朝臣之下，是这项制度设计的一大精髓。第三块是负责管理宫殿、行宫和与皇帝有关的各种生产、采购机构。

内务府的成立具有重大的历史意义和制度价值。除了已经论述的有利于限制宦官之外，单独掌管皇族事务的机构的成立，明确将皇帝事务和政府事务分隔开来。内务府相当于在国家和宫廷之间树立了一道隔离墙，国家的归国家，皇帝的归皇帝，双方的财富和事务互不干涉。早在秦汉，中国就设有少府，主要负责为皇帝管理私财和生活事务，但当时的皇家事务管理政出多门，并不像清朝这样职权比较清晰和统一。这不得不说是中国古代政治制度的一大闪光点。尽管在实践中，皇帝缺钱的时候还会想方设法要求朝廷的户部给宫廷拨款，但毕竟增加了一道手续。更重要的是，皇帝从国家仓库中拿钱，在制度上是非法的了。我们必须为这种明确权利与义务、限制皇权的制度设计点赞。

当然，任何事物都是利弊兼有的，不可能只有优点没有缺陷。内务府虽然将皇权及其需求限制在一个明确的范围内，可这个范围是独立的、封闭的，没有其他机构可以真正监督内务府。这就导致内务府自成一个体系，不断自我强化，并走上以权谋私、贪腐自肥的道路。

清代内务府很快成为一个庞大的官僚系统，主要机构有“七司三院”，分别是广储、都虞、掌仪、会计、营造、慎刑、庆丰 7 个司，负责皇室财务、库贮、警卫扈从、山泽采捕、礼仪、皇庄租税、工程、刑罚、畜牧等事；上驷院、武备院和奉宸院 3 个院，负责管理御马，管理皇室伞盖、鞍甲、刀枪弓矢等物，负责紫禁城、三海、南苑、天坛和其他苑囿的管理、修缮等。此外，内务府还管辖紫禁城三大殿，管理慈宁宫、寿康宫、御药房、寿药房、文渊阁、武英殿修书处、御书处、养心殿造办处、咸安宫官学、景山官学、掌关防处等。除了以上在京城的机构外，内务府还有诸多京外附属机构。比如，江宁织造处、苏州织造处等皇室采办机构，圆明园、畅春园、万寿山、玉泉山、香山、热河行宫等皇帝驻跸处和皇室财产。需要特别指出的是，敬事房也隶属于内务府。所以，太监和内务府利益攸关，在之后内务府的兴衰起伏中站在了内务府的一边。

内务府的要害部门中，最重要的是广储司。广储司就是皇帝的小金库，建了 6 个仓库储存皇室的所有财产，其中，金、银、珠、玉、珊瑚、玛瑙和宝石等专门储存在银库里。皇帝对银库看得最紧，特地将银库设在紫禁城太和殿西侧的弘义阁内，安排了 25 人日夜盯着它，规定只有在特定的时间和条件下才能开库。为了防止监守自盗，看库的人没有钥匙，钥匙由乾清宫侍卫保管，而且不止一把。开库时，必须由多名特定的官员在场，进出库房的人都得严格搜身；库房关闭时，必须由多名特定官员共同签字画押，并在锁上贴上封条。每月，内务府都要对皇帝 6 个库的收支出纳情况进行统计汇总；皇帝随时可能抽查，年底专门听取内务府的报告，每5年亲派不相关的大臣进行盘库。这仅仅是对广储司六库的管理制度，整个内务府管理之严、皇帝之重视可见一斑。

在内务府的统筹管理之下，清代的皇家事务有条不紊地进行。当然，任何封闭的独立部门在保持神秘性的同时，往往面临批评的声音，其中就涉及贪贿剥扣的丑闻。最常见的是，皇帝衣食住行的采购价格百倍于市价的故事。比如，开头的道光皇帝龙袍的天价补丁、光绪皇帝吃的鸡蛋每枚耗银30两等。这些野史故事很可能是假的。因为先不论清朝有没有道光皇帝这般事无巨细“不耻下问”的皇帝，也不论有嘉庆、道光皇帝这般熟知世情的长君继位，单就制度而论便不可能。内务府食材供给途径有三条：各地各部门定额缴纳、藩属与地方长官进贡是最主要的两条途径，数量庞大且是无偿的；第三条途径是内宫采购，但只是支流杂途，数量占比不大，且采购银两有支取、奏销手续，偏离市价太多是通过不了流程的。所以，开头我们讲的故事很可能是社会舆论加工的，而不是历史真相，而是社会对内务府的观感。内务府肯定不是清清白白的榜样典范，但他们的贪污腐败问题并没有那么严重。

那么，内务府到底存在什么样的问题？或者说它贪腐达到什么样的规模了呢？

首先，因为缺乏真正有效的衡量标准和外部监督，内务府的首要问题是铺张浪费。乾隆二十四年（1759）正月，乾隆皇帝宴请王公大臣和藩属使臣，发现筵宴准备的玉泉酒浑浊无味，显然是劣酒冒充。“玉泉酒案”案发。内务府大臣迅速彻查，发现当时宫中每次筵宴平均用酒高达220斤之多，浪费严重。再查酒醋房账簿，发现每次领取酒量多寡不一，毫无规矩，且账目多系事后补记、错讹百出。酒醋房原本有专门的规章制度，随着时日蔓延，首领太监等人逐渐不再按规行事。内管领等人便日益大胆领取物资，用度标准形同虚设，最后竟发展至办理筵宴、祭祀时铺张靡费、以次充好。酒醋房总管太监等渎职，任由所负责部门滥支滥用。乾隆皇帝将酒醋房一众太监重责四十大板，发配东北或交香山充当苦差，不许出门；亡羊补牢建立严格奏销程序，对宫廷用酒总量和不同筵席用酒量进行限制。酒醋房如此，其他部门也不能全免。乾隆朝尚且如此，其他各朝更会如此。

其次，内务府的管理制度越来越多、越来越严，内务府的贪腐手段也随之“日新月异”。我们来细数一下内务府从皇帝身上揩油的招数。第一招：低买高卖，以次充好。皇帝虽然给内务府规定了条条框框，但毕竟身居深宫，对正常的市场行情并不了解。内务府就从宫外平价买入物资，然后高价报给皇帝，中间的差价就成为经手人员的“灰色收入”。《清代野记》中说，琉璃厂有个名琴师被召入紫禁城为慈禧弹琴，结果弹奏效果大减。一查，原来是皇室的用琴质量太差，金徽玉轸，极其富丽，但是材料低劣，金玉其外败絮其中。皇家用的东西应该是质量的保证，是精品中的精品，为什么会劣质品充斥紫禁城呢？因为负责宫廷事务的内务府的食利者在克扣贪赃，中饱私囊。第二招：工程揽财。这一点相对容易理解。在内务府当官的人最盼望的，不是升官，而是皇帝上马新工程。晚清时，紫禁城内搭建一个竹棚，这么个算不上工程的工程，内务府就用了上万两银子。第三招：直接贪污。内务府制度严密，可制度是人执行的。内务府系统越来越庞杂，人越来越多，漏洞也越来越多，皇帝一个人根本管理不过来。加上内务府属于为皇室服务的，不受朝廷监察和司法机构的管辖，内务府弊端就犹如决堤之水、沃野荒草，汹涌蔓延开来。晚清吏部官员何刚德说：“内务府之职，如衙门之有庶务，即俗所谓账房也。账房有折扣有花账，已处处有弊。内务府之利百倍于此。”光绪皇帝大婚的时候，有几位绣工托在内务府大臣家教私塾的同乡郭先生揽点内务府刺绣的活做。郭先生通过大臣的管家接了一件绣洞房门帘的小活。绣工们从内务府领来了缎子，用最好的绣线精心刺绣。整套下来，绣工们的原料、工钱加上利润，市价大约是五十两银子。门帘交上去后，大臣的管家就让绣工们报个价，主动示意绣工们“多报一些无妨”。郭先生和绣工们就咬牙报了五百两，管家说太少了，再报多点。几个人就报了一千两的要价。账单交到内务府大臣手里，大臣又驳回，让再往高了报。郭先生就大胆报了五千两，几个绣工埋怨他报得太离谱了，会被驳回来的。谁知，内务府大臣拿到账单，摇摇头，亲自提笔在五千两前面加了“两万”。账单送到内务府，内务府照付两万五千两白银买那个门帘。内务府大臣扣下两万两，给郭先生五千两；郭先生拿出一千两酬谢相关人等，自己拿了三千两，把剩下的一千两给几个绣工。几个绣工心满意足，这可能是他们一辈子最大的收入了。

在实际运转中，内务府是一方，人数众多，皇帝是一方，只有一个人。数以万计的内务府人员对付皇帝一个人，千方百计地蒙蔽皇帝，为自己牟利。皇帝设立内务府的初衷是让它更好地服务自己，最后内务府提供的服务未必是最好的，而且消耗了王朝越来越多的财富和资源。整个系统已然异化成了独立于皇帝和朝廷之外、有独立利益和运转规律的恶势力。更严重的是，内务府随着皇权的增强而膨胀。成立之初，内务府大臣为三品官，雍正年间升为正二品，地位逐渐突出，到清朝后期内务府大臣除了从本府郎中、宫廷侍卫中升补外，王公大臣、尚书侍郎也常常被特简为内务府大臣。内务府官员出任地方督抚和中央阁员的也很多，一些附属机构（比如江南织造）还被赋予了其他的政治使命。至此，内务府官员不仅建立了系统内的独立王朝，还通过自身升迁、外调、系统内外的联姻，势力盘根错节，异常强大。

从皇帝到大臣，各个时期都有“整顿内务府”的声音。可惜最后都以失败告终。道光皇帝因为吝啬，所以对花钱如流水的内务府最为不满，多有训斥。但他就生活在内务府官员、仆役、太监们组成的日常环境中，完全不具备真正整顿的可能。内务府依然我行我素，问题如故，并且一直延续到民国时期。1912 年清帝退位，仍保有紫禁城和其他皇室财产。为皇帝服务、管理皇家事务的内务府原封不动地保留了下来。“中华民国”政府每年“优待”溥仪的四百万大洋，也全都交给内务府。内务府每年都哭穷叫苦，抱怨四百万大洋不够花销。半个世纪后，溥仪依然对当年只负责退位小朝廷的内务府心怀不满，因为当时内务府的开支竟然超过了慈禧太后时期的最高纪录。朝廷覆灭了，内务府少了许多内外勾结、暗箱操作、中饱私囊的机会，他们把贪腐的目光只能投向紫禁城的宝贝。紫禁城收藏着明清两代帝王聚敛的财富，金银玉器文物古董数不胜数。内务府的贪官污吏就偷盗和转移紫禁城财富。比如，变相地把宫内财富做低估值“抵押”给宫外的关系户。这样的财产转移，内务府经常进行，一旦借口开销紧张就把紫禁城的金银财富文物古董拿到宫外“抵押”。每逢此时，就连社会上的报纸媒体都看不过去，大张讨伐，内务府免不了出来辟谣或解释，又成为坊间一大谈资。1924 年，溥仪被驱逐出宫，“中华民国”政府收回紫禁城，内务府随之寿终正寝。

代后记　“中国之治”的制度史遗产

党的十九届四中全会指出，“中国特色社会主义制度和国家治理体系是以马克思主义为指导、植根中国大地、具有深厚中华文化根基、深得人民拥护的制度和治理体系”。当代国家制度和治理体系汲取了哪些中国政治制度史的养分？古代政治制度又留给今人哪些历史智慧与现实启示呢？

制度演变以社会文化为基础。两者犹如植被与土壤的关系，什么样的土壤长出什么样的植被，不同的政治制度适应不同的社会环境。天底下没有放之四海而皆活的植物，同样没有放之四海而皆准的制度。同时，政治制度会反作用于社会文化，正如植被落叶归根，化为腐殖质反作用于土壤，政治制度也缓慢地改变社会结构、形塑人群心理。割裂社会基础和政治制度的关系进行的任何分析评论解读，都是没有意义的。

钱穆先生指出，谈论中国历代政治得失要保持“温情与敬意”。我们谈历史，就是在评论我们的祖宗。先祖们的物质资产或许荡然无存，但我们肯定在享受着先祖磨砺凝结而成的精神财富。一旦丧失温情与敬意，就容易偏离全面、真实的历史，乃至数典忘祖、滑入历史虚无主义的深渊。

中国历史的发展，有两大突出的成就不容忽视。第一，中国传统社会保持了超稳定结构。不仅社会和人种没有毁灭过，而且当今中国人的心理和一千年前的北宋官民的很多思想观念还是相通的，我们民族的心理和记忆也没有断层或者重启。第二，中国在千百年发展历程中，尽管有动荡有快慢，但总体趋势是螺旋式向前的。我们先辈在诸多方面取得了不俗的发展成就。在世界各个文明古国中，中国是唯一一个未曾间断的、持续发展的国家。承认这两大成就，是讨论“中国之治”的历史与现实的前提。作为国史的一个发达的分支，中国政治制度史在其中贡献良多。

一

科举是中国人的政治发明，对当今而言或许依然是最有价值的制度史遗产。孙中山先生认为科举是近代西方文官制度的基石。科举蕴含的政治智慧和现实启示，超越了狭义的制度范畴，洋溢到了国家治理和社会稳定等诸多方面。

科举的“举”是典型的中国政治概念，在传统语境中指众人推举贤能之士上位。统治者在受推举之人中选出执政人选，称为“选”。两者合称“选举”，是上下结合的、小范围的、权重不同的选拔方式。近代西方政治涌入中国之后，西式的一人一票、自下而上的选票制度套用了“选举”一词。这个概念被赋予了完全不同的含义。一个概念的变迁，恰恰说明了制度与社会背景密切相关，不能脱离背景套用概念。

科举的“科”指选拔人才的规范，科举就是运用明确的规范，公开、公平地选举人才。它的精髓是最大限度地取消了选拔限制，不拘一格降人才。科举最显而易见的好处是增加了社会流动性。“朝为田舍郎，暮登天子堂”的传奇，只有在科举制下才能实现。在同时期的西欧封建体制和日本的幕府体制下是不可能有这样的阶层跃升的。

中国传统社会的流动是稳健、持续的流动，不是疾风骤雨般的革命。科举制在北宋得到推广后，两宋和明朝的新科进士中祖宗三代没有官爵或功名的比例超过50%。这便意味着，有一半人提升了家庭的阶层，而另一半人保持了阶层不坠。在一上一下之间，传统社会实现了缓慢、有序的阶层流动，既保证了政治传统和惯例的延续，又选拔高素质者补充到上层来，它不是暴力式大清洗，而是缓慢地置换。到了清朝，三代没有任何官爵或功名的进士比例还维持在40%左右。通过一代人努力就实现阶层跃升的家庭少了，但新科进士中上三代人举人、秀才的功名比例在上升，说明清朝社会的流动呈现出递进式的上升，更加稳健。

流动性是社会保持活力、长治久安的主要因素。缺乏流动的社会最终无不阶层固化、结构板结化，不得不通过暴力革命来刺激流动，重启社会；而“重启的代价”是整个社会牺牲发展成果，无数的个体家破人亡、生灵涂炭。

科举塑造了数以百万计的乡绅，构成了传统社会“共建共治共享”治理体系的关键力量。北宋以后乡绅主要以科举功名为标准，杂以部分在籍或致仕官员。财富并不是乡绅的充分条件，富裕人家需要通过科举的转化才能跻身乡绅群体。乡绅身份介于官民之间，今日的乡绅或许明天就入仕为官了，今日的官员也可能明天就回乡为民了。他们熟悉国家治理的规章制度和话语体系，很多人拥有直接的行政经验、不俗的政治资源。乡绅与官府有千丝万缕的联系，同时，他们的根始终扎在乡土里。地方乡绅父母坟茔、祖产田亩都在当地，搬不走离不开，自己也将落叶归根葬在乡里，自己的子孙后代不出意外也将继续在本地繁衍生息。部分乡绅早年贫寒，是依靠乡邻宗族的资助，甚至是吃百家饭穿百家衣艰难崛起的。所以，乡绅阶层与本地百姓的利益又是完全一致的，在情理上不会祸害本乡本土。老百姓推举乡绅代表自己与官府打交道，也基本听从乡绅的号召与安排。地方官奉行“为政不得罪缙绅”，注意协调官府与乡绅的关系，就地方政务咨询请教或干脆委托后者出面经理。

传统社会造桥铺路、抢险赈灾、征收赋税、兴办文教、息讼调停等方面都活跃着乡绅的身影。保留至今的地方碑刻文献，主事者几乎都是乡绅，即便有地方官员列名在先，也是官府在给乡绅行为盖章背书。这种治理模式官民两便，在协调资源、化解矛盾、保护百姓等方面都有可取之处。乡绅成了沟通官民的桥梁纽带，是国家治理的蓄水池、稳定器、减压阀。

再深入一层分析，科举普及并巩固了儒家意识形态，构建了古人共同的理想信念、政治理念和道德观念。儒家学说是科举制度的教学和考试内容。取得科举功名的士大夫十年寒窗、层层过关，一定是从心底里信服、力践儒家学说的，是拥护建立在儒家学说之上的国家政治制度和治理体系的。再经由士大夫的宦游执政和基层共建共治共享，儒家学说扩散为全民的精神意志。共同的思想，是统一安定成为中国历史演变常态的主要原因。

唐末黄巢科举落第，最终选择造反推翻朝廷。但是，作为科举考试的失败者，他并不想推翻科举制度，而是设想“他年我若为青帝，教与桃花一处开”，从心底里是赞成科举的。

科举制并非单纯的人事制度，而是内涵广泛、影响深远的社会制度，嵌入了中国社会机体。当然，它也存在问题，尤其是进入近代后没有及时调整。1905 年清廷废除了科举，可惜没有做好制度衔接，乡绅群体丧失了制度支撑，迅速飘零。传统社会共建共治的力量消亡，乡土社会的主流建设力量和统一思想缺位，基层随之动荡，其他力量群体争夺基层话语权。这是近代中国动荡不安的原因之一。

二

郡县和流官制度保障了政治的集中统一，维系了国家的安定团结，是“中国之治”的第二大制度史遗产。

与流官相对的，是“土官”。任官不出乡土，是为“土官”，在中国古代通常是独霸一方的世袭土司、酋长等。流官的产生是与郡县制紧密相关的。秦汉之前封邦建国，中央政府并不直管地方，各地贵族受封食邑，世卿世禄，世代治理这方领土与百姓。秦汉之后贵族政治色彩日渐淡化，贤德与才能取代血缘成为获取权力的要素，贤能政治兴起。整个趋势当然是在秦汉中央集权制度创建的背景下发生的，郡县制取代了世袭食邑。朝廷流官代替了世代土官，成为强化国家团结统一的有力武器。

流官没有食邑，只能依赖中央朝廷，食君俸禄忠君之事。秦汉前，朝廷和地方之间存在权利义务关系，相互制约；秦汉后，流官完全转为国家治理的工具，任由差遣。古人一旦选择当官，就意味着一辈子颠沛流离。大多数官员不得在乡土任职，不得在任职地婚配，“宦游”几乎成为仕途的代名词，宦游内容是士大夫文学创作的重要题材。

每个地域的政治人才都有优劣、有多寡，流官制可以在全国范围内调配政治人才，取长补短、以盈填亏。这对地方治理和个人发展，可谓两全其美。当然，官员在接受统筹调配的过程中肯定会有不适甚至是浪费。硬生生地将政治精英与孕育他的土壤割裂开，看似残忍，对国家安定却有积极意义。精英与乡土的结合，容易产生“地头蛇”，尤其是那些出身世家大族的精英。流官制度在一个人年富力强、最有权力欲望的时候使其频繁游离于陌生的他乡，阻隔了地方势力的壮大，有利于维护安定统一。世族势力在唐朝的烟飞云散，科举与流官二者功不可没。而当暮年的精英致仕回乡后，精力衰减、心态平和，基本倾向于运用大半生的阅历和资源造福桑梓，少破坏之害而多建设之福。古代的制度设计，实现了人才功效的最大化，以及个体发展与政局安定的平衡。

流官的本质上是回避，包括地域、血缘、科名诸多方面的回避，在制度层面隔绝了异常力量的集结，斩断了地方自行其是、割据称雄的源头，维护了中央集权。它和郡县制是一对孪生兄弟。郡县制攻破了裂土而治的贵族堡垒，将全天下都直辖于朝廷。流官适时接掌了封建贵族们的权力，灌注了郡县治理的血液。在古代中国，这是一个缓慢的过程，从秦汉到南北朝，封建贵族和流官势力此起彼伏，郡县和王侯封地并存多个时代，直到隋唐封建贵族才彻底落败。唐朝以后，中国的封爵更多只是一个荣誉称号，这点与中世纪的欧洲迥异。“职散勋爵”，封爵只是中国官员的其中一道身份。欧洲的爵位大多意味着领土、税赋及建立于其上的独立军事力量。当大一统观念早已融入中国人的血液，欧洲要进入近代后才在资本和枪炮的双重作用下建立统一的集权的民族国家。

郡县制下的行政区划，既照顾到了“山河形变”的客观因素，可又划得“犬牙交错”，没有一个完全独立、封闭的行政区。如汉中属于陕西，钦州古属广东，湖南晃州突入贵州。这都是为了钳制地方、增加分裂难度。中央还将重要政务，比如漕运、河务、盐务等独立出来，设置直辖的专门机构，和地方行政区划条块并列，更别提地方无法染指的关隘要地的驻军了。种种措施都保证了中央政令畅通，国家统一安定。

古代官员到任陌生的辖区，正常的想法是推行中央政令、完成朝廷任务，以此来博取政治前途。他们是站在朝廷的立场来治理地方的，但是很快会发现中央的普适性指令与千差万别的地方实际存在较大出入。如何找到中央政令、本地实际、自身利益三者的平衡点，考验古代官员的治理能力与水平。而古代官员的能力与选拔，则是中国古代制度史的第三大遗产。

三

党的十九届四中全会的《决定》中提到的“坚持德才兼备、选贤任能，聚天下英才而用之”，培养造就更多更优秀人才的显著优势，用来评价传统政治制度一点都不为过。

中国古代诞生了强大的官僚政治。官僚是中性词。“官”有决策权，“僚”意为僚属。僚没有决策权，属于辅助性官员。几千年来，各个层级、各个地域的千万官僚在支撑着历朝历代的正常运转。官僚集团产生了独立的行事逻辑、群体利益，强大到即便皇帝几十年不上朝，国家政务也能正常运转的地步。西汉和南宋都发生过官僚集团“更换”皇帝的大事件，至于在“挑选”皇帝时，官僚集团更是具有相当大的分量。官僚集团的力量，来自制度的保障，更植根于一代代涌现的治理人才。这其中不乏立德立功立言的千古圣贤，也有政务与文学俱佳的传世文臣，更不乏从一介寒儒成长为高层官僚的普通子弟。其中蕴含的培养和选拔机制，是给当代治理课题遗留的宝贵财富。

与现代人相比，唐宋以后官员参加工作的时间普遍偏晚。明朝新科进士的平均年龄在35岁上下，唐宋和清朝的进士均龄大致相同，考虑到守选、候补等情况，初任官员的均龄要再大几岁。年近四旬对于职场新人来说，确实算不上年轻，但对起步就是知县、主事级别的官员来说，确实是比较合适的年龄。他们普遍拥有十几年的考试求职经历，具有相当丰富的社会阅历，知道了人世间的冷暖得失，又没有沾染暮气。这些都是20岁出头的年轻人从政不具备的优势。

进入官僚体系后，官员需要接受一套完整的培养。一个人要经过多岗位、多区域、长时段的历练，层层过关才能位列三公九卿。培养的过程也是挑选的过程，筛除了那些不合格的或主观不愿意的人选。这套体系培养出来的官僚，不能说人人德才兼备，但肯定淘汰了劣质人选进入高层。这和通过选举或者某次机缘就成为领袖的西方体系是非常不同的。

唐朝《封氏闻见记》指出了唐朝的仕途捷径是：“宦途之士，而历清贵，有八俊者：一曰进士出身，制策不入；二曰校书，正字不入；三曰畿尉不入；四曰监察御史，殿中不入；五曰拾遗，补阙不入；六曰员外郎，郎中不入；七曰中书舍人，给事中不入；八曰中书侍郎，中书令不入。言此八者尤为俊捷，直登宰相，不要历余官也。”大体上，三十岁出头进士出身，从校书正字起步，四十岁前后达到御史郎官的中层，五十岁跃升中书舍人和侍郎等高层，位列公卿。明清两代的理想的仕途路径是：三十岁出头中进士入翰林，累官到御史郎官后于四十岁前后外放地方道府，五六十岁升迁至地方督抚后再竞争内阁军机高位，或者继续为京官至内阁学士京堂侍郎后外放地方督抚，最后谋求宰辅高位。其中的选拔是个复杂工程，仅以清朝为例就有出身、历俸、班位、顺次、考课等硬性要求，又有考核奖惩、铨选制度、人地相宜等动态因素。古代政治史最重人事，吏部为六部之首，则例繁多。但制度千万条，目的就一个：把合适的人放到合适的岗位上去。

官员选拔尤其注意兼顾中央和地方两方面行政经验。唐宣宗时，大臣牛丛任谏官五年，外放睦州刺史入朝谢恩。睦州是个远僻小郡，唐宣宗奇怪地问：“卿顷任谏官，颇能举职，今忽为远郡，得非宰臣以前事为惩否?”牛丛从繁华的长安城外放到千里之外的小地方去，不会是因为之前积极建言得罪了宰相吧。牛丛解释：“无刺史县令履历者，不得担任近侍官。宰相们这是在奖擢我，并非嫌忌我。”晚清王文韶新入内阁，清流攻击他的一个原因就是，王文韶入阁前只担任过一任湖南巡抚，地方行政经验不足。如此锤炼出来的官员，能够坚持到最后的，素质都有基本的保证，他们既有宏观视野又有微观经验，既有相当高的声望，又能处理复杂的问题。

古代没有行政学院、没有现代通信，还没有普及普通话，却能持续不断地将一代代的“田舍翁”塑造成朝堂上的“衮衮诸公”，人才选拔和培养制度功不可没。

四

对中国古代政治制度最常用的形容词之一，便是“独裁”“专制”。事实上，中国古代并不像评价的那样独裁专制，而是含有丰富的权力制衡遗产。

就表象而言，中国的皇帝符合独裁专制的诸多特征：法律的制定者，掌握最高司法权，可以任免官员并直接干预行政，甚至在理论上“普天之下，莫非王土；率土之滨，莫非王臣”。这不是独裁帝王是什么？这样的分析还是利用西方政治框架在分析中国古代政治。现代人分析古代政治，最大的尴尬或者说困惑，就是我们已经无法回到古代政治的情境中去思考、评价，我们只能尽可能地靠拢古代政治。即便如此，我们推论时尚且战战兢兢，生怕出错。不知道用西方政治框架评判中国古代政治的人，是浑然不觉，还是无知者无畏。

中国古代皇权也呈螺旋式上涨。大分裂时代，冠冕落地，皇权低落；紧随其后的大一统王朝，皇权迅速复兴，并且在制度护航下稳步向前。西汉君臣议事，相互席地而坐，公卿辞行时皇帝起身相送；清朝君臣议事，军机大臣“跪听圣训”，辞行时垂身哈腰倒退而出，皇帝安坐如初。但是，皇帝始终不能随便用人、杀人，不能裂土立政，不能对无聊的奏章置之不理，还要提防被大臣推翻。皇权受到各种力量制约，远谈不上独裁专制。

不论是作为个体的皇帝，还是作为制度或机构的皇帝，客观上都无法做到独裁专制。每个个体或机构的精力与能力都是有限的，不可能处置所有政务。汉武帝一天批阅上百斤竹简，明太祖一天处置上百封奏章，雍正皇帝每天除了睡三四个小时外其他时间都在工作，天天如此，每年只在生日时休息一天。这三位皇帝都“爱岗敬业”、精力旺盛、权力欲超强，他们执政时尚且在为乾纲独断而努力，更别提那些能力与态度都萎靡得多的子孙后代了。皇帝施政必须要借助其他力量，后者自然分割了皇权，对皇权构成制衡。

制衡皇权最大的力量是以宰相为首的官僚集团所代表的相权。皇权和相权的相爱相杀，很大程度上塑造了古代政治制度，尤其是中央制度。皇权最终在斗争中胜出，但相权依然保有着匹敌皇帝的能量。此外，柔弱的皇帝往往催生外戚势力。作为皇帝的母系，外戚天然亲近皇权，又与皇帝的利益不尽一致。外戚专横后宫干政，是古代史的常见剧情。皇帝要想打压相权、外戚，只能利用更亲近的身边人。宦官作为独立政治势力，就此登场。可是宦官也有独立利益，势力膨胀后往往反噬皇帝，主仆同归于尽，这是宦官势力不智之处。皇帝可能又需要重复借助相权、外戚等来消灭宦官。俗语说，唐朝与藩镇共天下、宋朝与士大夫共天下、明朝与宦官共天下、清朝与胥吏共天下，说的就是权力制衡的现象。

除了有形的制约力量外，思想观念，尤其是主流意识形态也时刻制约着皇权。皇帝自称天子，代天牧民，就要承担敬畏天意、礼拜上天的义务。天意自古虚渺难测，旁人也可解说天意来抗衡皇权。自古借皇天上帝、谶纬预言立论的大臣和造反者，不乏其人；皇帝宣扬以道德治国、文治天下，他就要符合礼仪道德。台谏清流们就可以用仁义道德来评判皇权。譬如，皇帝想加赋增税（有时确实是必需的），文官就可以孔夫子的仁政之说立论，主张轻徭薄赋；皇帝要大兴土木，文官可以使用的立论点就更多了，可以劝谏皇帝清心寡欲，勤于政事，又可以引古论今，大谈理想之道。与之相比，皇帝反驳的论据少得可怜。可见，思想观念是政治史的“终南隐士”，是权力所有者斗争的宠儿；思想观念拥有超脱的地位，行使着“公正”仲裁者的角色。

权力制衡的另一面，表现在政治体系内部的制度设计上。监察制度是中国最古老的政制之一，既监察百官，又劝谏帝王。台谏言官是政治自我纠错、自我革新的重要力量；系统内部权力制衡设计是中国的一大发明，既有地方官制的分割与合作（比如行政、财政、司法、军事等的分离），又有中央部门按照决策流程的分立（比如三省六部制的设计理念）。皇帝与官员治国理政的要害是“权衡”。种种制度设计促进了古代政治的健康发展。

大自然是一个平衡的大生态系统，中国古代政治制度仿佛也是一个仿生系统。它有成熟的思想观念作为成长“基因”，能够感应客观变化，及时调整和创新，保持了长久的生命力。需要强调的是，这个系统是与古代社会背景紧密相连的，伴随社会变迁同生同变，有所坚持又不断创新发展。古代中国取得的政治成就有目共睹，证明存在丰厚的制度史遗产。遗产中的合理部分泽被至今。

“中国之治”包含“中国智慧”，展现“中国风采”。挖掘古代制度史遗产有助于我们理解中国之治，有助于我们增强“四个自信”，更加坚定地在中国道路上阔步向前。